Stefan Magnet
Nach Corona – Warum die Globalisten scheitern werden
und die Menschheit erwacht

Buch

Der „Corona-Ausnahmezustand" mit seinen erschreckenden Auswirkungen lässt Millionen Menschen die alles entscheidende Frage stellen: Was läuft hier sonst noch schief? Die Ursachensuche geht weit zurück und führt zu den Drahtziehern der Globalisierung. In ihrer Vision einer totalitären Zukunft ist alles streng reguliert und überwacht. Die Ziele der Globalisten sind nicht neu, die Corona-Krise beschleunigte die Vorgänge nur, was dazu führte, dass eine große Öffentlichkeit alarmiert wurde.

Die Tiefenkrise der Gegenwart zwingt uns zu einem grundsätzlichen Nachdenkvorgang, der am Schluss ein großes Erwachen für die Menschen bedeutet und die lange betäubten Europäer zu ihren Urquellen der eigenen Kraft zurückführt. Die Lösung liegt auf dem Tisch! Nur eine neue Nachhaltigkeit, beruhend auf Freiheit, Identität und Solidarität, wird die Zukunft sichern können.

Autor

Stefan Magnet (geb. 1984) ist kritischer Kommentator, freier Journalist und seit 2011 selbstständiger Werbeunternehmer. Seit 2019 betreibt er online einen Video-Blog. Der mehrfache Vater verbringt seine Freizeit gerne mit seinen Kindern, der Familie, beim Sport, in der Natur und in den Bergen.

Stefan Magnet

NACH CORONA

Warum die Globalisten scheitern werden
und die Menschheit erwacht

Pionier Verlag
2020

*Für die Tapferen,
die niemals aufgeben*

Pionier Verlag

Stefan Magnet,
Weingartshofstraße 37-39/1/1
4020 Linz
www.stefan-magnet.at
kontakt@stefan-magnet.at

Vollständige Taschenbuchausgabe, Dezember 2020

INHALT

Vorwort..7

1. **Unsere Lage** 15
   1.1. Zeit des Umbruchs 16
   1.2. Vorausschauend denken............................25
   1.3. Ausgangslage 46
   1.4. Anti-Globalismus weltweit........................89
   1.5. Europas Ur-Mythos erwacht 123

2. **Erweckung** 139
   2.1. Geistige Grundlagen des Globalismus .. 140
   2.2. Selbstfindung.............................151
   2.3. Zertrümmerte Werte 162
   2.4. Selbst-bewusst-sein 169

3. **Macht der Gedanken** 179
   3.1. Körper und Geist als Einheit................ 180
   3.2. Kopfsache 189
   3.3. Jeder Einzelne zählt 202

4. **Neue Nachhaltigkeit**............................211
   4.1. Was kann uns retten?............................ 212
   4.2. Natur schützen........................... 224
   4.3. Völker schützen 243
   4.4. Nationales Selbstbewusstsein...................281
   4.5. Kultur als Anpassungsleistung 293

VORWORT

Die Corona-Krise wird später einmal nicht als Krise des Gesundheitssystems bezeichnet werden. Nein! Corona war der magische Auslöser, der die alte Welt in Auflösung versetzte. Und zwar in eine radikal und explosiv beschleunigte Auflösung. Die Wirtschaft, das Geld, die Gesellschaft, die bis zum Jahr 2020 von vielen Menschen für Echt gehaltene Demokratie, die Werte – alles wird in kürzester Zeit in schlimmste Turbulenzen geraten sein, und Corona war für diesen Umbruch der Auslöser.

Es war wie mit der Brausetablette und dem Glas Wasser. Wer nicht weiß, welche Reaktion die Kombination beider Teile hervorruft, ist erschrocken, wenn die Tablette ins Wasser fällt, und es zischt und blubbert, bis nach kürzester Zeit nichts mehr von der Brausetablette übrig ist.

Kritischen Analysten war seit Jahren klar: Gesellschaftlich bahnt sich eine Katastrophe an. Es braucht nicht viel, um das Fass zum Überlaufen zu bringen.

Dabei stünde dem Menschen des Westens ein Wissensstand zur Verfügung, mit dessen Hilfe er auf der geistig-philosophischen Ebene alle Probleme meistern könnte. Es ist nur eine Frage der Zeit, bis alte Werte zerbrochen und radikal neue Religions- und Weltanschauungskämpfe aufbrechen. Die Wirtschaft und das Geldsystem stehen seit spätestens 2007 am Abgrund, und es hätte auch vor 2020 jederzeit zum Kollaps, zum Crash oder zur Hyperinflation kommen können. Corona brachte die Dinge final in Bewegung. Unter lautem Zischen und Blubbern wird die alte Welt aufgelöst, die eben nicht erst seit Corona kaputt ist.

Millionen gingen 2020 auf die Straßen. Und viele von ihnen waren das erste Mal in ihrem Leben auf einer Kundgebung, um gegen ihre Regierung zu demonstrieren. Corona zeigte, wie weit der Staat gehen möchte, um seine Ziele durchzusetzen, und das versetzte eine kritische Masse in Alarmbereitschaft. Der Glaube an die Demokratie, den Rechtsstaat, neutrale Medien, gerechte Justiz und ehrliche Politiker wurde schwer erschüttert. Die alles entscheidende Frage lautete bei Abertausenden: Was läuft hier sonst noch alles schief?

Und so begann eine an den Grundfesten rüttelnde Grundsatzkritik. Alles wurde hinterfragt. Alles. Das Rechtssystem, die gesellschaftlichen Gemeinschaftsregeln, das Bildungswesen, das Geldwesen und sogar die Geschichtsschreibung – die bekanntlich immer von denen besorgt wird, die den letzten Krieg gewonnen haben – verlieren ihre Glaubwürdigkeit. Wer das Wirken der dunklen Mächte verfolgt, wie sie den Staat übernehmen, die Überwachung exorbitant ausweiten, wie sie Kritiker ihrer Maßnahmen in Anstalten für psychisch Kranke wegsperren lassen, wie sie friedliche Demonstranten von ihren Polizeitruppen niederprügeln lassen, wie sie eiskalt Firmen, Arbeitsplätze und über Generationen aufgebauten Wohlstand in nur wenigen Monaten vernichten, der stellt eben diese wichtige Frage: Was läuft hier alles sonst noch schief? Wozu ist dieses System denn noch in der Lage? Was lief denn bisher falsch, was mir nicht aufgefallen ist, und gibt es ein erkennbares Handlungsmuster? Wer will uns das alles antun, und weshalb haben wir dem nichts entgegenzusetzen?

Was kommt nach dieser ganzen schrecklichen Corona-Krise? Ausgerechnet die Verantwortlichen für den Zusammenbruch wollen diese Krise nun erneut für sich benutzen und im Windschatten des Ausnahmezustandes vollendete Tatsachen schaffen. Die „Neue Weltordnung" der radikalen Globalisten soll real umgesetzt werden. Die Staaten wurden über die globalistischen Politiker bereits besetzt und erweisen sich als wirkungsvolle Werkzeuge im Unterdrückungsprozess gegen die Völker. Die mit der Corona-Lüge erzeugte Angst soll die Menschen gefügig und panisch machen, sodass sie ihr Schicksal bereitwillig in die Hände scheinbar allwissender Machthaber legen, die dann ihre alten Pläne weiter verfolgen können. Zur rituellen Ergötzung lassen sie heute schon ihre Schäfchen übereilt impfen und sinnlose Masken tragen. Mit dieser Masse kann man wohl alles anstellen – vermutlich sogar, wie die Schafsherde, willenlos zur Schlachtbank führen.

Der Verfasser dieses Buches ist aber der festen Überzeugung, dass diese Rechnung nicht aufgehen wird. Die Globalisten haben die inneren Reserven der europäischen Völker sträflich unterschätzt. In diesem Menschenschlag, gerade in den unmittelbaren Bluterben der freiheitsliebenden und unbezwingbaren Germanenstämme, steckt ungeheures Potential. Zivilisatorisch betäubt und durch Psychotricks und Charakterwäsche orientierungslos gemacht, werden diese Menschen aber im Angesicht der Bedrängnis erwachen, und die deutsche Wehrhaftigkeit wird im Augenblick größter Not hervorbrechen. Unzählige Persönlichkeiten des Widerstands gegen die völlig willkürlichen Corona-Zwangsmaßnahmen zeugen vom heldischen und kämpferischen Geist, der noch immer in diesem Volk wohnt.

Hinzu kommt ein geistiger Aufwachprozess, der sich seit vielen Jahrzehnten ankündigt und von Corona jetzt nur beschleunigt wird. Ein Nachdenkprozess drängt unaufhaltsam zum Ende, der am Schluss ein großes Erwachen für die Menschen bedeutet. Schon sind viele erwacht und können nicht einfach, selbst wenn sie wollten, wieder einschlafen. Wie in einem riesigen Schlafsaal. An manchen Ecken regt sich schon etwas, und dort werden auch weitere Schlafende wachgerüttelt. Und so geht es immer weiter und weiter, und das Schnarchen wird weniger …

Durch Corona wird der Blick der Erwachten auf die Absichten der Globalisten geschärft. Durch Corona wird so viel Verschüttetes freigelegt, dass uns die Geschehnisse der letzten Jahrzehnte – ja vielleicht sogar Jahrhunderte – in einem anderen Licht erscheinen.

Corona grenzt die globalistischen Profiteure zur eigenen Position ab und verschafft damit den anti-globalistischen Strömungen ein richtiges Profil, ehe sich alles in eine mächtige Bewegung verdichten wird.

Corona mobilisiert im Angesicht der Bedrohung durch eine totalitäre Diktatur die eigenen Abwehrkräfte und den nur emotional aktivierbaren Überlebenswillen.

Die im ersten Kapitel dieses Buches beschriebenen Verfallserscheinungen mussten irgendwann zu großen Verwerfungen führen. Die Frontstellung wird dadurch noch deutlicher sichtbar, dass die Machthaber nun mit Hilfe ihres Corona-Tricks – weltweit koordiniert – eine Lawine ins Rollen bringen. Sie glauben, sie könnten die Lawine steuern, doch sie werden sehr viel Leid über die Menschen bringen. Und die Menschen werden danach trachten, die Schuldigen der Katastrophe aufzuspüren und ihnen für alle Zukunft zu verunmöglichen, Unheil zu stiften. Dem deutschen Volk kommt in dieser Zeit, nach einer langen Phase der Niederhaltung, eine besondere Rolle zu. Friedrich Nietzsche schrieb darüber so treffend: „Wenn je ein Deutscher etwas Großes tat, so geschah es in der Not, im Zustande der Tapferkeit, der zusammengebissenen Zähne …"

Nach einer Analyse der gegenwärtigen und zu erwartenden Lage geht es in Kapitel 2 an die geistigen Ursachen für unseren Irrweg. In Kapitel 3 soll der Blick darauf gerichtet werden, welche großartigen Möglichkeiten in uns stecken. Es soll uns ermutigen, unser Potential auszuschöpfen, denn für ein Verzagen gibt es keinen Grund. Und im 4. Kapitel sind Ansätze zu einer neuen Weltanschauung und Grundhaltung skizziert, die weit über das Tagespolitische hinausgehen und in einer dem grundsätzlich denkenden Leser entsprechenden Weise formuliert wurden.

Möge diese Abhandlung jenen Freude und Anregung sein, die in bester faustischer Tradition nach dem suchen, „was die Welt im Innersten zusammenhält", um im Licht der Erkenntnis die Welt von morgen mitzugestalten. Eine falsche Bescheidenheit unter den wirklich Guten hat jahrzehntelang die Lauten, Kaputten, Unfähigen nach oben gespült. Nicht gegen diese Negativauslese ist dieses Buch geschrieben, sondern für die Ehrlichen, zur Motivation und Aufrichtung, denn am Ende werden sich die Völker erheben und ein strahlendes Zeitalter errichten. Dies kann aber nur dann gelingen, wenn sich die Besten diesem Erneuerungswerk zur Verfügung stellen, weil sie begriffen haben, dass es auf jeden Einzelnen ankommt.

1
UNSERE LAGE

*„Wir sind nicht nur für das verantwortlich,
was wir tun,
sondern auch für das,
was wir widerstandslos hinnehmen."*

Arthur Schopenhauer

1.1. Zeit des Umbruchs

Heute ist die Welt im Umbruch. Wirft man einen Blick hinter die Kulissen des Alltäglichen und setzt die Meldungen zu einem Ganzen zusammen, wird klar, dass das Alte wankt und alles, ausnahmslos alles, in Frage gestellt werden wird. Alle Zerwürfnisse der Gegenwart und alle politischen Kämpfe sind lediglich Ausdruck eines tiefergehenden, inneren Zusammenbruchs. Die heutigen Systeme Europas sind bereits zerborsten, auch wenn sie derzeit noch formal und äußerlich fortbestehen mögen. In dieser Ära kommt es zur Hinterfragung aller bisherigen Glaubenssätze, nicht oberflächlich politisch oder geschichtlich – sondern von Grund auf.

Wir erleben heute eine jener Epochen, in denen die Geschichte eine neue Abzweigung nimmt. Die als alternativlos geltende Globalisierung hat unglaublichen Schaden angerichtet und lässt, wie nach einem furchtbaren und vernichtenden Sturm, die von fremden Gewalten entwurzelten Menschen orientierungslos zurück. Wie nach einem verlorenen Krieg ziehen sich die Individuen verunsichert auf ihre Scholle zurück und klammern sich an das, was blieb: Heimat, Familie, Überlieferung. In einer späteren Einordnung wird diese Rückbesinnung aber keineswegs als Rückentwicklung oder Verkümmerung empfunden werden, sondern als heilsame Entschleunigung und überlebensnotwendige Erdung. Auf der Suche nach den eigenen Wurzeln werden Kräfte wach, die die Völker nicht nur durch die Krisen der Zeit stolpern lassen werden, sondern die das Potential haben, Europa neu aufzurichten, in ein wahrhaft helles und strahlendes Zeitalter zu führen. Ein unterirdischer Strom pulsiert unter dem Schutt der Zeit, immer die Besten an das Erbe erinnernd, und er sucht seinen Weg von weit her. Er flüstert von den Heldensagen des Homer, berichtet vom Freiheitskampf von Hermann dem Cherusker, kündet vom Einigungsgeist in der Völkerschlacht von Leipzig und speist die trotzigen Charaktere dieser unserer Wendezeit, die – aller Mode ungeachtet – von Deutschland, Freiheit und Europa sprechen.

Hinzu tritt ein geistiger, philosophischer, religiöser Aufwachprozess, der in seiner Tragweite gar nicht bedeutsam genug eingeschätzt werden kann. Das Suchen und Forschen von Denkern und Philosophen vieler Jahrhunderte verdichtet sich zu einem noch nie dagewesenen Erkenntnis- und Wissensstand. Die wissenschaftlich gewonnenen Einblicke in die biologischen, genetischen, mikrophysikalischen und psychologischen Zusammenhänge des Lebens stürzen die alten Glaubenssätze vom Körper-Geist-Dualismus und entthronen die bislang Halt gebenden Institutionen der Kirche. Nach eineinhalbtausend Jahren religiöser Dominanz des Christentums entsteht ein allumfassendes religiöses und moralisches Vakuum; die Dekadenz und der Nihilismus als logische Folge werfen den Menschen auf den Status eines primitiven, triebgesteuerten Vormenschen zurück; in dieser tödlichen Besinnungslosigkeit wird er nach ordnenden und Halt gebenden Werten suchen und sie in seiner eigenen Kraft und Stärke finden! Nicht ein übernatürlicher Gott wird ihn retten, und auch nicht seine tierischen Instinkte werden ihn führen: Der Mensch im neuen Jahrtausend ist wahrlich erwacht und übernimmt endlich, nach so langem Suchen, die Verantwortung für sein Tun und Handeln. Er wird sich seiner selbst bewusst und handelt selbstbestimmt gemäß einer auf Erfahrungen, kultureller Überlieferung und Wissenschaft basierenden Weltanschauung. Nicht mehr das Dogma eines Papstes, der Wunsch eines Fürsten oder der Lehrsatz einer Ideologie bestimmen über Gut und Böse, sondern die Wertung von der Warte der neuen Weltanschauung aus. Und diese ist in ihrem ganzen Wesen auf Nachhaltigkeit ausgerichtet.

Es geht um eine Menschheitsrevolution, eine die Grundfesten erschütternde, alles wendende. Nicht um eine Verschönerung des Lebens geht es, wie man einen Garten oder einen Wohnraum verschönert, sondern um das nackte Überleben selbst. Verharrt der Mensch in seiner nihilistischen Gegenwartsbezogenheit, frisst er lieber als zu schaffen, betäubt er sich lieber als zu lernen, lacht er lieber besoffen als zu kämpfen und konsumiert er lieber als zu zeugen und zu gebären, wird er direkt verantwortlich sein, dass zumindest seine Linie und sein Geschlecht aussterben und anderen Menschen Platz machen, die aus allen Kontinenten in das alte Europa drängen. Ob dieses „Ausscheiden aus der Geschichte" erst die nachkommenden Enkel trifft und es der heutigen Generation obendrein noch vergönnt ist sanft und konsumbetäubt zu entschlafen, oder ob sie das Schicksal noch ereilt und ihnen im Zuge der heranbrausenden Kämpfe die Gurgel im Schlafgemach durchtrennt wird, ist letztlich nur ein historisches Detail, das zwar die Chronisten kümmern mag, die Weltgeschichte aber gar nicht. Bekennt sich der Europäer zum Überleben, muss er die Verantwortung für sein Tun und Handeln und sein eigenes Leben übernehmen. Er wird dies im Bewusstsein zu tun haben, dass das Gruppenwesen Mensch in Familien, Sippen, Großgruppen und Völkern organisiert ist; dass Europa nur wirkmächtig und schöpferisch ist, wenn seine gewachsenen Völker und die an ebendiese gebundenen Kulturen fortbestehen. Indem er die Blutlinien Europas erhält, dient er dem alles durchdringenden Nachhaltigkeitsgedanken der neuen Zeit, der sich auf allen Ebenen zum Wohle und Glück aller Menschen entfaltet. Anstelle von Ausbeutung tritt Kooperation, die Unterdrückung wird von der Freiheit abgelöst, und an den Platz der Gier tritt Selbstlosigkeit.

Wer an einem geschichtlichen Wendepunkt Grundsatzfragen behandelt, mag von den meisten Zeitgenossen belächelt werden, ist aber bei den kommenden Auseinandersetzungen klar im Vorteil. Auch wenn diese Grundsatzfragen im Moment noch theoretisch wirken: Morgen schon werden diese Probleme aber praktische und tagespolitische Realität sein. Wie wird also die Welt morgen aussehen? Antworten auf diese Fragen können – nein: müssen heute schon gesucht werden, will man nicht erneut von den Ereignissen übertölpelt werden und fremden und feindlichen Ideen und Zwingherren zum Opfer fallen.

Es geht heute nicht nur darum, dass wir als weiße Europäer in der Kontinuität von 3.000 Jahren Kulturge-

Zeit des Umbruchs

schichte stehen und wir bedroht sind, aus dieser Geschichte für immer auszuscheiden. Auch nicht nur darum geht es, dass wir unsere politische und wirtschaftliche Lebensgrundlage zurückgewinnen und für unsere Kinder eine lebenswerte Zukunft erschaffen. Nein: Es geht eben um die Gesamtheit. Um beides! Jahrtausendealtes Erbe und der Kampf für die Zukunft bedingen einander: Nur ein Rückbesinnen, Erinnern und erfolgreiches Anknüpfen und Fortführen der Geschichte wird uns aus dieser Tiefenkrise der Gegenwart führen. Wenn wir das begriffen haben, sollten wir auch erkennen, dass schon unsere Vorfahren nur durch bedingungslosen Einsatz, Mut und Kampf ihre Fackel durch die Zeit tragen konnten – bis der Staffellauf der Generationen bei uns Heutigen angelangt ist. Kampf war zu allen Zeiten und Kampf wird zu allen Zeiten sein. Wenn wir an den beschaulichen Burgen und Ruinen unserer Heimat vorbeiwandern, dann sollten wir uns verinnerlichen, dass diese nicht zum Zwecke schöner Fotomotive und als Ausflugsziele erbaut wurden. Sondern dass hinter ihren Mauern das Klirren von Schwertern erklang und sich Geschlecht für Geschlecht rüstete, um das Eigene zu verteidigen und dem fremden Eroberer die Klinge zu zeigen. Dass hinter die steinernen Wehrmauern die Bauern und Landbewohner flüchteten, wenn feindliche Heere das Land überfielen. Wurden auch Stadt und Land und Ernte gebrandschatzt und geplündert, hinter dem Schutzwall wurde das Leben verteidigt. Und damit auch das Erbe, die Kulturgeschichte, das Volkstum. Die Herren der Wehrburgen waren bereit zum Kampf und allzeit wehrhaft. Nur diese im Innersten verankerte und im Burggestein sichtbar gewordene Wehrhaftigkeit rettete sie durch alle Stürme der Zeit – verteidigte den alten Kontinent, gerade auch in Österreich, gegen Invasoren aus der Steppe. Davon künden die Burgen in ganz Europa. Von nichts anderem!

Wer den Kampf also ablehnt, hat überhaupt nichts begriffen. Zumindest hat derjenige die ganze Tragweite der Geschehnisse nicht erfasst. Die Welt dreht sich und ist im Wandel. Ob wir den Schwung mitvollziehen oder ihn verschlafen: Ignorieren können wir die Folgen nicht. Und stets, zu allen Zeiten, waren es die zum Einsatz, zum Opfer und zum mutigen Verzicht bereiten Gruppen, die ihre Rechte behauptet haben und der Geschichte ihren Stempel aufdrücken konnten. Die Zurückhaltenden, die Feigen, die Verschlafenen haben zugesehen und waren Zaungäste von Revolutionen und Umwälzungen, was sie aber letztlich nicht davor bewahrte, zu Opfern und Leidtragenden der Geschehnisse zu werden. So half es jenen Bauern und Bürgern nichts, die sich vor 200 Jahren vornehm nicht am Widerstand gegen den einfallenden Napoleon beteiligten, denn ihre Ländereien, Güter und Töchter wurden trotzdem von den Heeren des Korsen geschunden. Und so half es in keiner Umbruchszeit dem biederen Bürger, wenn er auf Kampf und Widerstand verzichtete. Denn wenn das Rad der Geschichte rollte, konnte es nicht aufgehalten werden, durch passives Wegschauen – wie eben auch der Vogel Strauß die Gefahr nicht bannen kann, nur wenn er den Kopf in den sprichwörtlichen Sand steckt. Es hat den vielen deutschen El-

Zeit des Umbruchs

tern, die ihre Kinder an mordende Einwanderer verloren haben, nicht genützt, dass sie sich bei Merkels Jahrhundertwahnsinn – unter dem Motto „Wir schaffen das" – 2015 feige weggeduckt haben. Die Duldsamkeit und Ruhe, die vielgepriesene „erste Bürgerpflicht", ließ die Toröffnung überhaupt erst geschehen, durch die Hunderttausende kulturfremder Eroberer ins Land strömen konnten, die sich nahmen, was sich ihnen bot und die vor fremdem Leben, das ihnen in die Quere kam, nicht Halt machten.

Wer also in einer unaufhaltsamen Wendezeit etwas Gutes tun will, der mache sich selbst innerlich bereit für raue Zeiten, und wer etwas bewegen will, der mobilisiere diese Gutgesinnten für einen ehrlichen Kampf mit geeigneten Mitteln.

Es liegt im Wesen der Dinge, dass die an der Weltkrise Schuldigen heute diese Krise bestmöglich vertuschen wollen, ja, sie gänzlich verschleiern und leugnen wollen. Daher ist die erste entscheidende Tat, die Vorbedingung für alle weiteren Handlungen überhaupt, die Bloßlegung der Wunden und das Stochern in diesen, so lange, bis einer breiten Öffentlichkeit bewusst wird, was sich hier vor aller Augen abspielt: Die totale Globalisierung scheitert dann für alle erkennbar. Der Weltstaat, mit anderen Worten: die „One World", die alles umspannende Globalisierung, die internationalistische Idee, egal welcher ideologischen Ausprägung, die Auflösung der Völker und Identitäten führt zu einem unheilsamen Chaos, das so erdrückend sein wird, dass niemand so tun kann, als ginge ihn das alles nichts an. Zuerst vollzieht sich dieser Zusammenbruch auf moralischer, philosophischer und damit rein theoretischer Ebene. Das bedingt, dass dies für die Masse noch nicht erkennbar ist, sondern nur für jene Beobachter, die die Puzzleteile richtig zusammenfügen können, einen so erschauten Prozess zu Ende denken können – und das auch tatsächlich wollen. Doch an dem Tag, an dem das Chaos um sich greift und die Folgewirkung voll durchschlägt, wird es dem teilnahmslosesten Konsumidioten den Boden unter den Füßen wegziehen, und der Aufprall wird hart sein. Denn Arbeit, Einkommen, Ersparnisse, Geld, persönliche Freiheit, Zukunft werden nicht länger als „ewig gesichert" und „gottgegeben" gelten. Und dann beginnt ein quälender und schmerzhafter Denkprozess.

Vor dem Auge der so leidvoll Erwachten baut sich ein furchtbares Bild auf. Ein monströses Bildnis, dunkel, erdrückend – das schon Abertausende schockiert hat, die nach Jahrzehnten der Ruhe und der Gutgläubigkeit erwacht sind. Die Politik meint es nicht gut? – Nun ja, das hat jeder schon geahnt. Die Medien lügen? Na schön, dass nicht immer alles stimmt, hat man vermutet. Aber dass die Wirtschaft so fragil ist, die Währung stürzt und Unzählige von einem Tag auf den anderen arbeitslos werden, bedroht sind, alles zu verlieren? Dass die Natur zerstört und die Tierwelt ausgerottet wurde, während wir uns im Alltagsstress verloren haben? Dass bei Ernährung, Gesundheit und Erziehung vieles, wenn nicht alles, falsch läuft und es deshalb falsch läuft, weil unersättliche und kriminelle Geschäftemacher alles steuern, um ihren unermesslichen Reichtum noch weiter exponentiell zu vermehren? Das hat niemand geahnt. Das hat man dem Bösen selbst nicht zugetraut. Die grenzenlose One-World-Träumerei zerplatzt wie eine Seifenblase, und zurück bleiben Millionen Orientierungslose. Für sie wird klar, dass ein Weitertümpeln keine Option ist und es eine grundlegend neue Richtung geben muss, die Europa einzuschlagen hat, will man nicht in einem babylonischen Chaos langsam krepieren.

Aber wo anfangen? Der Gegner scheint übermächtig, und die ganze Welt scheint infiziert und im Verfall begriffen. Rund um den Aufwachpatienten eine schier undurchdringliche Nebelwand. Dabei ist alles ganz einfach ...

Die medial verbreitete Flut an Belanglosem ist nicht zufällig und nicht nutzlos: Sie soll die Masse ablenken und ihr den Blick auf das Wesentliche versperren. Das gelingt nun seit Jahrzehnten bravourös. Mit etwas Abstand zum Alltäglichen, mit der Sortierung der wirklich wichtigen Informationen, lässt sich die Lage besser überschauen.

1.2. Vorausschauend denken

Die deutsche Sprache hat mit ihren schönen und tiefsinnigen Redewendungen viele komplizierte Vorgänge treffsicher beschrieben. „Man sieht vor lauter Bäumen den Wald nicht mehr" ist eine davon und wird seit hunderten Jahren weitergegeben. Zumindest seit 200 Jahren ist dieser Spruch dokumentiert, beim deutschen Schriftsteller Christoph Martin Wieland, der am wenigsten bekannte Aufklärer des Weimarer Viergestirns, dem Herder, Schiller, Goethe – und eben Wieland – angehörten. Wer den Wald vor lauter Bäumen nicht mehr sieht, hat die Gesamtschau für eine Sache, sei es ein Projekt, ein Problem oder eine Lagebeurteilung, verloren, weil er sich in Details verstrickt hat. Heute prasseln täglich rund 8.000 bis 13.000 Werbebotschaften auf den Menschen ein. Studien dazu bezeichnen daher die Opfern dieser Gehirn-Zerstörung meist nur noch reduzierend als „Konsumenten". Etwa 60.000 Gedanken denkt so ein Mensch täglich, so der aktuelle Forschungsstand. Und auch wenn die Botschaften und Gedanken, die man ohnehin nicht verarbeiten kann, noch so zahlreich sein mögen: In den großen Konturen zeichnen sie stets das gleiche Bild nach. Konsum statt Liebe, Kommunikation statt Zärtlichkeit, „Diversity" statt Identität, Bespaßung statt Werte, Gewinnchancen statt Arbeit, Toleranz statt Ehre, „Open Society" statt Volk, Globalisierung statt Nationalstaaten. Die tägliche Dauergehirnwäsche wird durch Werbung, Unterhaltungsindustrie, Politik und gezielte Beeinflussung in den Medien betrieben. Schüler bekommen ihre zusätzliche Portion in der Schule, Studenten an der Universität, und ganz generell werden wir durch eine uns ständig umgebende, gleichgeschaltete, einfallslose Masse in einen Gefühlszustand versetzt, der uns ohnmächtig erscheinen lässt, der uns hilflos werden lässt, angesichts der Übermacht an Borniertheit, Kleingeisterei und Trägheit. So ist es uns nahezu unmöglich, über den Tellerrand zu sehen. Kaum jemand gestattet sich, in seinem Kopf Gedankengebäude zu errichten, die auch nur irgendwie außerhalb des vorgegebenen Rahmens stehen. In der transatlantischen Managersprache gibt es die Formulierung des „Out of the box"-Denkens, und Führungskräfte werden laufend zu einer solchen unkonventionellen Denkweise angeregt. Das ist nur logisch, denn die gesamte Menschheit entwickelte sich nur weiter, indem ein hoher Energieaufwand für Kreativität und neue Wege mobilisiert wurde. Es gehört zur kulturellen Weiterentwicklung, dass man alte Grenzen hinterfragt und versucht, neue Ziele zu erreichen. In der menschlichen Gesellschaft oder der ihr übergeordneten Politik machen sich aber die wenigsten Menschen radikale, also grundlegend andere Gedanken. Kaum jemand denkt über die Begrenzungen des Systems hinaus. Und wer es doch übernimmt, ist oft durch die vielen Bäume blockiert, die ihn hindern, das große Ganze zu erkennen.

Eine konstruktive Einschätzung der gegenwärtigen Ist-Situation und das Ausloten der sich daraus ergebenden Möglichkeiten erfordert eine Beschäftigung mit vier Schwerpunkten:

1. Lagebeurteilung
2. Ursachen
3. Wirkung
4. Lösungen

Ob im militärischen Gefecht, vor einem Fußballspiel, in einer Beziehungskrise oder bei der Entwicklung eines neuen unternehmerischen Standbeins: Immer müssen Beurteilung von Lage, Ursache, Wirkung hintereinander vorgenommen werden – und dann kommt die Lösung.

Grundprobleme der letzten Jahre sind zweifelsohne borniere Provinzialität und bequemes Kurzzeitdenken. Wie wird ein Millionenvolk wie das deutsche geführt? Wie werden 80 Millionen organisiert, gesteuert? Im Frieden und in der Demokratie überträgt diese „Masse Mensch" psychologisch und faktisch das Vertrauen auf die nächsthöheren Ebenen – auf die Politik, von der Gemeinde bis hin zur Staatsführung. Sie genießt psychologisch das Wohlwollen und die Rückendeckung der Bürger: Jene zahlen fleißig Steuern, halten sich vorbehaltlos an die Gesetze und ordnen sich in die vorgezeichneten Bahnen ein. Diese wissen um diesen Rückhalt und können, von ihm gestützt, in Ruhe und ohne Furcht und Sorge durch die Lande ziehen. Das verhielte sich bei offener Tyrannei oder Besatzung in einem feindlichen Hinterland gänzlich anders. Die Bürger zeigen, dass sie psychologisch noch hinter den Herren stehen, indem sie deren Regeln weiterhin befolgen und sie mehrheitlich nach wie vor bei Wahlgängen wählen, also legitimieren. Die Masse gibt gerne Verantwortung ab, daher hat sie selbst in der modernen und ach so freizügigen, anti-autoritären Gesellschaft kein Problem mit der Abgabe der Verantwortung an eine Führung. Die Obrigkeit, die Politiker, sollen sich um die Angelegenheiten der Gemeinschaft kümmern. Denn das ist das Wesen der Politik. Wer das von Grund auf ablehnt, ist ein Träumer und hängt meist utopischen Ideen nach, die letztlich nichts anderes als Spinnereien realitätsferner Phantasten sind. Als Beispiel sei hier die anarchistische Idee einer völlig von der Politik freien Friede-Freude-Eierkuchen-Gesellschaft angeführt, wo sich alle Bürger selbst organisieren und verliebt umarmen würden. Oder die Utopie einer quasi täglich stattfindenden direkten Radikal-Demokratie, wo der Bürger über jeden Handgriff der Volksvertreter abzustimmen hätte, vom Menü in der Polizeikantine bis zur Bepflanzung im örtlichen Kreisverkehr. Beide Utopien entstehen aus einem Mangel an Beobachtungsgabe. Um das zu erkennen, brauchte man gar kein Verhaltensforscher zu sein: Die Masse der Menschen interessiert sich nur am Rande für Politik. Immer und zu allen Zeiten. Die überwiegende Mehrheit findet ihren Lebensmittelpunkt und Lebenszweck in anderen Dingen – und in unserer Gegenwart ist das meist der tägliche Überlebenskampf, ob dieser nun tatsächlich um die wirtschaftliche Existenz geführt wird oder ob der Kampf eine Aneinanderreihung von „Freizeitstress" ist. Das ist keine Frage der wirtschaftlichen Stellung: Ist der Mensch wohlhabend, lenkt er sich ab, ist mit seinen eigenen, ganz eigentümlichen, menschelnden Problemen beschäftigt und wird vor lauter Terminen und Hobbys alles tun – nur nicht an sein Volk und die Zukunft der Menschheit denken, und wenn doch, für sich selbst keinen Auftrag daraus ableiten. Soweit kommt es noch! Und ist der Mensch in finanzieller Bedrängnis und kämpft täglich um sein wirtschaftliches Überleben, hat er ohnedies weder Zeit noch Nerven, sich über eine übergeordnete Lage zu informieren, auch wenn genau die für seine verzwickte persönliche Lage verantwortlich ist. In jedem Fall verdrängt der Bürger alle Probleme, die er nicht mit einem Handgriff lösen kann – und stößt er auf monströse Probleme, wird er alles an Ablenkung und Verdrängung unternehmen, damit er dieses Problem ja nicht an sich herankommen lässt.

Das Ablenken hat einen zutiefst verständlichen, biologischen Hintergrund. Das menschliche Gehirn strebt immer danach, so wenig Energie wie möglich zu verbrauchen. Aufregung, Ärger, Störung der inneren Harmonie: All das benötigt enorm viel Energie und wird daher unbewusst vermieden.

An dieser Stelle ist ein kleiner Exkurs in der Wissenschaft sinnvoll:

Die Wahrnehmung, dass „die Masse", also die Mehrheit der Menschen, träge, angepasst und wenig veränderungsfreudig ist, ist eine mittlerweile in vielen wissenschaftlichen Disziplinen erforschte Tatsache. Soziologie, Psychologie und Verhaltensbiologie haben die Angepasstheit der Masse und die Angst des Einzelnen, aus dieser Masse mittels seines Verhaltens auszuscheren, umfangreich analysiert. Doch gerade in den letzten Jahren ist es auch der Gehirnforschung gelungen, jene Prozese zu entschlüsseln, die dafür sorgen, dass wir uns gerne angepasst verhalten. Dass wir Widerstand skeptisch gegenüber stehen, Revoluzzer ablehnen und Querulanten oft auch aus tiefstem Herzen hassen. Denn sie stören das, was die Wissenschaft „Kohärenz" nennt und der Bayer „seine heilige Ruhe", also Bequemlichkeit und Planbarkeit – in jedem Fall aber aus Sicht des Gehirns den „Energiesparmodus". Vom wissenschaftlichen Standpunkt der Neurobiologie empfindet man einen Zustand des Glücks immer dann, wenn man einen inkohärenten Zustand durch eine Anstrengung in einen kohärenten Zustand verwandeln kann. Wir fühlen uns in dieser Situation „unrund" und wollen wieder in unsere Mitte. Das Hirn strebt diesen Zustand des „Ausgeglichenseins" ständig an, weil der Energieverbrauch so am niedrigsten ist. Wenn es Menschen gelingt, inkohärente Zustände wieder kohärenter zu machen, wird Energie frei. Im Mittelhirn werden dann Botenstoffe ausgeschüttet, die ähnlich wie Kokain oder Heroin wirken. Diesen rauschartigen Zustand kann man auch als „Glück" bezeichnen. Hirnforscher nennen diese Hirnregionen daher auch Belohnungszentren.

Ein äußerst bekannter Gehirnforscher, der auf diesem Gebiet unglaublich wertvolle Arbeit geleistet hat und populärwissenschaftliche, verständliche Bücher geschrieben hat, ist Prof. Dr. Gerald Hüther. Er beschreibt u. a. in seinem Buch „Was wir sind und was wir sein könnten" (S. Fischer Verlag 2013), wie sich im Menschen schon vor der Geburt ein Zugehörigkeitsgefühl entwickelt.

Noch wenn das Ungeborene im Bauch der Mutter heranwächst, entwickelt sich der kleine menschliche Körper mit Armen, Beinen und einem Gehirn, das die ersten Bewegungen im Mutterbauch steuert. Das Baby übernimmt schon vor der Geburt erste Leidenschaften der Mutter. Die Musik, die die Mutter während der Schwangerschaft gehört hat, die Aromen und Speisen, die sie zu sich genommen hat und die Stimmmelodien der Menschen, mit denen sie zu tun hatte, wirken auf das Baby auch nach Verlassen des Mutterbauches vertraut. Wenn das Baby mit der Mutter kuschelt oder gestillt wird, werden Bindungshormone ausgeschüttet. Das unterstützt die Fähigkeit des Gehirns, ebendort komplexe Wahrnehmungen zu verankern und abzuspeichern. Dies wiederum hilft beim Einander-Wiedererkennen und beim gemeinsamen Sich-geborgen-Fühlen. Dr. Hüther: „Und natürlich haben wir bereits vorgeburtlich die für unser gesamtes weiteres Leben so entscheidende Erfahrung gemacht, dass es möglich ist, gleichzeitig eng verbunden mit jemandem zu sein und über sich hinauswachsen zu können. Wir bringen deshalb die Erwartungshaltung mit auf die Welt, dass dort jemand zu finden sein wird, der uns annimmt, der uns wärmt und schützt und der uns aber auch hilft, unsere Potentiale zu entfalten, Neues zu lernen, uns weiterzuentwickeln. Deshalb suchen wir nach Neuem mit ebenso großer Begeisterung, wie wir auch nach Geborgenheit und Nähe suchen, die uns jemand schenkt." Ein neugieriges Bedürfnis nach Erkundung und ein schützendes, nach Nähe suchendes Bedürfnis nach Bindung: Beides ist uns angeboren.

Um die vielen Informationen im Gehirn aufnehmen und festigen zu können, wird jeder Mensch mit einem äußerst komplexen Gehirn geboren. Im Gehirn sind von Anfang an riesige Überschüsse an Nervenzellverknüpfungen bereitgestellt, die nur auf Informationen und Erfahrungen warten, die verarbeitet werden können. Jedes Signalmuster, das im Körper generiert wird, wird zum Gehirn weitergeleitet. Dort führt es zum Aufbau eines jeweils typischen Erregungsmusters innerhalb der angelegten neuronalen Netzwerke im Gehirn. Dr. Hüther: „Je häufiger ein solches spezifisches Erregungsmuster entsteht, desto stärker werden die dabei aktivierten synaptischen Verbindungen gebahnt und gefestigt."

Es werden also im Gehirn Strukturen gebildet, die durch Erfahrungen entstehen und mit jeder Wiederholungen gefestigt werden. In der vorgeburtlichen Phase werden diese Erfahrungen in erster Linie durch Bewegungen und Sinnesorgane gemacht. Später, je älter das Kind wird, zunehmend auch durch andere Menschen. Wie sich andere Menschen verhalten, wie sie sprechen, was sie essen und wie sie sich bewegen: Die Wirkmacht anderer Personen ist ähnlich prägend wie zuvor die körperlichen Prozesse und bestimmt die weitere Strukturierung der entsprechenden Beziehungsmuster zwischen den Nervenzellen im Gehirn.

In zunehmendem Maße stimmen die gemachten Erfahrungen des Kindes mit neuen Erfahrungen, anderen Menschen, deren Meinungen, Verhaltensweisen und Aussagen nicht mehr überein. Dr. Gerald Hüther verglich die Erziehung in der Schule mit „Dressur" und

„Abrichtung". (Video-Interview mit Stefan Magnet vom 25. Jänner 2020: „Dr. Hüther: Wie Gemeinschaften funktionieren und warum die Masse so träge ist") Denn der junge Mensch würde dort nicht nur das fachliche Wissen in sich aufnehmen, sondern auch angehalten sein, die Regeln der Klasse einzuhalten. Dr. Hüther empfiehlt, genauer hinzusehen und sich auch zu fragen: „Wird da Mathe gelernt oder wird da gelernt, wie man sich so verhält, wie es andere von einem wollen?" Neben Sachwissen werde auch gelernt, wie man den Anforderungen gerecht wird, die andere Menschen an einen stellen. Als Beispiel nennt er den enormen Bewegungsdrang mancher Kinder: Wenn das Kind in der Schule ständig aufspringt und herumläuft oder auf Tische klettert, wie es das etwa zuhause im Garten tut, dann wird es in der Schule nicht weit kommen und ständig mit Strafen und Ärger konfrontiert sein. Unterdrückt das Kind seinen Bewegungsdrang auf der Schulbank nicht, wird es in der Schule scheitern und täglich Ungemach erleben. Die Unterdrückung des Bewegungsdrangs ist also eine Anpassungsleistung an die neue Umgebung, in dem Fall die Schule. Und gelingt es dem Kind, einen Tag ohne Schimpfe des Lehrers und ohne Strafe durchzukommen, weil es sich, auf seinem Stuhl herumwetzend, zwingt, sitzen zu bleiben, wird es darüber froh sein. Es wird glücklich sein, nicht bestraft zu werden. In diesem Moment schüttet sein Gehirn Botenstoffe aus. Die erfolgreiche Unterdrückung des Bewegungsdrang führt zu Vernetzungen im Gehirn. Dr. Hüther: „Und diese Vernetzungen legen sich dann als Hemmung über das Gehirnzentrum, wo der Bewegungsdrang herkommt." Mit jeder Wiederholung werden diese Vernetzungen immer stärker und besser, bis kaum ein Bewegungsdrang mehr da ist. Vielen Kindern wird dadurch zwar antrainiert, wie sie sich erfolgreich anpassen, aber gleichzeitig unterdrücken sie ihren Entdeckungstrieb, ihren Wissensdurst und verlieren die Freude an der Schule. Was bleibt, ist die Erkenntnis: „Wenn man in die Gesellschaft hineinwächst, kann man nur dazugehören, indem man bestimmte Bedürfnisse unterdrückt." Und Dr. Hüther ergänzt: „Und so geschieht es aber nicht nur mit dem Bewegungsdrang, sondern im Laufe der gesellschaftlichen Anpassung auch mit unserer Entdeckerfreude, Gestaltungslust, Sinnlichkeit, Körperwahrnehmung und mit vielen anderen Dingen, die uns eigentlich erst lebendig machen." Die Anpassung geschieht aber nicht nur in der Schule, sondern generell im Umgang mit anderen Menschen und Gruppen. Als Jugendlicher zum Beispiel orientiert man sich an den Denk- und Verhaltensweisen seiner Altersgenossen, den „Peer-Groups", zu denen der Jugendliche gehören möchte. Ohne es selbst zu bemerken, entfernt sich der betreffende Mensch im Verlauf dieses Anpassungsprozesses immer weiter von seinem ursprünglichen, durch frühkindliche Erfahrungen geprägten Denken und Fühlen.

Unser Gehirn wird gleichsam eingewickelt mit Hemmungen, und „man funktioniert dann gut", wenn man sich „im Griff hat", also kontrolliert und gehemmt und diszipliniert ist. Wer gelernt hat, seine Bedürfnisse sehr früh und effizient zu unterdrücken, der ist schon sehr früh erfolgreich. Das spiegle sich auch bei vielen erfolgreichen und harten Geschäftsleuten und Firmenchefs wider. Diese Menschen seien dann aber in Wahrheit nicht immer glücklich und irgendwann, sehr oft im fortgeschrittenen Alter mit 40, 50 oder 60 Jahren, kommt eine innere Unzufriedenheit hoch. Daraus auszubrechen, sei oft nicht leicht: „Das Unterdrücken und Dazugehören hat man sich selbst ins Hirn gebaut und man kann das daher nicht einfach wieder wegmachen." Man fürchtet insgeheim: Höre ich auf meine inneren und zugedeckten Bedürfnisse, werde ich wieder in die Zeit der frühen Kindheit zurückfallen, in der man überall angeeckt ist und ständig von den Eltern gemaßregelt wurde. Diesen „Rückfall" in die Zeit ohne Beschränkungen und Trieb-Unterdrückung fürchten viele Menschen panisch, da sie das angepasste und harmonische Leben lieb gewonnen haben, – auch, wenn diese Harmonie nur möglich ist, wenn sie sich selbst zur Unterdrückung ihrer Neigungen zwingen.

Doch äußere Umstände oder Ereignisse führen dazu, dass der Mensch aus seinen eingefahrenen Verhaltensmustern ausbricht, wie Dr. Hüther im Interview betonte: „Es ist zunächst einmal hilfreich, wenn man merkt, dass man durch die Unterdrückung eigener Bedürfnisse in die Gesellschaft passt. Und dann hängt man an irgendeiner Stelle fest, denn man merkt: Wenn ich das jetzt mache, bringt das so viel durcheinander, das kostet dann so viel Energie, und da bleibt man dann lieber am Sofa sitzen und wartet ab, bis die entsprechende Situation vorbei ist." Das erklärt, weshalb so viele Menschen nicht in der Lage sind, sich aus einer misslichen Situation zu befreien. Es ist das Festhalten an alten Mustern, die so stark und einflussreich sind, dass sie mittlerweile von der Gehirnforschung sogar zu lokalisieren sind.

Evolutionär war die Fähigkeit zur Anpassung an die Gemeinschaft durchaus sinnvoll und erfolgreich. Der Mensch ist alleine nicht überlebensfähig, schon gar nicht als Kind. Deshalb bleibt dem heranwachsenden Menschen gar keine andere Wahl, als sich an die Denk- und Handlungsmuster der Familie oder Sippe anzupassen, von der auch sein Überleben abhängt.

Das Wissen um diese Mechanismen der menschlichen Anpassung ist aber auch Strategen in Politik und Konzernwirtschaft bekannt, die sich vor allem einen entscheidenden Auslöser ständiger Anpassung zunutze machen: Angst. Sei es nun die Angst vor einer drohenden Strafe oder die Angst davor, nicht belohnt, nicht geliebt, nicht wertgeschätzt zu werden. „Immer dann, wenn es dem Menschen gelingt, sich so zu verhalten, dass die Angst nachlässt, kommt es im Gehirn zur vermehrten Ausschüttung sogenannter neuroplastischer Botenstoffe. Sie bewirken eine nachhaltige und effektive Stabilisierung und Bahnung der zur Lösung eines bestimmten Problems (zur Vermeidung der angedrohten Bestrafung oder zur Erlangung der in Aussicht gestellten Belohnung) aktivierten neuronalen Verknüpfungen und synaptischen Verschaltungen." So funktionieren die Anpassung des Kindes an die familiären Regeln, die erwähnte Anpassung in der Schule und die großflächige Konditionierung, Erziehung und Dressur der Bevölkerung.

Eine leichte Form des Lernens, die beispielsweise von großen Konzernen für ihre Marken-Werbung mehr oder weniger subtil zum Einsatz gebracht wird, ist das Bedürfnis des Nachahmens. Erst vor wenigen Jahren entschlüsselte die Wissenschaft die sogenannten Spiegelneuronen, die uns dazu bringen, Vorbilder oder vermeintlich nachahmenswerte Personen „zu spiegeln". Gerade in Europa wird unterschwellig vor- und weitergegeben, wie man sich zu verhalten habe.

Bereits im Kleinkindalter lässt sich nachweisen, dass Kinder auch all jene Strategien ihrer Vorbilder, meist der Eltern, übernehmen, die diese zur Regulation ihrer eigenen emotionalen Befindlichkeiten einsetzen.

Leute, die zwischen der Asyl-Krise 2015 und dem Corona-Wahnsinn 2020 aufgewacht sind, haben meist eine negative Eigenschaft: Ungeduld. Diese Ungeduld führt dann oft auch zu Zweifeln, ob alles „überhaupt noch einen Sinn" hätte und ob nicht ohnedies die Welt verloren sei. Sie gestehen ihren Landsleuten nicht zu, dass sie noch in der Wohlfühlblase des System festhängen, dass sie noch im „Energiesparmodus" verharren, dass sie sich an ihr altes und bequemes Leben klammern, da dieses alte Leben vorzüglich die Sorgen und Zukunftsbedrohungen beiseite schiebt. Die von den „Erwachten" als „Schlafschafe" beschimpften Landsleute tun nichts anderes als das, was die frisch Erwachten selbst jahrzehntelang getan haben: Sie ignorieren die Probleme um sie herum und lenken sich, bewusst oder teils unbewusst, von diesen ab. Natürlich hätte jeder Zeitgenosse schon viel früher – spätestens seit den 1990er-Jahren – erkennen können, auf welch schiefe Bahn das Land geraten ist und auf welche Katastrophen es zusteuert. Wann sind Sie aufgewacht, verehrter Leser? Bei der Ukraine-Krise 2014, im Jahr von Merkels „Wir schaffen das" 2015, beim blutigen Anschlag auf den Berliner Weihnachtsmarkt 2016 oder erst mit der Corona-Panik 2020? Oder gar schon zuvor, am 11. September 2001 oder dem darauf folgenden „Krieg gegen den Terror"? Irgendwann kam ein einschneidendes Ereignis, das Sie fragen ließ: Wie kann so etwas geschehen? Und warum gibt es keinen Aufstand der Masse? Und was läuft hier sonst noch falsch? Gestehen Sie unseren Landsleuten zu, dass sie noch nicht so weit sind. Noch nicht.

Fragen Sie sich ernsthaft noch immer, warum Menschen auch heute noch so teilnahmslos sein können? Dr. Hüther würde antworten: „Wenn eine Störung nicht ins Innere des betreffenden Lebewesens vorzudringen und dort eine Störung seiner bisher aufrechterhaltenen inneren Ordnung, seiner Kohärenz, auszulösen vermag, kann alles so bleiben, wie es ist, dann muss auch nichts gelernt werden." Und Dr. Irenäus Eibl-Eibesfeldt würde ergänzen: „Verdrängung und Wirklichkeitsflucht kennzeichnen insbesondere unseren Umgang mit brennenden Zeitproblemen." Das erklärt, warum Menschen Umweltzerstörung, Bevormundung, Einschränkung der Grundrechte, Ausgangssperren und ganze Völkersterben gleichgültig sind – sie aber dann in einen Wutanfall geraten, wenn ihr Parkplatz von einem fremden Wagen besetzt ist oder das Netflix-Abo mal wieder teurer geworden ist.

Was wäre gewesen, wenn etwa im Jahr 1999 jemand gesagt hätte, dass 21 Jahre später die Menschen per Gesetz gezwungen werden, Masken zu tragen, Zwangsimpfungen diskutiert werden, es Ausgangssperren gibt, die Abschaffung des Bargelds vorbereitet wird und die Bewegungsdaten der Mobiltelefone an die Regierungen gemeldet werden, um Bewegungsmuster von Abtrünnigen festzustellen? Es gab diese hellsichtigen Menschen. Es gab Leute, die vor einem solchen Ausgang gewarnt haben, wenn ein Menschenschlag wie etwa die Schäubles oder von der Leyens oder Merkels oder Sobotkas an die Macht gelangen würde. Doch diese Rufer in der Wüste wurden verlacht und verspottet und im schlimmsten Fall brutal verfolgt. Und heute hat die Wirklichkeit schon Millionen wachgerüttelt, weil die Einschläge eben näher kommen, weil die Einschnitte immer mehr in den persönlichen Bereich vordringen, weil immer mehr Menschen in ihrer intimsten Wohlfühlzone gestört werden und sagen: So kann und will ich nicht weitermachen. Und weil sie erkennen: Ich kann mich dieser miesen Lage nicht entziehen, indem ich mich abwende und fliehe. Der Horror wird mich einholen. Also muss ich die Lage an sich verändern. So begeben sich diese durch äußeren Druck zum Nachdenken Gezwungenen auf den Weg, hören auf, Teil der trägen Masse zu sein, werden zum Widerstand.

Die Masse interessiert sich weiter nicht für die großen Probleme. Und sie möchte und kann sich auch meist gar nicht tagtäglich mit Politik beschäftigen. Daher hat der Politiker seinen berechtigten Daseinszweck. Er bekommt vom Bürger die Macht überantwortet. Tun dies Millionen, verschmelzen diese individuellen Vertrauensvorschüsse zu einem mächtigen Energiefeld. Immer mehr verdichtet sich die Macht, und die höchsten Politiker des Landes sind auserkoren, das Schicksal der Menschheit zu lenken. Doch wie lenken sie dieses Schicksal? Und lenken sie es überhaupt? Oder gaukeln sie uns dies in schlechtester Schauspielerei nur vor, bloß für denjenigen nicht erkennbar, der eben die politische Lüge glauben möchte, da er sonst womöglich am Ende selbst in die Verantwortung genommen werden könnte? Denn was würde es denn bedeuten, wenn „die da oben" uns nicht nach bestem Wissen und Gewissen vertreten? Was wäre denn der Umkehrschluss …?

Den allermeisten Politikern der alten Parteien haftet eine langweilige Provinzialität an, die ja nur der äußere Stallgeruch für eine langweilige Grundeinstellung ist. Man ist froh, wenn man bei der nächsten Wahl „nicht noch weiter abstürzt", wenn man zumindest zwei von drei Regierungssitzen behalten kann, wenn man sich die Spesenzahlungen aus dem Steuertopf erhöhen kann, wenn man „seinen bescheidenen Teil zur Verbesserung des Landes" beitragen kann, wenn man „unsere Leute in gute" – also für diese Glücklichen gut bezahlte – „Positionen hieven" kann, wenn man Wohlstand und mäßigen Erfolg verbinden kann, wobei der persönliche Komfort und Luxus in jedem Fall mehr als Einfluss und Macht zählen. Man denkt keine großen Gedanken mehr und handelt entsprechend beschränkt. Von Pathos oder Visionen keine Spur. Das in den 1980er-Jahren berühmte Wort Helmut Schmidts ist kennzeichnend für eine Politikerkaste, die sich auch noch stolz zum Siechtum bekennt: „Wer Visionen hat, der sollte zum Arzt gehen."

Wer sich mit seiner Rolle als Pausenclown der Geschichte abgefunden hat, der nur für die Überbrückung einer unbedeutsamen Zeit ein bisschen am Gemeinwesen herumwerkeln kann, der wird auch über keine Weitsicht in der Lagebeurteilung verfügen. Er ist, wie der Verhaltensforscher Irenäus Eibl-Eiblsfeld ein ganzes Buch nannte, „in der Falle des Kurzzeitdenkens". Der Politiker denkt in den allermeisten Fällen im zeitlichen Horizont seiner sogenannten Legislaturperioden. Also so weit voraus, solange er in sein Amt gewählt ist – sei dies nun einfacher Gemeinderat oder Präsident. Diese Zeitspanne ist in der westlichen Welt meist vier bis fünf Jahre. Darüber hinaus denkt er in den allerwenigsten Fällen! Denn er weiß ja nicht, ob er nach dem Wahlgang erneut in seiner Position sein darf, ob er nicht vom launischen Publikum abgewählt wird oder gar mehr Verantwortung und Machteinfluss eingeräumt bekommt. Zudem ist sein Hauptinteresse, dass er in seinem Einflussbereich bleiben oder diesen nach Möglichkeit ausbauen kann. Für viele Politiker geht es dabei primär um die damit verbundenen Annehmlichkeiten, allem voran die fetten Gehälter, die vom Volk aufgebracht werden. Und der Politiker weiß meist besser als jeder andere, dass er sich außerhalb der Politarena – im normalen Leben – kaum ein ähnliches Einkommen erarbeiten könnte. Im deutschen Bundestag kassiert ein Abgeordneter pro Monat 10.083,47 Euro, im österreichischen Parlament 9.092,-- Euro. Dazu kommen Diäten und Einkünfte aus anderen Posten. Diesen Standard für sich zu erhalten, ist das oberste Ziel. Er richtet all sein Tun, Handeln und natürlich auch sein Denken auf die Interessen seiner Wähler und Gönner aus. Hierbei muss er an Lobbys und gute Presse denken, denn nur so bekommt er den nötigen Rückenwind, um sich dem Wähler am Wahltag bestmöglich zu präsentieren. Überzeugungen, Notwendigkeiten, Weitsicht: All das ist nur dann Teil des politischen Denkens, wenn es dem einen Zweck dient – wiedergewählt zu werden.

Es genügt also, dies über die Demokratie zu wissen, um verstanden zu haben, dass nicht jeder Provinzpolitiker in einen „großen Plan" gegen die Völker eingeweiht ist. Nein, ihre eigene Trägheit und Kleingeistigkeit und die Gefangenschaft in diesem erwähnten Hamsterrad garantieren, dass sie zu zahmen Duldern geworden sind, nicht die geringste Gefahr für jene Kreise, die tatsächlich ihre Agenda brutal und konsequent vorantreiben.

Und so kommt es, dass große Entwicklungen von den vielen Kleinen nicht gesehen oder erst viel zu spät erkannt werden. Dann wiederum stehen sie vor einem scheinbar unlösbaren Problem, so dass sie erneut den Kopf in den Sand stecken, um das für sie unlösbare Problem erst gar nicht an sie herankommen lassen … Das psychologische Programm wiederholt sich.

Kinder, die im Jahr 2020 geboren wurden, werden im Jahr 2050 rund 30 Jahre alt sein. Eine Zeit, für die Demographen prognostizieren, dass in Deutschland und Österreich flächendeckend rund 20 % Moslems leben werden. Pessimistisch geschätzt und im Gesamtschnitt – von den Städten bis zu den entlegensten Alpendörfern. In den meisten Städten stellen sie schon die Mehrheit. Islamistische Prediger versprechen uns bis dahin schon den Beginn der Scharia. 1927 lebten 2 Milliarden Menschen auf der Erde. 2020 wird unser Planet von rund 7,7 Milliarden bevölkert sein. Das bedeutet, dass sich in hundert Jahren die Weltbevölkerung vervierfacht (4-facht!) hat. Als absoluter Machtfaktor der Zukunft muss der asiatische Raum mit der Großmacht China erkannt werden. Der Anteil an der Weltbevölkerung beträgt mit vier Milliarden Asiaten 60 %. Das ungebrochene Wachstum Asiens geht derzeit von Indien aus. 1950 lebten in Asien gesamt 1,4 Milliarden, für das Jahr 2050 werden 5,2 Milliarden Menschen angenommen, wobei dem asiatischen Kontinent nur 30 % der Erdoberfläche zur Verfügung stehen. Der Raum wird eng werden, eine Konfrontation mit Russland und Europa scheint unausweichlich. Die Bevölkerung am Kontinent Afrika wird sich bis zum Jahr 2030 von einer auf gigantische zwei Milliarden (!) verdoppeln! In Ländern wie Niger, Mali oder Somalia bekommen Frauen mehr als sechs Kinder, im Durchschnitt! Bedrohlich sind diese Zahlen für Europa deshalb, da bereits jetzt ein Großteil der jungen Afrikaner ohne Zukunftsperspektive und Arbeit ist. Und viele werden nach Europa aufbrechen.

Vorausschauend denken

Auch die Türkei, seit jeher an einer Expansion in Mitteleuropa interessiert, wächst voraussichtlich in 30 Jahren um rund 30 %. Der Druck auf das faule, kränkelnde, dekadente Europa wird wachsen, und der eben erwähnte Politikertypus wird den Übernahmeambitionen nichts, aber auch gar nichts entgegenzusetzen haben. Wer glaubt, das Bevölkerungswachstum in Asien und Afrika gehe uns Europäer nichts an, der hat ebenso wenig Kenntnis vom Verhalten der Menschen und ihrer Geschichte wie er auch nicht die Fähigkeit besitzt, ein paar Jahre weiter als bis zur nächsten Wahl zu denken. Denn die Menschheit breitete sich immer expansiv aus, drängte in neue Zonen, wenn es am bisherigen Ort zu kalt, zu heiß, zu unwirtlich oder zu eng wurde. War in diesen neuen Zonen schon menschliches Leben, wurde es ausgerottet oder unterworfen.

Es ist nur ein paar Menschenalter her, da haben „zivilisierte" europäische Auswanderer die eingeborenen Ureinwohner Amerikas ausgerottet, weil sie deren Land haben wollten. Und die USA, als Hort von „freedom und democracy", überfielen noch bis in diese Tage fremde Völker mittels hochtechnologisierter Vernichtungsmaschinerie, um ihre strategischen Ziele zu sichern oder um an fremde Bodenschätze, wie zum Beispiel Erdöl, zu gelangen.

Und was den Krieg angeht: Europa hatte nur eine ein paar Jahrzehnte währende Verschnaufpause. Daraus zu schließen, dass es nie wieder angegriffen oder von Invasoren heimgesucht werden würde, ist an Naivität und Realitätsverleugnung nicht zu überbieten. Dabei ginge es nicht einmal um eine Vorausschau von 100 Jahren. Nein, es würde schon so viel Weitsicht genügen, bis die heutigen Babys und Kleinkinder selbst Familien gegründet haben werden, damit die nächste Generation frei und ohne Zwang die richtigen Entscheidungen treffen könnte.

Die fehlende Weitsicht macht sich in so vielen Bereichen schmerzlich bemerkbar. Die gesellschaftlichen Verwerfungen, die immer mehr durchschlagen, sind vielfach ein Ergebnis völlig falscher Erziehung, falscher Lern- oder Dressurmethoden, untauglicher Hirngespinste verrückter Ideologen. Die Gegenwart kündigt mit ihrem Millionenheer lebensunfähiger Jugendlicher an, was da bald auf uns zukommen wird … Fest steht: Leistungsträger sind hier nicht in Sicht und die Konkurrenz aus dem chinesischen Reich ist jetzt schon haushoch überlegen.

Das Geschäftsmodell Klimawandel hat vor allem die junge Generation sensibilisiert, aber natürlich nur in den Bereichen, in denen es erwünscht war, hypnotisiert auf das Thema CO_2 zu starren.

Die anderen Themenblöcke Naturzerstörung, Tiermisshandlung, Verschmutzung der Weltmeere, Artensterben, Bodenversiegelung, Vernichtung der Wälder oder ganz allgemein die ungehemmte Konsum- und Verschwendungssucht: Sie alle bleiben weiterhin stiefmütterlich links liegen, ein Bestätigungsfeld für ein paar Idealisten und Aktivisten. Mehr nicht. Schließlich endet die Weitsicht des Politikers nach vier Jahren, und wie soll man in dieser Zeit schon die Welt retten?

1.3. Ausgangslage

Wenn in diesem Kapitel die Ausgangslage kurz angerissen werden soll, dann liegt die Herausforderung darin, dies kompakt und übersichtlich zu tun.

Ganze Bücherreihen wurden über das geschrieben, was man mit einem Wort als „Verfallserscheinungen" unserer Zeit zusammenfassen könnte. Und zwar in den Bereichen der Wirtschaft, des Geldwesens, der Gesellschaft, der Werte, der Kultur, der Bildung, der Erziehung, der Ernährung, der Medizin oder der Einwanderung …

Das Internet ist voll von Aufklärungsseiten, die sich mit der Dokumentation des täglichen Irrsinns beschäftigen. Konkret geht es also um eine Lagebeurteilung, die ein möglichst ganzheitliches Bild bietet und die eine Einordnung für den Einzelnen erlaubt.

Die Corona-Krise veranschaulicht, was Kenner der Lage hinter der Fassade schon längst vermutet haben: Dass die wirklich großen Entscheidungen auf internationaler Ebene getroffen wurden und werden. Man benötigt kein Hintergrund- und Insiderwissen, um zu erkennen, dass spätestens seit 2020 die Staatsführer nach einem Plan und einer Agenda reden, argumentieren und handeln. Wir erkennen die Umsetzung von:

1. Globaler Gleichschaltung: Erstmalig sind sämtliche Völker und Staaten wie auf Knopfdruck gesteuert worden. Weltweit wurden Maskenpflicht und Corona-Zwangsmaßnahmen verhängt. Bei internationalen Mee-

tings verlesen die Staatsführer gar die wortwörtlich identen Formulierungen.

2. Globaler Informationskontrolle: Wie eng die riesigen Medienkartelle weltweit mittlerweile zusammenspielen, hat die Corona-Krise veranschaulicht. Wie gelähmt steht der Einzelne vor der medialen Übermacht, die im täglichen Dauerfeuer ein- und dieselbe Botschaft trommelt. Kritiker kommen kaum oder gar nicht zu Wort oder werden verächtlich gemacht.

3. Globaler Überwachung: Unter Einsatz der neuesten Technologie werden nicht nur einzelne Menschen zu gläsernen Bürgern, deren Bewegungsprofile und Verhaltensweisen minutiös ausgewertet und dokumentiert werden, sondern auch ganze Gesellschaften, Völker, Staaten. Totale Überwachung bedeutet totale Berechenbarkeit und somit totale Kontrolle.

4. Globaler Machtstrukturierung: Angela Merkel betonte ja bereits, dass globale Krisen nicht von einzelnen Staaten gelöst werden könnten, weshalb internationale Strukturen mehr Macht bekommen müssten. In der Krise wurde ersichtlich, wie UNO, EU, IWF und WHO das Kommando übernahmen.

Schon seit vielen Jahren haben sich geldmächtige, einflussreiche Kreise die Macht gesichert – und das unabhängig von der jeweiligen Regierung. Der Industrielle und spätere Außenminister der Weimarer Republik,

Walther Rathenau, schrieb schon in seinem 1912 erschienenen Buch „Zur Kritik der Zeit", dass sich in Europa eine Oligarchie gebildet hätte, also eine Herrschaft einer zahlenmäßig kleinen Clique über die Masse. Rathenau wörtlich: „Dreihundert Männer, von denen jeder jeden kennt, leiten die wirtschaftlichen Geschicke des Kontinents und suchen sich Nachfolger aus ihrer Umgebung."

Wenn heute etwa Gesetze zur „Kontrolle der sozialen Medien" europaweit gleichgeschaltet in den Staaten umgesetzt werden, dann wurden diese Gesetze zuerst in einschlägigen Denkfabriken entwickelt, die ausschließlich mit bedingungslos loyalen Globalisten besetzt sind. Von dort aus gelangen die Ideen gesteuert zu den Medien, wo sie verbreitet werden; in die EU-Institutionen, wo die Umsetzung vorbereitet wird; zu den Staaten, wo man nur mehr durchwinkt und bürokratisch umsetzt. Wer glaubt, die Politik eines Landes ausschließlich über den Austausch des politischen Personals verändern zu können, befindet sich auf dem Holzweg. Die Parlamente sind ein Teil der Machtstruktur. Noch wichtiger sind die im Schatten stehenden Zirkel der mächtigsten Medienmacher, Bankiers und politischen Milliardäre, die meist liebevoll-verharmlosend „Philanthropen" genannt werden. Der später ermordete US-Präsident John F. Kennedy war, als er es in das Präsidentenamt geschafft hatte, sichtlich entsetzt, welche Macht diese Kreise real ausübten. 1961 stellte er fest: „Wir stehen rund um die Welt einer monolithischen und ruchlosen Verschwörung gegenüber, die sich vor allem auf verdeckte Mittel stützt, um ihre Einflusssphäre auszudehnen ..." Heute spricht einer seiner Nachfolger, Donald Trump, vom „Deep State": vom „tiefen Staat", der sich überall festgesetzt hätte. Es wäre oberste patriotische Pflicht, den Staat von diesen Geheimbünden zu befreien, um endlich wieder eine freie und unabhängige Politik im Sinne der Menschen zu betreiben. Als die FPÖ in Österreich 2019 aus der Regierung geputscht wurde oder als Matteo Salvini im selben Jahr in Italien als Innenminister weichen musste, sprachen beide Gruppierungen vom „Deep State", der hier seine Macht gezeigt hätte.

Der „Deep State" der Finanzmacht ist eng mit der Politik verflochten. Das zeigen nicht nur die jährlich stattfindenden „Bilderberger Konferenzen", das „Weltwirtschaftsforum" in Davos oder die unzähligen Lobbyorganisationen. Männer wie Jean-Claude Juncker, Mario Draghi oder Wolfgang Schäuble gehören zu den – viele Jahre überdauernden – Konstanten in der globalistischen EU-Politik. Schäuble, mehrfach Minister und 2020 Präsident des deutschen Bundestages, treibt systematisch, spätestens seit den 1990er-Jahren, die Auflösung der Bundesrepublik Deutschland in einer immer mächtiger werdenden EU voran. Für den Verfassungsrechtler Univ.-Prof. Dr. Karl Albrecht Schachtschneider ist klar, wohin die Reise einer solchen Politik geht: „Europäisierung wie Globalisierung sind Instrumente bestimmter Kräfte, die eine ‚One-World-Politik' betreiben. Für die ‚Neue Welt' wollen deren Protagonisten die Menschheit nach ihrem Bilde formen, sie zu Arbeitern und Verbrauchern degradieren." Schäuble kleidet sein

Ausgangslage 49

Vorhaben selbstverständlich in menschlichere Tarnworte, aber was er will, ist die finale Abschaffung der Nationalstaaten zugunsten von internationalistischen Strukturen. Am 28. August 2011 übertrug der TV-Sender „Phönix" eine Diskussion mit Altkanzler Helmut Schmidt, wo Wolfgang Schäuble Folgendes sagte: „In der Globalisierung brauchen wir andere Formen internationaler Governance als den Nationalstaat. Dieser ist vor hundert Jahren mit seinem Regelungsmonopol an seine Grenzen gestoßen. Und heute schaffen wir was Neues. Ziemlich mühsam, aber nicht hoffnungslos. Lernen können wir aus unseren Fehlern und Irrtümern, und deswegen bin ich bei aller krisenhaften Zuspitzung im Grunde entspannt. [...] Weil wenn die Krise größer wird, werden die Fähigkeiten, Veränderungen durchzusetzen, größer." Im November desselben Jahres legte er nach. Am europäischen Bankenkongress in Frankfurt sagte er wörtlich: „Wir in Deutschland sind seit dem 8. Mai 1945 zu keinem Zeitpunkt mehr voll souverän gewesen." Ein Satz, wie die Zeitung „Die Welt" schrieb, „von der Wirkung eines Sprengstoffanschlages auf das nationale Selbstverständnis der Deutschen". Und Schäuble in seiner Rede vor den versammelten Bankern weiter: „Und deswegen ist der Versuch, in der europäischen Einigung eine neue Form von Governance zu schaffen (...) ein sehr viel zukunftsweisenderer Ansatz als der Rückfall in den klassischen Nationalstaat vergangener Jahrhunderte." Die Jahre vergingen. Und Schäuble arbeitete weiter an seiner „internationalen Governance" und freute sich entsprechend ungeniert über die Corona-Krise. Am 20. August

2020 sagte er der Zeitung „Neue Westfälische": „Die Corona-Krise ist eine große Chance. Der Widerstand gegen Veränderung wird in der Krise geringer. Wir können die Wirtschafts- und Finanzunion, die wir politisch bisher nicht zustande gebracht haben, jetzt hinbekommen ..." Auf die Nachfrage der Zeitung, ob die Bevölkerung dem nun eher folgen könnte, antwortet er selbstsicher: „Davon bin ich überzeugt. Ich will die Pandemie nicht verharmlosen, wenn ich feststelle: Große Krisen sind große Chancen."

Unweigerlich fühlt man sich an das alte Freimaurerwort erinnert: „Ordo ab Chao", Ordnung aus dem Chaos. Chaos, das zuvor absichtlich gestiftet wurde, um sich dann als Erlöser präsentieren zu können. Erstmals könnte die Erschaffung einer solchen neuen Ordnung weltweit versucht werden.

Neue Weltordnung

Wer das turbulente Corona-Jahr 2020 beobachtet und die Ereignisse, wie auf einem großen Spielbrett, sortiert hat, der musste sich wirklich fragen: Ist das der Albtraum der normal gebliebenen Menschheit? Oder – umgekehrt: das Paradies der Globalisten? Sind wir im Finale zur „Diktatur der Neuen Weltordnung" angelangt?

Die bloße Erwähnung des Begriffs der „Neuen Weltordnung" bringt die Vertreter des offiziellen und selbsternannt „anständigen" Establishments in Wallung. Nach bewährtem Prinzip wird jeder attackiert und verun-

Ausgangslage

glimpft, der es auch nur wagt, über die Verschwörungspraxis der Globalisierer zu sprechen oder zu schreiben. Und doch liegen die Zeichen, spätestens seit der Corona-Panik, auf der Hand – für jedermann erkennbar. Auch wenn es keinen unterzeichneten Plan für die Errichtung einer „Neuen Weltordnung" gibt, gibt es doch unzählige Zitate und realpolitische Wegmarken, die zeigen, dass der radikale Globalismus auf eben diese Herrschaftsform abzielt. Es wurden für dieses Buch nur Zitate verwendet, die quellenbasiert nachweisbar sind und die vom mündigen Leser selbst geprüft werden können und sollen, – gerade von denjenigen, die derart konditioniert wurden, dass sie bei bestimmten Begriffen reflexartig zusammenzucken. Eine Wahrheit, die sich offenbart, wird nämlich nicht dadurch unwahr, dass man sie geschickt verdrängt.

Das Internet bietet heute eine Fülle an Wissen und Information, und jeder, der auf die Suche gehen möchte, kann dies noch relativ frei tun. Das ist auch der Grund, warum sich geistige Strömungen so schnell verändern oder verbreiten: Weil es nicht mehr des jahrelangen Studiums in unterschiedlichsten Bibliotheken bedarf, um sich Kenntnis anzueignen, sondern weil ein paar Stunden vor dem Computer bei intelligenter, zielgerichteter Suche genügen können, um die Welt des Suchenden vollkommen auf den Kopf zu stellen oder ihn mit Wissen zu erhellen. Vorgänge, für die früher manchmal Generationen nötig waren, um Einsichten zu bekommen und Zusammenhänge zu deuten, können heute komprimiert aufgesaugt werden. Wichtig bei alldem ist die Einordnung, denn das bloße Sammeln von Informationen führt zu einer Überforderung unserer geistigen Kapazitäten und bringt somit nachweislich keinen Mehrwert für die einzelne Person.

Exemplarisch seien hier also einige Aussagen von ausgewählten Insidern aufgezählt, die nicht unerheblich sein dürften, will man die aktuelle Lage richtig einordnen. Dem ehemaligen US-Präsidenten Roosevelt wird der Satz zugeschrieben:

„In der Politik passiert nichts zufällig. Wenn es doch passiert, war es so geplant."

Der Bankier und Präsidentenberater James Paul Warburg (auf seinen Vater Paul Moritz Warburg geht die Gründung der „FED" zurück) sagte am 17. Februar 1950 vor einem Unterausschuss des US-Senats:

„Wir werden eine Weltregierung haben, ob wir es mögen oder nicht. Die einzige Frage ist, ob diese Weltregierung durch Eroberung oder Einverständnis erreicht wird."

Das Zitat wird von oberschlauen deutschen „Fakten-Prüfern" zwar in ihrer Beschränktheit in Abrede gestellt, von der englischen Wikipedia aber originalgetreu, schmerzfrei und mit Quellenverweis auf den entsprechenden Ausschuss geführt.˙

„Globalisierung ist nur ein anderes Wort für US- Herrschaft",

sagte Henry Kissinger. Wer aber, Herr Kissinger, beherrscht die USA?

Kissinger war von 1973 bis 1977 US-Außenminister und im Anschluss bis 1981 Direktor der transatlantischen Denkfabrik „Council on Foreign Relations".

Wenn die USA das „Non plus ultra" der Globalisierung sind, stellen die USA dann tatsächlich das humanitäre Vorbild der ganzen Welt dar? Das würden wohl Milliarden Nicht-Amerikaner energisch verneinen! Schon die Gründung der USA fußt auf einem Völkermord. Die Vertreibung und Ausrottung der Indianer war der Beginn. Seither standen die USA für ständige Expansion, für Imperialismus und Gier. Dass dies bei den meisten Bürgern in Europa anders wahrgenommen wird, liegt an der kulturellen Einflussnahme, die die USA seit Jahrzehnten auf Mitteleuropa ausüben, und am Umstand, dass die mediale Darstellung fast ausschließlich in den Händen der USA liegt oder mittelbar über eigens dafür geschaffene Denkfabriken beeinflusst wird. In jedem Fall sind seit der Gründung im Jahre 1776 über 200 Kriege, kriegsähnliche Handlungen oder „militärische Interventionen" der USA dokumentiert.

Die USA sind das Ursprungsland der heute im Westen vergötterten „Multikultur", der modernen Unter-

---

* „We shall have world government whether or not we like it. The only question is, whether world government will be achieved by conquest or consent." Laut der eglischsprachigen Wikipedia: Senate Report (Senate Foreign Relations Committee) (1950). Revision of the United Nations Charter: Hearings Before a Subcommittee of the Committee on Foreign Relations, Eighty-First Congress. United States Government Printing Office. p. 494

haltungsindustrie, von Fast Food, Börsentaumel und Hochkapitalismus. Vorbildlich soll für die Welt auch das amerikanische Bankensystem sein. 1913 gelang es geschickten Bankiers, das Geldschöpfungsrecht der USA in die Hände privater Banken zu legen. Private Banken erschaffen also den Dollar und verleihen diesen gegen Zinsen. Auch an den US-amerikanischen Staat! Das ist Globalisierung nach dem Geschmack ihrer Erfinder.

Die Staatsverschuldung der USA war seit jeher hoch, ist doch das Motto der Amerikaner originär „ein Leben auf Pump". Gerade in den letzten Jahren explodierte aber die Schuldenrate. Es kam zu einem exponentiellen Anstieg der Schulden, was in einem Zinseszins-System mathematisch vorhersehbar ist. Waren die USA 2014 noch mit rund 17 Billionen US-Dollar verschuldet, waren es im Herbst 2020 schon mehr als 27 Billionen US-Dollar (= 27.000 Milliarden).

Diese unvorstellbaren Zahlen bewegen sich aber nicht im luftleeren Raum. Bei dieser Summe fallen rund 900 Millionen Euro Zinsen an – pro Tag! Das Land ist unheilbar verschuldet, so wie die meisten Staaten dieser Erde, die sich unverständlicherweise gegenseitig Geld „leihen" und für Kredite bürgen, obwohl einer so bankrott ist wie der andere.

Das System ist wahrlich am Ende, und nur der „Great Reset" wird diese Schulden auflösen können – ein Begriff, den die Initiatoren des „World Economic Forum" sinnigerweise für ihre mächtige Zusammenkunft 2021 als Motto gewählt haben.

Für die deutsche Politik beantwortete die Frage, wer die wahre Macht ausübt, niemand Geringerer als der Präsident der Deutschen Bundesbank. Am 3. Februar 1996 sagte dieser Hans Tietmeyer, als er auf dem jährlichen „World Economic Forum" in Davos zu den rund 2000 Spitzenvertretern aus Wirtschaft und Politik sprach:

„Ich habe bisweilen den Eindruck, dass sich die meisten Politiker immer noch nicht darüber im Klaren sind, wie sehr sie bereits heute unter der Kontrolle der Finanzmärkte stehen und sogar von diesen beherrscht werden."

Globalisierung bedeutet auch weltweite Vereinheitlichung. Dem ehemaligen Direktor der „UN Health Organization", Brock Adams, wird der Satz zugeschrieben:

„Um die Weltregierung umsetzen zu können, ist es nötig, Individualität, Loyalität gegenüber Familientraditionen, nationalen Patriotismus und religiöse Dogmen aus den Köpfen der Menschen zu bekommen."

Ob er den Satz tatsächlich so gesagt hat, ist zweitrangig. Der Inhalt trifft's! Denn nur ein aus der Gemeinschaft und der Verwurzelung herausgelöster Mensch ist reif für alles, was die Globalisierung für ihn bereithält.

Der jahrzehntelange Auflösungsprozess von Ordnungseinheiten, die ununterbrochene Kulturzersetzung und multi-ethnische Einwanderung nach Europa: All das dient dem Endziel, die Globalisierung weltweit ausbreiten zu können. Und hilft dies nichts, hilft eine epochale Krise:

„Alles was wir brauchen, ist eine richtig große Krise, und die Nationen werden die neue Weltordnung akzeptieren."

David Rockefeller 1994 vor dem Wirtschaftsausschuss der Vereinten Nationen. Und dieser David Rockefeller schreibt ganz ungeniert in seinen Memoiren (sowohl amerikanische Fassung, Seite 405, als auch deutsche Fassung, Seite 556):

„Manche glauben gar, wir seien Teil einer geheimen Verschwörungen, die entgegen der besten Interessen der USA arbeitet, charakterisieren mich und meine Familie als ‚Internationalisten' und Verschwörer, die gemeinsam mit anderen weltweit eine integrierte globale politische und wirtschaftliche Struktur schaffen – die einheitliche Welt, wenn sie so wollen. Wenn das die Anklage ist, dann bin ich schuldig, und ich bin stolz darauf."

Ein guter Bekannter von Rockefeller in dessen Milliardärskreisen ist der 2020 wieder in den Fokus der Öffentlichkeit gerückter Bill Gates. Als Rockefeller starb, „twitterte" im März 2017 Bill Gates, dass er die gemeinsamen Gespräche genossen habe und er, Gates, viel von David Rockefeller gelernt habe.

Dass ausgerechnet die Corona-Krise oder die gleichzeitig ablaufende Finanz- und Wirtschaftskrise genau diese „Krise" sein könnte, die zur Erreichung ihrer Ziele beitragen könnte, vermuten viele Beobachter. Gewiss! Es gibt unzählige Zitate aus allen Epochen, die belegen, dass es immer – wirklich immer – eine Clique von einflussreichen Verschwörern gab, die die Macht über Staaten und letztlich die ganze Welt erlangen wollten. Doch vor allem die aufmerksame Beobachtung der realen Gegenwart ist der beste Beweis für den Umstand, dass das Streben nach „Weltmacht" keine Verschwörungstheorie, sondern reale, geniale und dunkle Verschwörungspraxis ist.

Die im Jahr 2020 ausgerufene Corona-Krise veranlasste einige katholische Bischöfe, vor einer „Weltregierung" zu warnen. Unter den Unterzeichnern eines vielbeachteten Aufrufs befinden sich etwa die Erzbischöfe Carlo Maria Viganò, Janis Pujats, Jan Pawel Lenga, der deutsche Kardinal Gerhard Ludwig Müller oder der Salzburger Bischof Andreas Laun. In der Erklärung vom 8. Mai 2020 heißt es:

„Wir haben Grund zur Annahme – gestützt auf die offiziellen Daten zur Epidemie in Bezug auf die Anzahl der Todesfälle – dass es Kräfte gibt, die daran interessiert sind, in der Weltbevölkerung Panik zu erzeugen. Auf diese Weise wollen sie der Gesellschaft dauerhaft Formen inakzeptabler Freiheitsbegrenzung aufzwingen, die Menschen kontrollieren und ihre Bewegungen überwachen. Das Auferlegen dieser unfreiheitlichen Maßnahmen ist ein beunruhigendes Vorspiel zur Schaffung einer WELTREGIERUNG, die sich jeder Kontrolle entzieht."

Der Siegeszug des Globalismus

Man muss den Globalisten zugestehen, dass sie hartnäckig sind. Durch Revolutionen, Kriege und abertausende Ränkespiele über die Jahrhunderte hinweg haben sie ihren Plan verfolgt und als erstrebenswerte Utopie in ihren Zirkeln weitergegeben. Für diese Eliten ist es eine Utopie, für die Masse jedoch düsterste Dystopie: also das Gegenteil einer Utopie. Eine fiktionale, in der Zukunft spielende Geschichte mit schrecklichem, satanischem Ausgang. Doch wie es der Herde geht, ist den Hirten in dieser Vorstellung gleichgültig, solange sie schafsgleich folgt und funktioniert, zum Nutzen der Globalisten.

Politisch erstmals explosiv geworden sind die globalistischen Ideale in der Französischen Revolution um 1789. Unter den Grundsätzen der Freimaurer, nämlich Freiheit, Gleichheit, Brüderlichkeit, wurde gegen die alte Ordnung rebelliert, und vermeintliche Feinde der Revolution wurden vom Fallbeil der Guillotine massenweise geköpft. Schon damals hüllte sich die Heuchelei in vorgeblich edle Absichten. Denn die Französische Revolution wird von den Geschichtsdeutern nicht als Blutbad überliefert. Freiheit, Gleichheit, Brüderlichkeit musste eben erst erkämpft werden, notfalls mit der Guillotine. Brüderlich eben. Und getragen von Toleranz und Humanismus, versteht sich. Doch es ging nicht nur um Klassenkampf und individuelle Freiheiten. Mit der Parole von der „Gleichheit aller Menschen" wurde eine Idee auf die größere Bühne gehoben, die bis dahin nicht einmal als schlechter Scherz durchgegangen wäre. Nicht nur der gemeine Pöbel sollte dem Adel gleich sein, auch der Schwarze dem Weißen, der Araber dem Chinesen, der Jude dem Christen. Von da an war die Behauptung von der Gleichheit aller Menschen nicht mehr wegzubekommen. Sie wurde zum Dogma erklärt und wurde so außerhalb jeder Kritik und Diskussion einzementiert, so dass die Menschengleichheit bis heute die Grundlage aller internationalistischen Ideologien ist. Nicht, dass dies verwechselt wird: Dass alle Menschen, egal welcher Abkunft, frei und gleich an Würde sind, wird kein Mensch bei Verstand in Abrede stellen. Dass es ein apokalyptisches und namenloses Verbrechen ist, ein Volk – egal welches – auszurotten, ist Konsens aller Menschen, zumindest jener Menschen, die wir als Kulturmenschen ansehen. So muss, sollen nicht ununterbrochen Krieg und Terror die Menschen untereinander aufreiben, die Einsicht siegen, dass jedes Land und jedes Volk das unverbrüchliche Recht besitzt, sein eigenes Schicksal frei und ohne Zwang zu gestalten. Doch die „Gleichheit der Menschen" der Globalisten ist anders gemeint. Hier geht der Gleichheitswahn so weit, dass alles auf zwei Beinen ident und ununterscheidbar sein soll. So verbreiten sie die dogmatische Denkweise, dass es gar keine Unterschiede zwischen Völkern und Kulturen gäbe. Konfrontiert man diese Ideologen mit belegbaren Gegenargumenten, sind sie sich nicht zu dumm, die nächsten Lügen aufzutischen, um ihre „Gleichheit" weiter und weiter aufrechterhalten zu können. Zeigt man ihnen die für das freie Auge unübersehbaren Unterschiede, wehren sie das händefuchtelnd als „nicht repräsentativ" ab und erklären, dass im 21. Jahrhundert die Schädelvermessungen glücklicherweise überwunden seien. Setzt man mit anerkannten und großangelegten Studien und Analysen nach, sind sie nicht um die Ausrede verlegen, dass äußerliche Unterschiede wohl gleichgültig wären und nicht auf das Innenleben und den Geist schließen lassen würden. Der amerikanische Autor Jon Entine wies in einem umfangreichen Buch nach, dass „weiße Männer nicht springen können" und schwarze Männer hier körperlich klar im Vorteil wären. Ebenso gibt es zahlreiche Studien, die belegen, dass Afrikaner bis zu 19 Prozent mehr vom Sexualhormon Testosteron besitzen als Europäer oder Asiaten. Babys afrikanischer Abstammung sind in ihrer ganzen körperlichen Entwicklung schneller und reifer, so haben zahlreiche Studien ergeben, die vom Autor Philippe Rushton zusammengefasst wurden. Umgekehrt haben Weiße und Asiaten nachweisbare Eigenschaften, die ihnen Vorteile verschaffen. Und auch die Untersuchung unter dem Mikroskop belegt, dass die Menschen eben nicht ident sind, sondern es genetische Differenzen gibt. Beispielhaft sind mittels Analyse der DNS-Polymorphismen Personen mit einer über 90-prozentigen Trefferquote nicht nur einer Hautfarbe, sondern exakt einem Volk zuordenbar. Alles egal, rufen die Gleichmacher kindisch-trotzig! Es geht um das Wesen und das, was man im Kopf hat! Nun streitet man um die Kultur, um die Mentalität und um das Temperament – und auch hier muss der Gleichheitsutopist ein erbärmliches Rückzugsgefecht führen. Die Auseinandersetzung endet dann mit der Feststellung, dass alle psychologischen, geistigen, emotionalen Unterschiede nur das Ergebnis des Umfelds, also „sozial konstruiert", seien. Oder aber, dass es eben gut sei, dass es verschiedene Kulturen und Eigenschaften gäbe und man um so mehr die Pflicht hätte, als aufgeklärte Menschheit, diese Eigenschaften zu kombinieren und zu vermischen, damit man eine neue Spezies, eine in ihrem geistigen Horizont massiv erweiterte Menschheit zusammenzüchten könne. Aber das Entscheidende: Zu solchen Diskussionen kommt es kaum und wenn doch, ist das Ergebnis am nächsten Tag vergessen. Und die Propagandisten der „Gleichheit aller Menschen" beginnen ihre Lügenleier von vorne, verbreiten sie in ihren Medien und forcieren sie mit ihrer Politik. Es geht nicht darum, wer wissenschaftlich im Recht ist. Es geht um die Durchsetzung einer Agenda, und die Protagonisten dieser Agenda wissen genau, was sie tun. Sie wissen, dass diese heillose Verwirrung ein wunderbarer Nährboden für politische und ideologische Experimente ist. Homogene Völker denken und handeln annähernd gleich, multi-ethnische Gesellschaften sind unharmonisch, vielfach zerstritten und im Endeffekt leicht manipulier- und lenkbar.

Weltpolitisch standen sich in den letzten Jahrzehnten zwei große Ideologien gegenüber: Kommunismus und Kapitalismus. Während gerade im „Kalten Krieg" eine weltanschauliche Feindschaft herbeigeredet wurde, ist mittlerweile den meisten Beobachtern klar, dass Kapitalismus und Kommunismus nur zwei Seiten der gleichen Medaille sind. Ihre scheinbaren Widersprüche sind nur

These und Antithese, woraus letztlich eine Synthese wird. Wenn der Kapitalismus ungezügelt wuchern kann, werden die großen Konzerne die kleinen und mittleren Unternehmen allesamt auffressen oder vernichten. Am Ende bleiben nur die Konzerngiganten übrig. Die „Big Players", die sich die ganze Welt aufteilen. Die Fäden laufen bei den neuen Herrschern der Welt zusammen, was nichts anderes als reinster Bolschewismus, also Kommunismus, ist. Im Endergebnis sind Kommunismus und Kapitalismus ein- und dasselbe. Im Hinblick darauf, was diese Ideologien im Endstadium mit ihren Völkern vorhaben, trennt sie ohnedies nicht viel.

Meinungsgleichschaltung, strenge Führung, Auflösung der Persönlichkeit in einer namenlosen, willenlosen Einheitsmasse. Identitäten, Kulturen, Eigenarten, gewachsene Traditionen müssen aberzogen oder brutal entfernt werden, darüber sind sich die Vertreter beider Ideologien einig. Völker und die sie abgrenzenden Kulturen sind hinderlich für die Gleichschaltung und Kollektivierung. Einmal erfolgt die Gleichschaltung zum vorgeschobenen Zwecke der „internationalen Brüderlichkeit", einmal um „alle Freiheiten" ausschöpfen zu können, oder besser gesagt, um das entwurzelte Humankapital kostenoptimierend weltweit verschiffen zu können, wie einst im lukrativen Sklavenhandel.

Für die Anhänger des transatlantischen Kapitalismus schien mit dem Zusammenbruch des Ostblocks und der UdSSR die Sache erledigt. Rund vierzig Jahre nach dem Ende des Zweiten Weltkriegs implodierte der Kommunismus, und die Sowjetunion brach in sich zusammen.

Ausgangslage 63

Übrig blieb der Kapitalismus, made in USA. Der Autor Francis Fukuyama sah sich gar genötigt, 1992, in dieser Jubelphase, in seinem Buchbestseller die These aufzustellen, dass nun der kapitalistische Liberalismus endgültig ohne Gegner wäre und final gesiegt hätte. Er nannte sein Buch triumphal das „Ende der Geschichte". De facto war damit dem westlichen Globalismus unserer Tage der Weg frei geräumt. Dass dieser „Globalismus" keineswegs ausschließlich gut ist, zeigt ein Blick auf die andere Seite der Weltkugel. Die fett gemästeten und in hohem Maße übergewichtigen Verschwendungsgesellschaften Europas und Nordamerikas leben in noch nie dagewesenem Überfluss. Lebensmittel werden täglich tonnenweise entsorgt, da der hungrige Markt ein Überangebot erzwingt. Millionen sind krank und leiden an den Folgen des massiven Übergewichts. Rund 900 Millionen Menschen haben weltweit nicht genug zu essen. Dort ist man krank, nicht weil die Körper mit Zucker verseucht oder übersäuert sind, sondern weil die Nahrung fehlt und die Körper unterversorgt sind. Jeder siebte Mensch auf der Erde leidet Hunger – natürlich nicht im Westen! Gierige Lebensmittelspekulationen und globale Finanz- und Wirtschaftskrisen haben die Zahl der Hungernden explodieren lassen. Im März 2017 warnten Vertreter der „Vereinten Nationen" vor der „größten humanitären Katastrophe seit dem Ende des Zweiten Weltkriegs". All diesen Menschen schadet die Globalisierung in tödlichem Ausmaß. Jean Ziegler, der ehemalige UN-Sonderberichterstatter für das Recht auf Nahrung, sieht die Hungertoten als „Opfer einer Weltordnung, deren Gesetze nur noch dem grenzenlosen Profit verpflichtet sind." Er findet klare und unmissverständliche Worte, die aber seit Jahren ungehört verhallen: „Im Zentrum dieser mörderischen Ordnung agieren die neuen Herrscher der Welt: die Beutejäger des globalisierten Finanzkapitals, die Barone der transnationalen Konzerne, die Börsenspekulanten. Mit ihrem Tun zerstören sie den Staat, verwüsten die Natur und entscheiden jeden Tag darüber, wer sterben muss und wer leben darf." Die Globalisierung, so Ziegler, zerstöre „jedes Jahr mehr Männer, Frauen und Kinder, als es das Gemetzel des Zweiten Weltkriegs in sechs Jahren getan hat. Für die Menschen der Dritten Welt ist der ‚Dritte Weltkrieg' in vollem Gange." Unsere Welt werde beherrscht von den „transkontinentalen kapitalistischen Oligarchien. Ihre tägliche Praxis und ihr Rechtfertigungsdiskurs stehen in radikalem Widerspruch zu den Interessen der übergroßen Mehrheit der Erdenbewohner."

Wenn hier ein ausgemachter Kritiker wie Jean Ziegler zitiert wird, so soll auch ein Vertreter des Globalismus ausführlich zu Wort kommen. Wie diese liberale, weltumspannende, kapitalistische Idee tatsächlich gedacht war, erklärt uns George Soros. Der Milliardär gilt als eines der bekanntesten Gesichter der Globalisierung. Reich wurde er in erster Linie mit Börsenspekulationen, seit ungefähr drei Jahrzehnten investiert er seine Gewinne auch in seine „Open Society"-Gesellschaften auf der ganzen Welt, die die Globalisierung vorantreiben und die Nationalstaaten bekämpfen sollen. Alle Zitate entstammen einem Gastbeitrag für die Zeitung „Die Welt" vom 31. Dezember 2016.

Bedeutungsschwanger beginnt er seine Analyse:

„Ich bin ein 86 Jahre alter ungarischer Jude, der nach dem Zweiten Weltkrieg amerikanischer Staatsbürger wurde. Ich habe früh gelernt, wie wichtig es ist, welche Art von politischem Regime sich durchsetzt."

2016 – man möge sich erinnern: Trump wurde Präsident der USA, und das war von Soros und seinen Freunden nicht so geplant. Da die von ihm bevorzugten Systeme auf dem Abstieg seien, empfinde er den „gegenwärtigen Moment in der Geschichte als sehr schmerzhaft". Wehmütig blickt er auf die goldenen Zeiten zurück, in denen Banker und Spekulanten ungeniert operieren konnten. Zitat:

„Das Finanzkapital konnte sich uneingeschränkt bewegen und sich der Besteuerung und Regulierung entziehen."

Schonungslos offen erklärt er, wie seine Globalisierung die Welt systematisch ausbeutet:

„Die Globalisierung hatte weitreichende wirtschaftliche und politische Folgen. Sie bewirkte eine gewisse Angleichung zwischen armen und reichen Ländern, was gut war, aber sie erhöhte die Ungleichheit sowohl innerhalb der armen als auch innerhalb der reichen Länder, was schädlich war. In der entwickelten Welt profitierten im Wesentlichen die Eigentümer großer Kapitalvermögen, die weniger als ein Prozent der Bevölkerung ausmachen."

Soros gesteht also ganz offen: Weniger als ein Prozent der Bevölkerung profitiert von der Globalisierung. Weniger als ein Prozent ist im Besitz riesiger Kapitalvermögen, und diese Minderheit wird alles für die Weiterführung der Globalisierung tun. Soros nennt die von den Globalisten finanzierten Mainstream-Medien seine „vierte Gewalt". Und er vertraut darauf, dass man gemeinsam das Ruder herumreißen könne. Für Europa sieht er keine gute Zukunft im Sinne des Globalismus heraufkommen.

„Angesichts des schwachen Wirtschaftswachstums und der außer Kontrolle geratenen Flüchtlingskrise steht die EU am Rande des Zusammenbruchs. […] Der EU droht ein ähnliches Erlebnis wie der Sowjetunion Anfang der 1990er-Jahre."

Die „New York Times" nannte Angela Merkel bereits im November 2016 die „letzte Führerin des liberalen Westens". Konzerngiganten wie „BlackRock" unterstützen Merkels Politik ganz offen. Europa wird zum Zentrum der Auseinandersetzung, die auf die Entscheidung „Globalismus oder freie Völker" hinausläuft.

George Soros setzte sich mit seinen „Open Society"-Stiftungen jahrelang für „legale und sichere Wege" für Migranten von Afrika und Asien nach Europa ein. Für 2016 forderte er etwa, nach dem Jahr der Asyl-Invasion von 2015, neue 500 Millionen Einwanderer.

Für die Herrschenden war Demokratie über viele Jahre eine geeignete Staatsform, solange sie das Volk mittels medialer Beeinflussung in die gewünschte Richtung leiten konnten. Als die Wahlergebnisse in Frankreich, Deutschland, Italien und Österreich beispielhaft nicht mehr im Sinne der Globalisten ausfielen begann man auch seitens der Medien, die Heuchlermasken abzulegen. Immer offener wurde eingestanden, dass die Migration als Waffe gegen zu deutsch gebliebene Wähler eingesetzt werde. Nach den Wahlen 2019 in Sachsen, Brandenburg und Thüringen, wo die AfD gute Zugewinne verzeichnen konnte, eskalierte die Journaille in bislang ungekanntem Ausmaß. Der Journalist Fabian Goldmann schrieb: „Wer den Rechtsruck bekämpfen will, muss die Grenzen öffnen. Islamisierung gegen rechts. Ausländer rein gegen die AfD." Und er legte höhnisch nach: „Wir brauchen mehr Integration. Integration abgeschotteter biodeutscher Parallelgesellschaften wie in Thüringen in multikulturelle Mehrheitskultur. Mit Umerziehung und klaren Konsequenzen für rechte Integrationsverweigerer und gesamtgesellschaftliches Bekenntnis zu Diversität." Der Journalist der Zeitung „Die Zeit", Christian Bangel, sah das ähnlich. Zitat: „Wer den Osten dauerhaft stabilisieren will, der muss vor allem für eines kämpfen: Zuwanderung. Massiv und am besten ab sofort. Zuwanderung aus dem Westen, Binnenzuwanderung aus den großen Städten in die ländlichen Räume, und ja, auch gezielte Migration aus dem Ausland. Nur so gibt es auch in bisherigen Verliererregionen die Chance, stabile wirtschaftliche Strukturen aufzubauen. Und nur dann ist es möglich, dass auch dort ein Miteinander von Generationen, Milieus und Hautfarben entsteht, die eine Partei wie die AfD mit ihren weißen Hoheitsfantasien schon heute an vielen Orten Deutschlands lächerlich erscheinen lässt." Ausländer rein, gegen die patriotischen Parteien!

Zwischenfrage: Woran erkennt man eine Fremdherrschaft? Ganz einfach: Am Umstand, dass Deutsche, die auch in Zukunft noch deutsch sein wollen, verfolgt und geschunden werden dürfen. Völlig legal, rechtlich gedeckt, in diesem System der Fremdherrschaft. Und wer eine Fremdbestimmung von Staat, Volk und Einzelperson aufzeigt, wird ohnedies von den Exekutionstruppen des Systems fertig gemacht. Exekutiert in den wenigsten Fällen physisch, meist wirtschaftlich, existenziell, psychisch, medial, gesellschaftlich. „Bis zur Unberührbarkeit kontaminiert" (Kubicek), als „rechter Paria" ausgestoßen, für immer das Kainsmal des „Rechten" oder gar „Nazis" tragend. Elementar wichtig für diesen Diffamierungsmechanismus ist das Netzwerk der Mainstream-Medien.

Wer glaubt, es hätte vor 2020 oder vor 2015 freie und unabhängige Journalisten und Medien gegeben, dem sei das Standardwerk von Udo Ulfkotte, eines ehemaligen Redakteurs der „Frankfurter Allgemein Zeitung", mit dem treffenden Titel „Gekaufte Journalisten" aus dem Jahr 2014 ans Herz gelegt. In allen Ländern Europas und den USA gehören die relevanten Mainstream-Medien Netzwerken an, die einer klaren globalistischen Agenda folgen. Erst langsam formieren sich gegen diese Übermacht kleine und agile „Alternativ-Medien", die das Treiben des „Mainstream" widerlegen und Fehlberichterstattung aufzeigen.

1991 bedankte sich mit David Rockefeller einer der bekanntesten Globalisten direkt bei den befreundeten Medien, ohne die so vieles nicht möglich gewesen wäre: „Wir sind der Washington Post, der New York Times, dem Times Magazine und vielen andere wichtigen Publikationen, deren Direktoren an unseren Treffen teilgenommen haben und sich an ihr Versprechen der Diskretion seit mehr als 40 Jahren hielten, sehr dankbar. Es wäre uns unmöglich gewesen, unseren Plan der Welt so zu entwickeln, wenn wir in jenen Jahren dem Licht der Weltöffentlichkeit ausgesetzt gewesen wären. Aber die Welt ist [heute] entwickelter und bereit, sich auf den Weg zu einer Weltregierung zu machen. Die supranationale Souveränität einer geistigen Elite und der Weltbanker ist sicherlich der nationalen Selbstbestimmung vorzuziehen, wie sie in den vergangenen Jahrhunderten praktiziert wurde."

Die westliche Gesellschaft

An dieser Stelle ist es Zeit für eine gedankliche Entschleunigung. Der Leser ist angehalten, den Blick auf eine Entwicklung zu werfen, die man in der Hektik des Alltags völlig vergisst. Und zwar darauf, wie sehr sich das Leben binnen kürzester Zeit radikal verändert hat und damit unser ganzes Fühlen, Denken, unsere Energien und Lebensumstände aus der Bahn geworfen wurden. Wie die industrielle Revolution die Lebensverhältnisse der einst bäuerlichen Familien grundlegend veränderte, so veränderte die digitale Revolution auch binnen weniger Jahre nahezu alles. Es ist wert, darüber nachzudenken.

Früher hatte der Schmied die Eisenschmiede von seinem Vater geerbt und dieser wieder von seinem Vater. Der Schmied wird auch seinen Sohn das Schmiedehandwerk lehren, ihn zu einem Meister des Berufs erziehen und ihm dann die Schmiede übergeben. Diese Menschen waren an ihre Scholle, an ihre engere Heimat wahrlich gebunden – sie bewegten sich in einem (für unsere Verhältnisse) sehr engen Radius, spazierten durch dieselben Wälder, wanderten auf dieselben Berge und Hügel, badeten in den heimischen Seen und kannten die sicheren Verstecke, Quellen und Kraftplätze. Sie heirateten in den entsprechenden regionalen Heiratskreisen, was bedeutete: im selben Ort oder im Nachbardorf. Sie hatten dieselben Feste im Jahreskreis: Seit Generationen wurden dieselben Traditionen gelebt – und in den langen Wintern die von Geschlecht zu Geschlecht überlieferten Märchen und Sagen erzählt. Die Menschen waren förmlich eingebettet in ihre Familien, in ihre Heimat und in ihre Volkskultur. Sie waren dadurch auch in ihrer Mitte, in ihrer Ruhe, was nicht immer bedeutete, dass ewige Harmonie herrschte, denn gerade wer ausgeruht ist, ist zu Eroberung und Streit aufgelegt. Aber sie waren nicht entwurzelt und verwirrt, wie das heute so vielen ergeht, die dieser jahrhundertelangen Berechenbarkeit entbehren müssen. Heute sind wir mobil und bleiben oft nie lange an einem Ort, wechseln die Lebensverhältnisse ruckartig. Das ist nicht immer ein Nachteil und eröffnet viele neue Möglichkeiten. Es hieße, sich in eine Zeit vor hundert Jahren zurückbeamen und tatsächlich den Fortschritt verweigern zu wollen, würden wir das per se ablehnen. Aber was uns fehlt, ist eine innere Festung. Eine innere Ordnung, ein Glaube an etwas und ein Auftrag für etwas. Die Erkenntnis beispielsweise, dass wir uns in dieser mobilen Welt alle nach innerer Einkehr und Tradition sehnen, wäre eine schöne Grundlage, sich zusammenzufinden, um einander gegenseitig im Brauchtum zu bestärken und im Erforschen unserer volklichen Wurzeln Kraft zu schöpfen.

Der französische Star-Autor Michel Houellebecq schreibt zu unserer heutigen, von allen Überlieferungen abgenabelten Zeit: „Kinder vergangener Epochen erbten die Werte des Menschen, seine moralischen Maßstäbe und sein Eigentum. Dies wurde von der Aristokratie als selbstverständlich vorausgesetzt, aber auch für Kaufleute, Handwerker oder Bauern. So wurde es auf jeder Ebene der Gesellschaft zur Norm. Nun ist jedoch alles in der Vergangenheit: Ich arbeite für jemanden, ich miete meine Wohnung von jemandem, es gibt nichts, was ich meinem Sohn weitergeben kann. Ich habe kein Handwerk, um ihm selbst etwas beizubringen, ich habe nicht die geringste Ahnung, was er mal machen wird, wenn er älter ist. Wenn er erwachsen wird, sind die Regeln, nach denen ich gelebt habe, wertlos – er wird in einem anderen Universum leben. Wenn ein Mensch akzeptiert, dass sich immer alles ändern wird, dann erkennt er, dass sein Leben nur auf die Summe seiner eigenen Erfahrung reduziert ist; vergangene und zukünftige Generationen bedeuten ihm nichts. So leben wir heute."

Damit ist eigentlich alles über die heutige Gesellschaft gesagt. Es gibt keine Verbindung und Verantwortlichkeit zu den Ahnen und keine zu den Enkeln. Und daher lebt jeder im „Hier und Jetzt" und möchte so viel für sich herausholen wie nur irgend möglich. Das bedeutet natürlich totalen Egoismus. Eine Gesellschaft, verantwortungslos, nur auf Spaß und Triebbefriedigung ausgerichtet. Eine Gesellschaft, die aber mangels gemeinsamer Grundlage und verbindender Werte auseinanderbricht, wenn Erschütterungen auftreten ...

Wirtschaft

Heinrich Heine brüstete sich im 19. Jahrhundert, ein guter Bekannter der Bankiersfamilie Rothschild zu sein. Heine notierte 1846, dass die Religion nicht mehr imstande sei, den Regierungen die Ruhe der Völker zu verbürgen. Das Geld sei an ihre Stelle getreten: „Denn der Ausbruch von Revolutionen wird gewöhnlich durch Geldnot herbeigeführt, und dieser abhelfend hat das Rothschild´sche System vielleicht die Ruhe Europas erhalten. Ja, dieses System, oder vielmehr Nathan Rothschild, dessen Erfinder, scheint jene Ruhe noch insofern zu begründen, dass zwar die einzelnen Staaten nicht dadurch abgehalten werden, gegeneinander nach wie vor Krieg zu führen, aber nimmermehr das Volk so leicht imstande sein wird, sich gegen seine Regierungen aufzulehnen." (Heinrich Heine „Sämtliche Gedichte", Zweiter Band, Paris 1846.)

Ob der für seine Prahlerei bekannte Heinrich Heine den einflussreichen Bankiers hier Dinge unterstellt, die im Kern unwahr sind, soll an dieser Stelle nicht untersucht werden. Das Zitat beschreibt jedenfalls die Wirkungsweise kapitalistischer Systeme: Das Volk soll immer im Überfluss leben können. Das kapitalistische System baut auf dem Grundsatz auf, dass auch den untersten Schichten ein Mindestmaß an Geldmitteln zur Verfügung stehen müsse. Sie sollen sich auch jene Konsumgüter leisten können, auf die zu verzichten schmerzhaft wäre. Ein Grund zum Aufbegehren wird schlichtweg durch latenten Wohlstand verhindert, auch wenn noch so viele Dinge im Argen liegen mögen. Ein volles Fernsehprogramm, eine volle Geldtasche, ein voller Kühlschrank, ein voller Bauch – der aufs Gehirn drückt, damit dort keine eigenständigen Gedanken entstehen. „Uns geht es ja gut!" Das ist der Schlaftrunk, der schon große Kulturen wie das antike Rom den Wärmetod sterben ließ.

Ob Bauer, Arbeiter, Angestellter, Kleinunternehmer: Alle sind sie zum aussichtslosen Wettbewerb am internationalen Markt verdammt, unfähig – etwa als Landwirt – den eigenen Nachbarn die eigenen Waren preislich konkurrenzfähig anzubieten. Warum? Es gibt gar keinen fairen internationalen Markt. Es gibt nur Niedriglohnländer, wo geringere Standards und schlechtere Sozialbedingungen herrschen. Mit diesen müssen Arbeiter und Bauern in Oberösterreich oder Baden-Württemberg konkurrieren, was aufgrund der hohen Standards und hohen Sozialbedingungen und somit hohen Lohnkosten unmöglich ist. Das ist ein Fluch für die Menschen in den Billiglohnländern, denn ihre Bedingungen werden sich so nie verbessern. Und das ist ein Fluch für uns als Importländer, denn hierzulande explodiert die Arbeitslosigkeit, weil die hohen Standards nicht konkurrenzfähig zu den Billigprodukten aus dem Ausland sind. Die Korken knallen nur bei jenen Konzernriesen, die weltumspannend die Vorteile aus allen Regionen ausnützen können: Billig produzieren, teuer verkaufen!

Das Problem ist ein doppeltes: Erstens hat sich ein Geld- und Wirtschaftssystem durchgesetzt, das von führenden Fachleuten ganz offen als „asozial" bezeichnet wird, weil es die Reichen immer reicher und die Armen immer ärmer macht. Es begünstigt die Ausbeutung und fordert unendliches Wachstum. Zweitens ist dieses System grenzenlos organisiert und hat es fertiggebracht, binnen einer Generation alle Grenzen und Handelsschranken so weit abzubauen, dass der international-globale Markt als „alternativlos" erscheint.

Der systembedingte Zwang nach „unendlichem Wachstum" ist im unaufhaltsamen Anschwellen der Schulden begründet. Der Professor für Volkswirtschaftslehre Dr. Bernd Senf erklärt das kompakt: „Das Zinssystem treibt innerhalb der einzelnen Länder und global eine wachsende Verschuldung hervor, mit der unvermeidlichen Folge, dass immer mehr Schuldner unter der wachsenden Schuldenlast zusammenbrechen müssen. Denn das Wachstum der realen Produktion von Gütern und Dienstleistungen kann auf Dauer – in einer Welt begrenzter Ressourcen und Absatzmärkte – unmöglich mit dem vom Zins geforderten Wachstum mithalten." Eine Familie, die verschuldet ist und die Schulden für das Haus nicht mehr bedienen kann, weil die Zinsen steigen, muss also beide Eltern in die Erwerbstätigkeit zwingen, es müssen Überstunden gemacht werden, und das Leben muss sparsam gestaltet werden. Reicht das nicht, wird das zweite Auto verkauft, die Urlaube werden gestrichen, und der Schmuck der Erbtante wird zu Bargeld gemacht, das auf die Bank getragen wird, damit man nicht das Haus verliert. So geht es auch den verschuldeten Unternehmern. Und natürlich auch den Staaten. Nehmen wir die Staatsverschuldung des kleinen Österreich. Diese wurden im Jahr 2011 offiziell mit 205 Milliarden Euro angegeben. Doch das ist nur ein Teil der Wahrheit. Dr. Ulrich Schuh vom „Institut für Höhere Studien" (IHS) erklärte etwa in den „Vorarlberger Nachrichten" vom 19. Mai 2011, dass diese Schulden nur die „offiziell genannten" Schulden seien, da noch weitere versteckte Staatsschulden hinzu kämen. Diese nennt man „implizite Schulden", etwa die Pensionsausgaben. Zitat: „Werden offizielle und implizite Schulden zusammengezählt, ergibt sich ein Gesamtstand von 713 Milliarden Euro bzw. 85.362 Euro pro Kopf." Also pro Österreicher, vom Baby bis zum Greis. Wie sehr die Corona-Krise auch zum Brandbeschleuniger der Staatsschulden wird, zeigt eine Meldung der Wiener Tageszeitung „Kurier" vom 28. Oktober 2020: „Die Corona-Krise übertrifft die Finanzkrise um ein Vielfaches. Sanken die Staatseinnahmen 2009 nach dem Lehman-Kollaps 2008 um 1,5 Milliarden Euro, so sind es heuer laut Büro des Fiskalrates 13,2 Milliarden. Dazu kommen ausgabenseitig die Milliarden-Hilfspakete. In Summe werden die Budgets 2020 und 2021 mit 53,8 Milliarden Euro zusätzlich belastet (ohne zweiten Lockdown gerechnet). Das schlägt sich massiv in der Staatsverschuldung nieder." Wenn Staaten ihrem Schuldendienst nachkommen wollen, müssen sie die Steuern erhöhen und bei den Ausgaben einsparen. Genügt dies nicht, wird das „Tafelsilber" des Staates verkauft, um die Schulden zu bedienen. Man spricht dann davon, dass die Bundesforste, die Wasservorkommen, der Grund und Boden privatisiert werden, also an private – das sind nicht-staatliche – Investoren, verkauft werden. Es scheint kein Zufall zu sein, dass das Wort „Privatisierung" vom lateinischen „privare" kommt, das übersetzt auch „berauben" heißt. Die durch den Zinseszins von selbst ansteigenden Schulden erfordern ein ständig erweitertes Wachstum, was aber in der Natur unmöglich wäre. Man kann nur so viele Bäume fällen, wie Bäume vorhanden sind. Dieses auf ewiges Wachstum ausgerichtete System wird aber den unersättlichen Verzehr aller zu Geld verwertbaren Güter fordern, da es sonst kollabieren würde. „Wachstum um des Wachstums willen ist die Ideologie der Krebszelle", soll der amerikanische Schriftsteller Edward Abbey einmal gesagt haben. Und Prof. Senf stimmt dem zu: „Der Zins ist der Krebs des sozialen Organismus."

Ausgangslage

Ein Kind dieser Wirtschaftsordnung ist die Arbeitslosigkeit. Die Steinzeitmenschen kannten keine Arbeitslosigkeit. Die Wikinger kannten keine Arbeitslosigkeit. Die Indianer kannten keine Arbeitslosigkeit. Arbeitslosigkeit ist also kein gottgegebener Zustand, sondern ein Produkt dieser Wirtschaftsweise. 2019 feierte die Bundesrepublik Deutschland ihren 70. Geburtstag und hatte keinen einzigen Tag auch nur annähernd so etwas wie Vollbeschäftigung.

In den nächsten Jahren wird die Frage nach einem gerechten und fairen Geld- und Wirtschaftssystem zur alles entscheidenden Frage werden. Börsenspekulanten, Zocker und internationale Geldverleiher mögen darauf hoffen, dass ein wirtschaftlicher Crash als „Folge des Corona-Virus" abgetan wird, doch diese Hoffnung geht von der Annahme einer heillos dummen und uninformierten Menschheit aus. Diese Hoffnung ist unbegründet, und es wird die Suche nach Konzepten beginnen, die wieder den Menschen und die natürlichen Werte in den Mittelpunkt stellen. Fest steht, dass die Wirtschaft dem Volk zu dienen hat und nicht umgekehrt. Nach diesem obersten Grundsatz werden sich fähige Männer und Frauen zu richten haben, wollen sie tatsächlich etwas Neues und Gutes begründen. Und fest steht auch, dass derjenige, der sein Geschäft auf dem Rücken der Menschen macht, sie ausbeutet, ins Unglück stürzt und sich gar noch brüstet, so schlau und kaltschnäuzig zu sein, dass diese Negativauslese der globalistischen Hochkonjunktur an der Ausübung ihrer Machenschaften gehindert werden muss.

Die breite Masse ist nicht an Konflikt und Streit interessiert, kennt keinen unermüdlichen Vernichtungskampf und keinen schlaflosen, gierigen Wettbewerb. Vielmehr baut der biedere Bürger gern ein Haus, pflanzt einen Apfelbaum, genießt die Sicherheit, Einfachheit, am Feierabend auch das Knistern des Ofens und die Bequemlichkeit, liebt den Burg- und Bürgerfrieden, den Braten und den Wein und geht jedem Streit aus dem Weg. Es sind nur gewisse, als asozial anzusprechende Elemente, die ständig Krieg und Zwietracht forcieren und die schlaflos dem Geld nachjagen. Die heutige Zeit zeigt einmal öfter, dass Frieden und Harmonie nur auf einer entsprechenden Wehrhaftigkeit gegründet werden können. Wer dies verabsäumt und keine Schutzmechanismen für die anständige Arbeit des Bauern, Arbeiters, Angestellten und Unternehmers installiert, darf sich nicht wundern, wenn etwa deutsche Bauern auf ihrem Holz sitzen bleiben, während Holz aus dem afrikanischen Namibia für die „Energiewende" importiert wird. Dem globalen Handel sind keine Grenzen gesetzt, solange die Staaten keine Grenzen für solcherart Unfug aufziehen.

Seit über hundert Jahren toben die unterschiedlichsten Kämpfe um die Vorherrschaft des richtigen wirtschaftlichen Konzepts. Es scheint, als blieben zwei Endgegner übrig: auf der einen Seite eine Wirtschaft, die wie bisher jenen einen erfolgreichen Geschäftsmann nennt, der mittels Skrupellosigkeit, Ausbeutung und Ellbogen zu immer mehr Reichtum gelangt ist, ohne Rücksicht darauf, wie es der Gemeinschaft dabei gehen mag.

Oder es setzt sich eine neue Idee einer Wirtschaft, die der Gemeinschaft in einem Staat, dem Volke, dient, und wo alle in Freiheit und solidarisch so handeln, dass sie die Freiheit des Nächsten nicht beeinträchtigen.

Rudolf Diesel, der Erfinder des Dieselmotors, schrieb 1903 ein Buch mit dem Titel „Solidarismus". Darin skizziert er Gedanken, wie ein solidarisches Denken und Handeln zum Aufblühen eines Volkes führen kann. „Der Zweck der Arbeit, gleichgültig ob körperlich oder geistig, ist, mit geringstem Aufwand und kleinster Anstrengung die volle Befriedigung aller physischen, intellektuellen und moralischen Existenzbedürfnisse der Arbeitenden und ihrer noch nicht oder nicht mehr arbeitsfähigen Angehörigen sowie deren Schutz gegen die Folgen der natürlichen Ungleichheiten und der sozialen Schädlichkeiten von der Geburt an bis zum Tode. Diesen Zweck könnt ihr, auf euch selbst angewiesen, nicht erreichen; ihr erreicht ihn aber im Solidarismus dadurch, dass die Gesamtheit für jeden einzelnen eintritt, unter der Bedingung, dass jeder einzelne einen bestimmten Teil seiner Arbeit durch freiwillig übernommene Verpflichtung der Gesamtheit widmet."

John D. Rockefeller, der Großvater des genannten David Rockefeller, bezeichnete Rudolf Diesel als seinen „Todfeind".

Besonders entscheidend für die Beurteilung der Lage ist, wie sich diese Schuldenpolitik in den nächsten Jahren auswirken wird. Geht man nach der Meinung des „Mainstreams", wird einem Corona-bedingten Einbruch der Wirtschaft ein Aufschwung im Laufe des Jahres

2021 folgen, und eine schrittweise Erholung wird eintreten. Geht man nach im „Mainstream" totgeschwiegenen oder verächtlich als „Crash-Propheten" abgekanzelten Experten, steht ein Börsen- und Bankencrash unmittelbar bevor, mit anschließender Hyperinflation, sprich Geldentwertung. Das war die Folge des „Schwarzen Freitags" von 1929 und konnte schon zuvor bei der Inflation in der Weimarer Republik beobachtet werden, was zur Verarmung breiter Bevölkerungsschichten geführt hat. Eine Geldentwertung hat aus Sicht der Politik den Sinn, dass die Schulden ebenso entwertet und damit angestaute Probleme gelöst werden können. Für die Masse der braven und kleinen Sparer bedeutet dies die Vernichtung der ganzen Aufbauarbeit, teils von Generationen. Tritt dies ein und stehen Millionen vor dem Nichts, bleibt auch gesellschaftlich kein Stein auf dem anderen.

Multi-Kulti

Über die Auswirkungen und den Zustand der Masseneinwanderung nach Europa zu schreiben, ist hier nicht die passende Stelle. Nur so viel:

Wenn im Herbst 2020 Finanzexperten wie Dr. Markus Krall oder Marc Friedrich „den größten Wirtschaftscrash aller Zeiten" für 2021 voraussagen, dann dürfte das Eintreten dieses Szenarios unweigerlich zu schweren gesellschaftlichen Verwerfungen führen. Dem wirtschaftlichen Crash folgt nämlich der gesellschaftliche. Nicht nur, dass – wie bereits beschrieben – die westlichen Gesellschaften schwer in ihrer Entwicklung und Identität gestört sind. Auch die massenweise Durchsetzung des Westens mit Einwanderern aus der ganzen Welt führt zu einer unausgeglichenen, unruhigen, inhomogenen Masse, die ganz und gar nicht harmonisch und solidarisch ist.

Die Hilflosigkeit des Establishments, als im Sommer 2020 Migrantenmobs die Innenstadt von Stuttgart zerlegten, spricht Bände. Das multikulturelle Experiment wird in den nächsten Jahren unter lautem Getöse zerbrechen, und dann wird die Suche nach den Verantwortlichen zu exakt jenen Globalisten führen, die auch für all die anderen Probleme verantwortlich zeichnen. Denn sie haben die Instabilität und das Chaos gezielt herbeigezüchtet, wie das etwa der Journalist Yascha Mounk ungeniert zugibt, wenn er sagt:

„Es ist ein historisch einzigartiges Experiment, eine Demokratie zu nehmen, die diese monoethnische Vorstellung von sich selber hatte, und sie in eine multiethnische Gesellschaft umzuwandeln."

Dieser Mounk fördert und feiert ausdrücklich die Einwanderung aus fremden Kulturen nach Europa und die damit verbundenen Veränderungen. Gegner einer multiethnischen Gesellschaft, die mit einer als „Hass" bezeichneten Abwehrhaltung reagieren, sollen nach Mounk vom Staat wegen „Hassverbrechen" streng bestraft werden.

Nicht streng bestraft werden extreme und gewaltverherrlichende Islamisten, die eine Landnahme und den heiligen Krieg „Dschihad" in Europa ganz offen propagieren. Diese kommen erst dann mit dem Strafgesetz in Konflikt, wenn sie Köpfe abschneiden, Bomben basteln, mit LKW in Weihnachtsmärkte rasen oder Kinder vor einfahrende Züge werfen. Die Vertreter eines solchen Islam warten in ganz Europa auf ihre Stunde, und die kommenden Verwerfungen werden sie zum Handeln ermutigen.

Umwelt und Natur

George Soros setzt ganz offen seine Hoffnung auf die „grünen" Parteien in Deutschland und Österreich: „Die deutschen Grünen haben sich als einzige konsequent proeuropäische Partei des Landes herausgebildet und steigen in Umfragen weiter an, während die AfD (mit Ausnahme in Ostdeutschland) ihren Höhepunkt erreicht zu haben scheint." Und wie von Soros propagiert, müssten neue „Mega-Trends" geschaffen werden. Die vermeintliche „Rettung" des Klimas und die Besteuerung der Luft erschien den Globalisten just zu einem Zeitpunkt, zu dem sie im Hintertreffen waren, als willkommene Rettung.

Soros hatte die Weltöffentlichkeit schon mit dem Klimathema auf einen einschneidenden Ausnahmezustand vorbereitet: „Wenn man den Klimanotstand und die weltweiten Unruhen berücksichtigt, ist es keine

Übertreibung zu sagen, dass die nächsten paar Jahre über das Schicksal der Welt entscheiden werden."

Unterschiedliche Gemeinschaften, die unnatürlicherweise zusammengefügt werden sollen, brauchen ein gemeinsames Thema, einen gemeinsamen Feind. Das „Klima" und die CO_2-Hysterie schienen hierfür wie gerufen. Corona erwies sich dann aber als noch besser für die Absichten der Globalisten. Zwei gänzlich unterschiedliche Themen werden mit einer Lösung beantwortet: Gleichschaltung der Staaten, einheitliche Regeln weltweit, globale Probleme mit globalen Lösungsansätzen. Der Ruf nach globaler Regierung wird lauter, so oder so. Es ist verständlich, wenn rational denkende Beobachter die völlig entglittene Klimahysterie ablehnen und daher die Themen „Natur" oder „Klima" oder „CO_2" nicht mehr hören können. Aber diese Aversion darf trotzdem nicht den Blick auf die dramatische Lage unserer Natur und Umwelt verstellen. Denn hier ist durch den Zwang des ewigen und immer gierigeren Wachstums der Planet tatsächlich in eine dramatische Lage gebracht worden. Gleich einer Flamme frisst sich die „Wirtschaft" durch die Tier- und Pflanzenwelt und lässt nichts übrig, was sich ihr in den Weg stellt oder was das Feuer speist. Auf diese Art hat der Mensch zu seinen Gunsten, also für seine Industrie, seine Brut- und Wohnstätten, alle Lebewesen verdrängt. Und nur mehr das wird, in geordneten und maschinell kontrollierten Bahnen, am Leben gelassen, was ausschließlich seinem Nutzen dient. Das Ergebnis ist verheerend:

80 Prozent der Insektenarten in Deutschland sind in den letzten 30 Jahren ausgestorben. Pro Jahr werden 60 Milliarden Tiere getötet, um den Hunger der Menschen zu stillen, davon eine Million Tonnen für die Rindfleischerzeugung. Es werden nur mehr die Kilogramm Fleisch der getöteten Rinder gezählt, nicht mehr die Tiere. War unser Wohlstand das wert, dass ein Großteil der Tierarten unwiderruflich ausgerottet wurde, weil ihr Lebensraum für Plantagen und Produktionsräume der Menschen platt gemacht wurde? Sind unsere vollen Regale und unser günstiges Zeitungspapier es wert, dass alle 2,5 Sekunden eine Tropenwaldfläche von der Größe eines Fußballfeldes verschwindet? Ist uns bewusst, dass die Dauerversorgung mit Eierprodukten und frischen Eiern an jeder Ecke, an jeder Tankstelle, einen hohen Preis hat: dass nämlich in der EU rund 300 Millionen männliche Küken geschreddert werden? Weltweit werden täglich mehr als sechs Millionen Eintagsküken geschreddert oder vergast. Die Tierwelt leidet unter der Unersättlichkeit des Menschen. Doch auch die Erde kollabiert, und das wird letztlich auch den Menschen treffen – unerbittlich. Pro Minute landen 33.800 Plastikflaschen im Meer. Seriösen Schätzungen zufolge haben wir im Jahr 2050 mehr Plastik als Fische im Meer.

Die Jugend wendet sich heute auch deshalb von jedem Parlamentarismus und der Politik hinter verschlossenen Türen, der Politik der aalglatten und nichtssagenden Phrasen und der gleichgebügelten Anzüge ab, weil sie eine schwer in Mitleidenschaft gezogene Erde, eine aus den Fugen geratene Welt ohne Zukunft vorfindet und dieser vermeintlichen Polit-Elite die Lösung dieses Problems einfach nicht mehr zutraut. Was soll man auch von selbsternannten politischen „Eliten" halten, die – seit man sich erinnern kann – argumentieren, dass ihre besondere Verantwortung ihre besonders hohen und üppigen Gehälter rechtfertigte, und die dann nach Jahrzehnten der Umweltverschmutzung frech sagen: Wir haben dieses Problem ein wenig übersehen. Tut uns leid. Mit der Ablehnung dieser Generation verantwortungsloser Politdarsteller hat die Jugend ein biologisches Programm aktiviert, denn es geht um ihre Zukunft, um ihr physisches Überleben auf dieser Welt.

Nichtsdestotrotz ist die Jugend in ihrer Unwissenheit leicht verführbar und lenkbar. Das weiß die von Konzernen gesteuerte Klimabewegung, das wissen die Medien.

Zwei Drittel der heute 12- bis 15-jährigen Schüler wissen nicht, in welcher Himmelsrichtung die Sonne aufgeht. Dafür glaubt unsere Jugend, dass Bananen, Kokosnüsse und Mangos im heimischen Wald wachsen. Dieses verheerende Nicht-Wissen wurde im „Jugendreport Natur" 2016 unter deutschen Schülern abgefragt. Experten sprechen bereits von „nature deficit disorder", vom Leiden an mangelnder Naturnähe. Diese Loslösung von der Natur kam aber nicht über Nacht und schon gar nicht zufällig. Wenn ein junger Mensch nicht das Glück hat, in einer ländlichen Umgebung aufzuwachsen, ist sein gesamtes Umfeld gerade in den Großstädten katastrophal und völlig von der Natur abgenabelt. In der Schule ist die Vermittlung von Naturwissen längst Nebensache, dafür dominieren ideologische Gehirnwäsche wie Gender-Verblödung und anderer Unfug. Die Eltern haben keine Zeit oder keine Lust oder bereits selbst kein Wissen mehr, um den Heranwachsenden die Natur näherzubringen. Auch wenn Kinder in der herrlichsten Bergwelt aufwachsen, tragen Computerspiele und virtuelle Parallelwelten das Ihre dazu bei, dass sie von der Natur ferngehalten werden und am PC angekettet bleiben. Die Unterhaltungsindustrie bestrahlt Kinder und Jugendliche fast ununterbrochen.

Die Botschaften dort vermitteln keineswegs irgendeine Form von Naturverbundenheit oder Wissen über die Natur. Woher kommt die Wurst auf dem Teller? Woher die Milch? Waren die Möbel einmal lebende Bäume? In einer Welt mit immervollen Regalen und Lieferungen von allem vermeintlich Nötigen frei Haus an die Türschwelle ist es nicht nötig zu wissen, wer all das produziert, was wir benötigen, und wie er es produziert.

Diese Loslösung von der Natur ist ein grundlegendes Verhängnis des modernen Menschen. Er wird dadurch zum orientierungslosen Nichtwisser, dem man jeden Unsinn aufschwatzen kann, der mangels Wissen gar nicht widersprechen könnte, würde er denn die Kraft zum Widerspruch überhaupt aufbringen. Ohne Grundkenntnisse über unsere Natur wissen wir nicht, wo wir herkommen und worin die Grundlagen unseres Lebens bestehen! Und wir wissen daher auch nicht, wie die Welt zusammenhängt, dass eben der Mensch mit der Entwicklung von Tier und Pflanze und Atmosphäre verbunden ist.

Seit den 1980er-Jahren gibt es den Fachbegriff der „Biodiversität". Schon 1992 war in Rio de Janeiro das „Übereinkommen über die biologische Vielfalt" verabschiedet worden, in dem sich 168 Staaten verpflichteten, diese Vielfalt in ihrem Einflussbereich zu schützen. Deutschland verabschiedete 2007 die „Nationale Biodiversitätsstrategie" mit dem Ziel, bis 2010 den Rückgang biologischer Vielfalt aufzuhalten, also das rapide Artensterben zu stoppen. Das Ziel wurde bald auf 2020 verschoben. Allen politischen Lippenbekenntnissen zum Trotz geht die Verwüstung der Natur ungebremst weiter. Über 70 Prozent der für unsere Landschaft charakteristischen Lebensräume werden als „gefährdet" eingestuft. Die Zahl aller Vogelbrutpaare in Deutschland sank alleine in den Jahren von 1998 bis 2009 um 12,5 Millionen. Das sind 15 Prozent weniger als früher.

In Bayern gibt es erste Studien aus dem Jahr 1766, dem Beginn der industriellen Revolution. Schon damals wurde festgestellt, dass 13 Prozent der Schmetterlingsarten in Bayern verschwunden waren. Schmetterlinge sind sogenannte Bio-Indikatoren, sie zeigen den Zustand der Umwelt an.

Geht es den Schmetterlingen nicht gut, geht es vielen anderen Insektenarten ebenfalls nicht gut. In den vergangenen 30 Jahren sind 80 Prozent der Insektenbestände ausgestorben – mit spürbaren Auswirkungen auf die Natur. Schuld ist immer der Mensch, mit seinen Giften und seinen Betonanlagen, die die Wiesen, Auen und Wälder der Tiere vernichten.

Mit der Einsicht einiger gut gewillter und empathisch mitfühlender Menschen allein ist es daher nicht getan. Eine Veränderung über das Einkaufsverhalten ist gut und trägt zur Bewusstseinsbildung bei. Die benötigte Kehrtwende ist damit aber nicht zu erreichen. Wie überall muss eine grundsätzliche Änderung der Denkweise herbeigeführt werden, was im Kapitel zur „Neuen Nachhaltigkeit" ausführlich behandelt wird. Was dieses globalistische System in seiner heutigen Blütezeit, seiner Hochphase, hervorgebracht hat, sollte genügen, um diesen kaputten Denkansatz für immer auf der Müllhalde der Geschichte zu entsorgen. Der Verfall und die Zerstörung all dessen, was die nicht denaturierten Menschen als „normal" empfinden, ist heute Programm. Eine Überwindung des Globalismus, der alles organisch Gewachsene zu zerstören trachtet, ist unausweichlich.

1.4. Anti-Globalismus weltweit

Weltweit hat sich längst ein Wandel vollzogen. Da wir trotz der Informationsflut (durch die Dominanz der Mainstream-Medien) über bedeutsame Entwicklungen gar nicht in Kenntnis gesetzt werden, entgeht uns in Europa und insbesondere in Deutschland der Umstand, dass sich rund um den Globus der Nationalismus auf dem Vormarsch befindet. Um das zu erkennen, muss man nicht in die USA, nach China, Japan, Russland oder Indien reisen, es genügt, einen Blick über die Grenze, in die osteuropäischen Staaten Ungarn, Tschechien oder Polen zu werfen. In den meisten Regionen der Erde haben sich national gesinnte Regierungen durchgesetzt. Was bedeutet dies? Das heißt, dass in diesen Staaten eine Politik den Ton angibt, die die eigene Bevölkerung und deren Kultur und Identität in den Mittelpunkt stellt. Es bedeutet, dass trotz aller wirtschaftlicher oder gesellschaftlicher Zugeständnisse an die Globalisierung das eigene Land, das eigene Volk, der eigene Fortschritt und Nutzen an oberster Stelle stehen. Für den Chinesen kommt China an erster Stelle, für den Amerikaner „America first", und nur 2,5 Autostunden von Wien entfernt erklärt Viktor Orbán in Budapest: „Ungarns Interessen gehen vor."

Damit haben diese Staaten einen völlig normalen Prozess vollzogen. Die Globalisierung vernetzt Staaten und Handelszonen enger miteinander, was zu einer Nähe führt, wie das in all den Jahrtausenden der Menschheitsgeschichte noch nicht der Fall war. Wenn wir in Wien beispielsweise Nachrichten aus Washington hören, dann ist uns aufgrund der informellen und kulturellen Vernetzung nicht gegenwärtig, dass Washington mehr als 7.000 Kilometer Luftlinie entfernt liegt. Also so weit entfernt wie in anderen Himmelsrichtungen Simbabwe oder Botswana oder Pakistan oder Indien. Die Globalisierung lässt uns Entfernungen und Differenzen verkennen. In dieser Aufweichung kultureller und identitärer Abgrenzungen haben die meisten Staaten und Völker um eine Positionierung gerungen. Und ihre Antwort war: Vernetzung und Austausch? Ja! Auflösung unserer selbst? Nein!

Auf die Lage in Deutschland und Österreich angewandt, bedeutet dies: Die außenpolitische, globale Lage für eine Freiheitsbewegung, die auf nationale Souveränität setzt, war schon lange nicht mehr so günstig. Die gegenwärtige globale politische Konstellation lässt eine Planung realistisch erscheinen. Dies war für auf nationale Selbstbestimmung bauende Strömungen nicht immer selbstverständlich: Erinnert sei in diesem Zusammenhang an den Eingriff in die demokratische Wahl und Verfassungsgebung der Republik Deutschösterreich 1918. Auf Druck der Siegermächte des Ersten Weltkriegs mussten nach wenigen Monaten der Name des jungen Staates und seine Verfassung geändert werden. Mit dem Diktatfrieden von St. Germain und Versailles 1919 musste der Staat „Deutschösterreich" auf „Republik Österreich" umbenannt werden. Das Selbstbestimmungsrecht der Völker, das von den Siegern noch frech im Munde geführt wurde, durfte natürlich nicht für das verhasste deutsche Volk gelten. Dass sich nach der Zerschlagung des Vielvölkerstaates Österreich-Ungarn die Mehrheit unmissverständlich zum deutschen Volk zählte und man sich diese Verbundenheit somit in den Namen setzte, passte den Kriegsgewinnern nicht. Nationale Selbstbestimmung? Fehlanzeige!

Ebenso sei an die Drohungen aus West und Ost während des Kalten Krieges erinnert. Die USA behielten sich einen Krieg inklusive Atombombenabwurf gegen Deutschland vor, sollten kommunistisch-bolschewistische Kräfte in Mitteleuropa die Macht übernehmen. Und das kommunistische Sowjetrussland bereitete sich auf einen Angriffskrieg gegen Deutschland vor, sollten west-kapitalistische Kräfte es zu bunt treiben und Expansionsabsichten erkennen lassen. Deutschland war im besten Fall Prellbock, geteilt und besetzt.

Dass man auch als Verlierernation des Zweiten Weltkriegs einen Rest nationaler Würde und Ehre bewahren kann, zeigt das mit Atombombenabwürfen im Jahr 1945 gedemütigte Japan. Die Brücke zur Geschichte und Tradition des Landes wurde nie ganz abgerissen, und eine pauschale Verurteilung der eigenen Historie, wie dies geradezu krankhaft im deutschen Volk geschieht, findet nicht statt. Die Japaner zeigen bei nationalen Anlässen weiterhin die Fahne mit der „aufgehenden Sonne", unter der im Zweiten Weltkrieg gekämpft wurde – ein Verbot dieser Fahne gab es dort nicht. 2012 gewann Shinzo Abe die Wahl zum Ministerpräsidenten, er wird von westlichen Medien als „Nationalist" bezeichnet. Er und seine Regierung besuchen regelmäßig, am Tag der Niederlage im Zweiten Weltkrieg, den Yasukuni-Schrein in Tokio, wo aller seit 1868 gefallenen Soldaten des Vaterlandes gedacht wird. Dieser Akt symbolisiert nach japanischem Selbstverständnis eine Verbundenheit mit den alten Kämpfern und Märtyrern des Vaterlandes: Man gedenkt des Einsatzes für das eigene Land. Denn der Soldat opfert sein Leben, damit sein Land und sein Volk leben können. Dieser äußerste Einsatz ist den Japanern Verpflichtung, auch heute, als lebende Nachkommen, ihr Bestes für das Vorankommen des Landes zu geben. Die Verbundenheit über Generationen hinweg, bedingt solidarisches und patriotisches Denken und Handeln. Dieses Band ist nie gerissen, und ihm verdankt der Japaner einen Gutteil seiner Kraft und Disziplin. Die Japanologin und Journalistin Kornelia Kirchweger zitiert eine japanische Redewendung: „Teilt man einen Japaner in zwei Hälften, kommt aus dem Innersten die rote Sonne Japans zum Vorschein." Hierzulande versteht man diese Verbundenheit mit der Geschichte und dem alten Soldatentum gar nicht. Westliche Journalisten kritisieren „diese Ehrung von Kriegsverbrechern" und attestieren den Regierenden einen „Plan, das Land umzubauen, indem man an den Nationalstolz appelliert".

Und auch bei den ehemaligen Besatzungsmächten vollzog sich eine Zeitenwende. In Russland und den USA haben sich heute Regierungen durchgesetzt, die, zumindest nach Aussage ihrer Staatsführer, für Souveränität und Patriotismus eintreten. Angesichts der globalen politischen Lage hinken globalistische Staaten wie Deutschland, Österreich oder Frankreich rückständig hinterher und sind, wie in der Folge zu zeigen sein wird, überhaupt nicht mehr zeitgemäß. Es gibt weltweit keinen Narrenstaat, der seine eigene Identität über Bord wirft, sich kulturell oder psychologisch selbst geißelt und das Volk gegen Einwanderer ersetzt. Diese Narreteien sind ausschließlich den genannten EU-Staaten vorbehalten. Weltweit. Sie sind wahrlich die Letzten von gestern.

Russland

Mit dem Zusammenbruch der kommunistischen Sowjetunion fielen westliche Geschäftsmänner und Oligarchen wie Heuschrecken über das russische Riesenreich her.

Unermessliche Bodenschätze, ein schwacher Staat und eine chaotische Weltlage ermutigten stinkreiche Moguln vom Schlage eines Chodorkowski, sich ganze Landstriche unter den Nagel zu reißen. In dieser Notzeit trat Wladimir Putin auf den Plan. Er bewahrte sein Russland vor dem kapitalistischen Einfluss des Westens und dessen vorausgeschickten Investoren und verhinderte den totalen Ausverkauf seines Vaterlandes. Putin und seine Gefolgschaft erkannten die Bedrohung noch rechtzeitig und verteidigten das Eigene. Er identifizierte hinter den frechen Aufkaufs- und Ausbeutungsversuchen das Programm des global-kapitalistischen Westens, das auf Multikulti, Wesensentfremdung und Demontage volklicher Souveränität setzt. Und Putin begann den Kampf gegen diese Bedrohung. Mit der notwendigen Neustrukturierung Russlands, das durch die Jahrzehnte des Kommunismus ungeheuren Aderlass zu verkraften hatte, zog er den Groll des Westens auf sich. Putin wurde diffamiert, so wie Globalisten immer all jene brandmarken, die sich nicht ihrer „One-World" verschworen haben. Putin, in den Augen westlicher Medien und Politiker der „moderne Diktator", der Anti-Demokrat, der Nationalist, der zu Meidende.

Und Putin antwortete. Klar und unmissverständlich war für jeden erkennbar zu sehen, dass hier ein Mann angetreten war, der das Dogma des internationalistischen Westens nicht hinnehmen wollte. In einer denkwürdigen Rede auf dem Valdai-Forum im Jahr 2013 erklärte er:

„Jedes Land braucht militärische, technologische und wirtschaftliche Stärke, aber ob diese erfolgreich sein wird,

wird einzig und alleine von der Qualität des Volkes, der Gesellschaft und ihrer intellektuellen, geistigen und moralischen Stärke bestimmt. Schließlich hängen am Ende das Wirtschaftswachstum, der Wohlstand und der geopolitische Einfluss von der gesellschaftlichen Vitalität ab. Sie hängen davon ab, ob die Bürger eines Landes sich als eine Nation betrachten, in welchem Umfang sie sich mit ihr und mit ihrer eigenen Geschichte identifizieren, mit ihren Werten und Traditionen, und ob sie sich durch gemeinsame Ziele und Aufgaben verbunden fühlen. Deshalb ist diese Frage, wie wir die Stärkung unserer nationalen Identität erreichen, so fundamental wie grundlegend für Russland."

Ohne Umschweife benannte Putin die Probleme des Westens. Noch nie hatte einer der wichtigsten Männer der Welt den Globalisten dergestalt widersprochen:

„Wir sehen, wie viele euro-atlantische Staaten (= der Westen) den Weg eingeschlagen haben, auf dem sie ihre eigenen Wurzeln verneinen, einschließlich die der christlichen Wurzeln, die die Grundlage der westlichen Zivilisation bilden. In diesen Staaten werden moralische Grundlagen und jede traditionelle Identität verneint – nationale, religiöse, kulturelle oder sogar geschlechtliche Identitäten werden verneint. Dort wird eine Politik betrieben, die eine kinderreiche Familie mit einer gleichgeschlechtlichen Partnerschaft gleichsetzt; diese Politik setzt den Glauben an Gott mit dem an Satan gleich."

Der Westen würde versuchen, dieses Gesellschaftsmodell den östlich-europäischen Nachbarn aggressiv aufzuzwingen. Putin sah darin den „direkten Weg zum

Verfall und zur Primitivisierung der Kultur. Dies führt zu tieferen demographischen und moralischen Krisen im Westen." Und er sprach aus, was kein deutscher Politiker anzusprechen gewagt hätte, – „Was kann denn der bessere Beleg für die moralische Krise der westlichen Gesellschaft sein als der Verlust ihrer Reproduktion? Heute können sich beinahe alle ‚entwickelten' westlichen Länder reproduktiv nicht erhalten. Nicht einmal mit Hilfe von Migranten."

Putin bekannte sich zum Kampf gegen „die Ablehnung jeder eigenen Identität und somit der von Gott geschaffenen Vielfalt" und brach dadurch mit der internationalistischen Tradition. Ausgerechnet von Moskau geht eine immer stärkere geistige Kraft aus, die ermöglicht, dass andere Staaten dem Beispiel der nationalen Rückbesinnung folgen können.

Auch steht für Putin außer Frage, dass sein Land souverän und frei sein müsse. Und er forderte 2013 die Russen auf, sich ihrer eigenen Geschichte zu stellen:

„Die Souveränität, die Unabhängigkeit und territoriale Integrität Russlands sind bedingungslos. Das sind rote Linien, die niemand überschreiten darf. Und bei allen unseren verschiedenen Ansichten ist doch klar, dass wir Debatten über unsere nationale Identität und Russlands Zukunft nur führen können, wenn die daran Teilnehmenden allesamt Patrioten sind. Natürlich meine ich den Patriotismus im wahrsten Sinne des Wortes. Zu oft in der Geschichte unserer Nation hatten wir es nicht mit einer Opposition zur jeweiligen Regierung zu tun, sondern mit antirussischen Oppositionellen. Das habe ich bereits erwähnt, und auch der Nationaldichter Alexander Puschkin sprach schon darüber. Und wir wissen, wie es endete, nämlich mit dem Abriss des Staates als solchem. Es gibt praktisch keine russische Familie, die von den Wirrungen des vergangenen Jahrhunderts völlig unberührt blieb. Fragen, wie wir bestimmte historische Ereignisse beurteilen, teilen unser Land und unsere Gesellschaft immer noch. Wir müssen diese Wunden endlich heilen und die Matrix unseres historischen Stoffes reparieren. Wir können nicht weiter in Selbsttäuschung leben und die unansehnlichen oder ideologisch unbequemen Seiten unserer Geschichte einfach ausblenden, die Verbindungen zwischen Generationen zerstören, in Extreme flüchten und Idole entweder aufs Podest heben oder stürzen. Es ist auch höchste Zeit, damit aufzuhören, unsere Geschichte nur auf das Schlechteste zu reduzieren. Wir beschimpfen uns teilweise sogar schlimmer, als unsere Gegner es je tun würden. Selbstkritik ist notwendig, aber ohne ein Gefühl von Selbstwert oder der Liebe zu unserem Vaterland wirkt so eine Kritik nur demütigend und kontraproduktiv. Wir müssen stolz auf unsere Geschichte sein, und wir haben Gründe, um stolz zu sein. Unsere gesamte, unzensierte Geschichte muss ein Teil der russischen Identität sein. Ohne diese Anerkennung ist es unmöglich, gegenseitiges Vertrauen aufzubauen und die Gesellschaft nach vorne zu entwickeln."

Für den russischen Staatenlenker ist außerdem klar, dass ein nationaler Aufbau eines Volkes nur dann nachhaltig sein kann, wenn Bildung und Erziehung nicht totalitär gegen diese Aufbauarbeit ankämpfen – wie das eben hierzulande der Fall ist. In Russland beobachtet man nämlich genau, was die Erziehungsanstalten, vom Kindergarten bis zur Universität, mit den Heranwachsenden in Merkel-Deutschland oder Österreich anstellen. Von klein auf wird den Kindern ein völlig krankhafter Selbsthass eingeimpft, denn als weißes Kind deutscher Zunge wurde man als Nachkomme des „singulärsten" Tätervolkes der Menschheitsgeschichte geboren. Es gibt keine gute deutsche Geschichte, es gibt fast ausschließlich Verbrechen und Verfehlungen. Geht es nach dem heutigen ideologisierten Unterricht, gibt es keine aufbauende Kunst und Kultur, die das eigene Vaterland hochhalten und preisen würde. Es gibt keine schöne, heimatverbundene Literatur, nur Zersetzer und Exilanten gelten als große Poeten und literarische Titanen.

Das heutige Russland weiß, dass eine solche Abnabelung von der eigenen Geschichte zu schweren psychischen Schäden führt. Und ein Volk, als Summe psychisch gebrochener Individuen, wird sich weder frei noch aufrecht bewegen, – es wird nur nach der Pfeife fremder Herren tanzen und sich wie ein geistig beschränkter Dümmling seines Sklavendaseins auch noch hündisch erfreuen. Das weiß Russland heute, und daher hat es einen konträren Weg beschritten. Denn nur eine dem eigenen Volksein und Volkwerden, also der Geschichte, gegenüber wohlwollend eingestellte Bildung kann ein Volk aufbauen und zum Wahren und Guten und Schönen führen. Wladimir Putin: „Die Bildung spielt in der Erziehung zum individuellen Patriotismus eine erhebliche Rolle, und deswegen müssen wir die Lehren der großen russischen Kultur und Literatur wieder aufleben lassen. Sie müssen als Grundlage für die persönliche Identität der Menschen, die Quelle ihrer Einzigartigkeit und ihrer Basis für das Verständnis der nationalen Idee dienen. Hier hängt viel von der Lehrerschaft ab, die schon immer ein sehr wichtiger Behüter der gesamtnationalen Werte, Ideen und Philosophien war und sein wird. Und obwohl sich diese Lehrerschaft über ein enormes Gebiet verteilt, von Kaliningrad bis Wladiwostok, sprechen sie alle die gleiche Sprache, die Sprache der Wissenschaft, der Bildung und des Wissens. Auf diese Weise hält die Lehrerschaft, beziehungsweise im weiteren Sinne die Bildungsgemeinschaft, die Nation zusammen. Die Unterstützung dieser Gemeinschaft ist einer der wichtigsten Schritte auf dem Weg zu einem starken, blühenden Russland."

China

Im Westen wird China meist nur als kommunistische Diktatur abgetan. Doch dass chinesischer Kommunismus nichts mit globalistisch-multikulturellem Linksextremismus in Deutschland gemein hat, ist vielen nicht bewusst. Gemäß ihrer Verfassung steht die Volksrepublik China „unter der demokratischen Diktatur des Volkes", wird seit 1949 autoritär von der „Kommunistischen Partei Chinas" regiert. Die absolute Mehrheit der

Chinesen (92 %) sind ethnisch eng verwandte Han-Chinesen. Mit rund 1,4 Milliarden Angehörigen stellen die Han-Chinesen die größte Volksgruppe der Welt. 18 % der Weltbevölkerung sind Han-Chinesen! Diese sind untereinander solidarisch und im westlichen Sinne alles andere als so genannte „Gutmenschen".

Am 18. März 2019 veröffentlichte „Die Zeit" einen umfangreichen Kommentar der chinesischen Journalistin Franka Lu. Diese ist mit der weltanschaulichen Grundhaltung in ihrer chinesischen Heimat äußerst unzufrieden. Sie schreibt etwa:

„Der Ahnenkult, der sich in der chinesischen Kultur bis heute erhalten hat, macht eine kritische Analyse vormoderner Vorstellungen im chinesischen Kulturerbe schwer." Offene Ablehnung etwa gegenüber Muslimen oder Afrikanern werde in China nicht als „Rassismus" bezeichnet. Vielmehr handle es sich um ein angesehenes und normales Abgrenzungsverhalten, das in Geschichte und Kultur begründet sei. „In der chinesischen Geschichtsschreibung hat sich ein ethnozentristisches Bild der Überlegenheit gehalten, das heute eine neue Blüte erlebt." Nie in der Geschichte war China bereit, seine Bevölkerung in einer „offenen Gesellschaft" aufgehen zu lassen. Beispielhaft angeführt wird die Ming-Dynastie des 14. Jahrhunderts, die „den Kontakt mit anderen Zivilisationen fast völlig abbrach und erklärte, alle fremden Kulturen seien barbarisch."

„Seither haben sich andere Vorstellungen einer rassisch begründeten Hierarchie ausgebildet: Ganz oben stehen die Weißen und die Chinesen, die miteinander konkurrieren. Weiter unten gibt es ein Gemisch aus anderen ‚Rassen', und der den Schwarzen zugewiesene Ort ist ganz unten."

Der chinesische Regisseur Zhu Youguang wird mit den Worten zitiert: „Chinesen sind schön, mildtätig, klug und haben Klasse. Entspannt sehen wir der Reaktion der Welt auf uns entgegen ... Wir sind Menschen bester chinesischer Abstammung mit erstklassigen Genen, freudig schreiten wir gemeinsam mit der Welt der Zukunft entgegen." Die Exil-Journalistin Franka Lu kommentiert zerknirscht von Merkel-Deutschland aus: „Zhus Worte spiegeln die in China verbreitete Heimatpropaganda wieder." Und weiter: „Im Einklang mit der Regierungspropaganda erklären viele chinesische Gemeinden im Ausland, Gene, Kultur, Tradition und Geschäftssinn der Chinesen seien von solcher Überlegenheit, dass sie ihren Gastländern viel nützlicher seien als die ‚faulen Schwarzen' oder die ‚lästigen Muslime'. [...] Der jüngste Ausbruch von Hass auf Geflüchtete hat eine direkte Ursache: Die chinesische Regierung hat den von westlichen Liberalen propagierten universellen Werten der Aufklärung den ideologischen Krieg erklärt. Als soziale Medien in China 2016 plötzlich mit diesem Hass überschwemmt wurden, war das ein völlig neues Phänomen. Sein Ursprung liegt in den Anstrengungen der chinesischen Regierung, den Arabischen Frühling und die tunesische Jasminrevolution zu diffamieren. Erschüttert vom gewaltsamen Tod Gaddafis und dem Zusammenbruch nordafrikanischer Diktaturen und Militärregime begann die chinesische Regierung, die

Anti-Globalismus weltweit

Flüchtlingsfrage als Waffe im Kampf gegen den Westen einzusetzen. Plötzlich dienten die nach dem Arabischen Frühling einsetzenden Flüchtlingsbewegungen und das Versagen des Westens im Umgang mit den arabischen Demokratiebewegungen als lebender Beweis für die jahrzehntelang propagierte These, die Demokratie bringe nichts als Unheil; die Staaten des Westens seien verlogen und förderten Demokratiebewegungen im Ausland nur, um diese Länder zu schwächen oder zu zerstören. Der Informations- beziehungsweise Desinformationskrieg der chinesischen Regierung bereitete den flüchtlingsfeindlichen Ausbrüchen der Bevölkerung emotional den Boden und lieferte ihnen die Argumente."
In der Abschlussbemerkung hat die chinesische Journalistin keine Hoffnung, dass China demnächst weltoffener und multikultureller werden könnte:

„Das Bild, das wir dort entstehen sehen, weist nicht in die Richtung einer offenen Gesellschaft mit lebendigem Austausch unter den ethnischen Gruppen, mit Gleichberechtigung ungeachtet der sozialen Herkunft, in der universelle Werte der westlichen Welt Geltung hätten."

Westliche Kommentatoren sehen in der chinesischen Regierungsrealität neben totalitären und kommunistischen Elementen auch nationalistische Grundzüge. Für den in Deutschland lebenden Journalisten Tilman Spengler ist Kommunismus schon so normal, dass er sich einzig auf das nationale Selbstbewusstsein der Chinesen fixiert. Wie das Kaninchen vor der Schlange sitzt er erstarrt vor dem nationalen Kommunismus der chinesischen Supermacht. Die „einzige Ideologie", die es in China momentan gebe, stellt er beängstigt fest, sei die des Nationalismus. „Das ist das, was das Volk zusammenschweißt, und alles andere kann man getrost vergessen."

Indien

Wenig bis gar nicht wahrgenommen wird im deutschen Sprachraum die nationalistische Machtübernahme in Indien. Indien ist der einwohnerstärkste Staat der Welt, in dem seine Bewohner, gesamt rund 1,3 Milliarden, in demokratischen Wahlen regelmäßig mitentscheiden. Dort wurde 2014 Narendra Modi von der „Indischen Volkspartei" Premierminister. 2019 wählte ihn die absolute Mehrheit der 900 Millionen wahlberechtigten Inder erneut zum Regierungschef. Seither führt er kraft des demokratischen Votums eine Alleinregierung. Westliche Journalisten begeifern ihn vom Ausland aus als „Antidemokraten", die Inder selbst nennen ihn „Beschützer Indiens". Modi vertritt einen traditionellen „Hindu-Nationalismus". Die deutsche Anstalt der „Bundeszentrale für politische Bildung" führt 2018 aus:

„Die Ursprünge des modernen Hindu-Nationalismus liegen in der Zeit der britischen Kolonialherrschaft über Südasien. Im 19. Jahrhundert begannen die Briten, hinduistische Traditionen und religiöse Praktiken zu kritisieren. Vor allem christliche Puritaner waren entsetzt

über die ‚Götzenanbetung' und Vielgötterei der Hindus."
Als Gegenbewegung gegen die westlich-christlichen Besatzer hätten sich „neo-hinduistische Reformbewegungen" der Identität Indiens gewidmet. „Mit den neo-hinduistischen Reformbewegungen in Indien waren auch Bestrebungen verbunden, eine vermeintlich vormals existierende, glorreiche ‚arische' Zivilisation wiederaufleben zu lassen, die im Laufe der Jahrhunderte verkümmert sei. Radikale Kräfte innerhalb dieser Strömung wandten sich explizit gegen die britische Kolonialherrschaft. Nach ihrer Diagnose war die Fremdherrschaft durch die Briten und zuvor durch die muslimischen Mogulkaiser nur durch die geistig-kulturelle Degenerierung der Hindus überhaupt möglich geworden. Die Hindus hätten ‚ihren Glauben verloren' und seien ‚schwach' geworden. Das Gegenmittel und die ‚Heilung' für diesen geistigen Verfall sahen sie in einer Wiederentdeckung der eigenen religiös-kulturellen Wurzeln eines aus ihrer Sicht homogenen, auf der vedisch-brahmanischen Tradition beruhenden Hinduismus und in einem gemeinsamen Kampf gegen die Feinde Indiens. Politisch organisierten sich die Vertreter dieser Sichtweise in der 1915 gegründeten ‚gesamtindischen Hindu-Großversammlung' (Akhil Bharatiya Hindu Mahasabha)." In den Folgejahren entwickelte sich die hindu-nationalistische Programmatik. Im Mittelpunkt: die Mehrheitsbevölkerung der Hindus. Die ethnische Zugehörigkeit definiere sich auch durch die „gemeinsame Abstammung, also ein einheitliches ‚Hindu-Blut'. Hindus gehören den ‚vedischen Ariern' an. Schließlich ist eine gemeinsame Kul-

tur, eben jenes ‚Hindutum', von außerordentlicher Bedeutung, die ausdrücklich mehr ist als die geteilte Religion und die auch ein einheitliches Sozialsystem und eine gemeinsame Sprache umfasst. Die ‚Hindu-Nation' ist demnach dreifach definiert und abgegrenzt: geografisch, ethnisch und religiös-kulturell. Dieser an einem europäischen Nationalitätsverständnis orientierte Hindu-Nationalismus unterscheidet sich stark vom Nationalismus der indischen Unabhängigkeitsbewegung. Insbesondere Mahatma Gandhi weigerte sich, die indische Nation mit einer einzigen Religion oder einer einzigen Sprache gleichzusetzen."

Und auf die heutige Zeit und die moderne Nationalistenbewegung um Präsident Narendra Modi bezogen hält die „Bundeszentrale für politische Bildung" fest: „An der grundlegenden Zielsetzung des hindu-nationalistischen Projekts mit der Homogenisierung des Hindu-‚Volkskörpers' hat sich seit den damaligen Tagen wenig geändert." Modi appellierte bei den Wahlgängen erfolgreich an den Nationalismus der Mehrheitsbevölkerung. Knapp 80 Prozent der heute rund 1,3 Milliarden Inder sind Hindus, gut 14 Prozent sind Moslems, daneben leben Christen, Sikhs, Buddhisten und Angehöriger weiterer Glaubensrichtungen. In den letzten Jahren wurde der Ruf immer lauter, die Mehrheitsbevölkerung der Hindus sollte eine Sonderrolle erhalten. Von westlichen Medien wird Präsident Modi die konsequente Umsetzung dieses Weges attestiert. Ebenso steht er in der Kritik, dass er anti-muslimische Politik betreiben und die eigenen Volksangehörigen bevorzugen würde. Was zu

Kopfschütteln in deutschen Redaktionsstuben führt, bringt ihm in seiner Heimat die Liebe und das Vertrauen seiner Landsleute ein.

USA

Die USA sind das Zentrum des völkerzerstörenden Globalismus. Doch selbst dort konnte sich ein Donald J. Trump an die Spitze des Staates durchkämpfen. Im Jänner 2017 wurde der damals 70-jährige Unternehmer als 45. Präsident der Vereinigten Staaten von Amerika angelobt.

Für Anti-Globalisten war seine Wahl weltweit ein Wunder, für Globalisten natürlich ein furchtbarer, nicht eingeplanter Betriebsunfall. Nun behaupten auch viele wohlgesonnene Beobachter, dass Trump in ein Netzwerk aus Hochfinanz, Freimaurern und Israel-Lobby eingeflochten sei und er es bei bloßer Ankündigungspolitik belasse. De facto hätte er nicht viel für die USA erreicht. Dem widersprechen seine uneingeschränkten Fans: Er würde erfolgreich und zielstrebig den „Deep State" im eigenen Land bekämpfen. Also jene Machtstrukturen, die sich im Staat eingenistet hätten, die Finanzen, Militär, Regierungsapparat und Medien im Griff hätten und unabhängig davon, welche Marionette sich an der Spitze des Staates befinde, die Macht ausüben würden. Und Trump würde dort Stück für Stück aufräumen. Für die hier vorgenommene Analyse ist unerheblich, welche Theorie stimmen mag. Fest steht: Trump hat mit seinen Äußerungen und Debattenbeiträgen eine anti-globalistische Bresche geschlagen, wie das vor ihm keiner geschafft hat. Denn Donald Trump tätigte seine grundsätzlichen Aussagen als Präsident der USA – und damit als „mächtigster Mann der Welt" und Führer des globalistischen Kernlands.

Es wird sein dauerhaftes Verdienst bleiben, aufgezeigt zu haben, dass selbst ein so eingefahrenes globalistisches System, wie in den USA, verwundbar ist. Seine vier Amtsjahre von 2016 bis 2020 waren der lebende Beweis.

Am 13. Oktober 2016 rief Trump seinen Anhängern in West Palm Beach in Florida bei einer Wahlkampfveranstaltung zu:

„Hier ist eine Verschwörung gegen das amerikanische Volk im Gange. Die Clinton-Maschinerie, die Medien und andere Kräfte versuchen, die Wähler zu verleumden, wenn sie nicht ihre Ansichten teilen. Das System und seine Medien üben die Kontrolle über diese Nation aus, mit Mitteln, die wir mittlerweile sehr gut kennen."

Mit dieser Aussage erinnerte er historisch versierte Beobachter unweigerlich an die mutigen Worte seines Vorgängers. Der 35. US-Präsident, John F. Kennedy, wandte sich am 27. April 1961 in New York an die amerikanischen Zeitungsherausgeber. Unter anderem sagte er wörtlich, was im Online-Archiv des JFK-Museums (Boston) nachgelesen und gehört werden kann:

„Denn wir stehen rund um die Welt einer monolithischen und ruchlosen Verschwörung gegenüber, die sich vor allem auf verdeckte Mittel stützt, um ihre Einflusssphäre auszudehnen – auf Infiltration anstatt Invasion; auf Unterwanderung anstatt Wahlen; auf Einschüchterung anstatt freier Wahl; auf nächtliche Guerillaangriffe anstatt auf Armeen bei Tag. Es ist ein System, das mit gewaltigen menschlichen und materiellen Ressourcen eine eng verbundene, komplexe und effiziente Maschinerie aufgebaut hat, die militärische, diplomatische, geheimdienstliche, wirtschaftliche, wissenschaftliche und politische Operationen kombiniert. Ihre Pläne werden nicht veröffentlicht, sondern verborgen, ihre Fehlschläge werden begraben, nicht publiziert, Andersdenkende werden nicht gelobt, sondern zum Schweigen gebracht, keine Ausgabe wird infrage gestellt, kein Gerücht wird gedruckt, kein Geheimnis wird enthüllt."

Doch Donald Trump sagte bei seiner Rede vom 13. Oktober 2016 noch mehr:

„Jeder, der sich dieser Macht entgegenstellt, wird als Sexist, als Rassist, als Fremdenfeind und als moralisch verkommen gebrandmarkt. Sie greifen jeden an, der sich gegen sie stellt. Sie verleumden, sie versuchen, deine Karriere, deine Familie und deinen Ruf zu zerstören. Sie versuchen, alles von einem zu vernichten, vor allem den Ruf. Sie lügen, lügen, lügen und sie werden Schlimmeres tun. Sie werden alles, was nötig ist, gegen dich unternehmen.

Die Clintons sind Verbrecher. Denkt daran. Sie sind Verbrecher. Menschen, die zu solchen Verbrechen gegen ihre eigene Nation fähig sind, sind zu allem fähig. Hillary Clinton hat sich heimlich mit internationalen Banken verabredet mit dem Ziel, die Souveränität der Vereinigten Staaten auszuhöhlen, damit die globale Finanzmacht noch mächtiger und reicher wird. Hillarys spezielle Freunde zur Durchsetzung dieser Interessen sind auch ihre Spender. Die Zentrale der weltpolitischen Macht befindet sich genau hier in Amerika. Unser korruptes System ist die größte Macht hinter den Bestrebungen für eine radikale Globalisierung und Entrechtung der arbeitenden Menschen."

Trump bezeichnete sich selbst mehrfach und ohne Umschweife als „Nationalist" und erläuterte seinen Standpunkt zu volklicher, kultureller und staatlicher Souveränität.

Bei der 72. Vollversammlung der Vereinten Nationen am 19. September 2017 in New York sagte Trump zu den Staatschefs der ganzen Welt:

„In unserer Außenpolitik werden wir das Grundprinzip der Souveränität erneuern. Zuallererst ist unsere Regierung ihren Bürgern verpflichtet, ihre Bedürfnisse zu erfüllen, ihre Sicherheit zu garantieren, ihre Rechte zu erhalten und ihre Werte zu verteidigen. Als US-Präsident hat Amerika für mich immer Vorrang – das sollte auch für Sie, als Regierungschefs für Ihre Länder – immer so sein. Verantwortliche Regierungschefs sind verpflichtet, ihren eigenen Bürgern zu dienen. Und der Nationalstaat ist und bleibt die beste Form zur Verbesserung der Lebensbedingungen der

Menschen. Wir wollen Harmonie und Freundschaft, nicht Konflikt und Zank. Für uns zählen Ergebnisse, nicht Ideologie […]

Wir erwarten nicht, dass verschiedene Länder gleiche Kulturen, Traditionen oder sogar Regierungssysteme haben. Aber wir erwarten von ihnen die Einhaltung zweier Grundprinzipien: Respekt vor den Interessen des eigenen Volkes und vor den Rechten jeder anderen, souveränen Nation! Starke, unabhängige Nationen überlassen dem Volk seine Zukunftsgestaltung und die Kontrolle über sein Schicksal.

Ich wurde nicht gewählt, um die Macht im Land zu übernehmen, sondern die Macht dorthin zu geben, wo sie hingehört: dem amerikanischen Volk."

Beim G20-Gipfel in Hamburg im Juli 2017 forderte Trump die Verteidigung der eigenen Werte, und zwar auch geistig und kulturell:

„Unser eigener Kampf für den Westen beginnt nicht auf dem Schlachtfeld, er beginnt in unseren Köpfen, Willen und unseren Seelen. Die Grundfrage unserer Zeit ist, ob der Westen den Willen zum Überleben hat."

Bei der UN-Generalversammlung in New York am 24. September 2019:

„Weise Führer denken immer zuerst an das Wohl ihres Landes und ihrer Bevölkerung. Die Zukunft gehört nicht den Globalisten! Die Zukunft gehört den Patrioten! Die Zukunft gehört souveränen und unabhängigen Nationen, die ihre Bürger beschützen und ihre Nachbarn respektieren!

Wenn man Freiheit will, dann muss man stolz auf das eigene Land sein. Wenn man Demokratie will, muss man seine Souveränität verteidigen. Wenn man Frieden will, muss man seine eigene Nation lieben!"

Am 24. Oktober 2019 melden die Medien panisch, Trump hätte bei der Veranstaltung die Demokraten als „korrupte, machthungrige Globalisten" kritisiert. „Sie wissen, was ein Globalist ist, oder?", fragte Trump seine Zuhörer. „Ein Globalist ist eine Person, die möchte, dass der Globus gut abschneidet, ehrlich gesagt kümmert er sich nicht so sehr um unser Land. Und wissen Sie was? Das können wir nicht haben. Sie wissen, sie haben ein Wort, – es wurde irgendwie altmodisch –, es heißt Nationalist. Wissen Sie, was ich bin? Ich bin ein Nationalist, OK – ich bin ein Nationalist", sagte der Präsident. „Verwenden Sie dieses Wort."

Donald Trump betonte mehrfach, dass er stolz auf seine schottisch-deutschen Wurzeln sei. Erst zum Jahresbeginn 2020 ermahnte warnte er Europa erneut, dass sich der alte Kulturkontinent aufgeben werde, wenn die Zuwanderung so weitergehen werde. Eine Million Migranten aus fremden Kulturen auf den europäischen Kontinent zu holen „verändert die Struktur von Europa" auf Dauer, – „und das ist kein guter Weg".

Der von Trump vertretene Nationalismus ist auf Gesundheit und Stärke der eigenen Nation ausgerichtet und nicht von imperialistischer, expansiver Natur. Trump machte sich daher mit seiner Weigerung, neue Angriffskriege zu führen, im militärisch-industriellen Komplex keine Freunde. Patriotische Offiziere im Heer wie in der Militärführung gewann er dafür uneingeschränkt für seine Sache. Als er 2019 vom Abzug der Truppen aus dem Ausland sprach und ankündigte, „seine Jungs heimzuholen", war die Weltpresse – und hier vor allem die Vasallen in deutschen Schreibstuben – in hellem Aufruhr. „Die Welt" schrieb etwa am 31. Oktober 2019 geschockt:

„Globales Chaos: Die neue Weltordnung. Epochale Entwicklungen erschüttern den Globus: Amerika zieht sich zurück, Europa ist tief gespalten – und für China sind Amerika und Europa nur Eindringlinge. Die Welt ist aus den Fugen, sie ordnet sich gerade neu. Ein Schauspiel, in dem mächtige Kräfte den politischen Globus neu formen."

Trump: „Unsere Truppen werden schon bald aus dem Mittleren Osten und Afghanistan nach Hause geholt werden. Unsere tapferen Soldaten kämpfen im Mittleren Osten seit 19 Jahren. 7.000 haben ihr Leben verloren, 52.000 wurden schwer verwundet, und dafür haben wir 7 Billionen Dollar ausgegeben. Als Präsidentschaftskandidat hatte ich eine Wende versprochen. Große Nationen führen keine endlosen Kriege."

Ungarn

In Europa haben sich mit der osteuropäischen Visegrád-Gruppe Staaten zusammengetan, die gegen Massenmigration und für die Erhaltung der eigenen Souveränität und Identität eintreten. In Polen oder

Tschechien ist es völlig normal, stolz auf seine Nation zu sein. Eine Selbstaufgabe wie in Deutschland oder Österreich wäre dort undenkbar, sie wird dort zu Recht als unehrenhaft und geradezu dreckig angesehen. Dass diese Staaten vom Establishment der „Europäischen Union" getadelt, nach EU-Beschlüssen „verurteilt" und schlecht gemacht werden, ist typisch für diese Zeit. Denn nur in einer geschichtsvergessenen Zeit kann man ausgerechnet jene, die Europa und seine Kultur erhalten wollen, als „Anti-Europäer" bezeichnen. Jene, die am ehesten an dem arbeiten, was einem „Europa der Völker" gleichkommt, wie es schon De Gaulle oder Adenauer gewollt hatten.

Der Gärungsprozess in Europa wurde 2015 mit der einschneidenden „Flüchtlings"-Invasion und den damit verbundenen Schock-Szenarien massiv beschleunigt. Ungarns Präsident Viktor Orbán entfaltete in dieser Krise seine ganzen Qualitäten und entschied sich, entgegen dem Diktat aus Brüssel, für eine nationale Grenzsicherung zum Schutz seines Landes. Im Sommer 2015 ordnete er den Bau des legendären ungarischen Grenzzauns an.

Man meint vielleicht gemeinhin, schon genug über Viktor Orbán zu wissen. Aber wie bei Putin oder Trump ist dem meist nicht so, da die mediale Falschdarstellung eben nur einen Teil der wahren Radikalität zeigt, die dieser Mann lebt. Mit seinen Programmen und Ansichten verwirklicht Orbán direkt vor der österreichischen Haustüre tatsächlich ein anti-globalistisches Gegenmodell. Gewiss gibt es Kritiker, die ihm nicht verziehen habe, die einst offen nationalistische Jobbik ausgebremst zu haben. Aber wie bei Trump ist für uns vor allem wertvoll, welche gedanklichen Wege er schon geebnet hat und wie weit Ungarn unter Viktor Orbán in den Überlegungen ist. Zu diesem Zweck werden im Folgenden Redeausschnitte abgedruckt, die von besonderer Bedeutung sind, und die es tatsächlich wert sind, genau gelesen zu werden.

In seiner traditionellen Rede zur „Lage der Nation" sprach der ungarische Ministerpräsident Viktor Orbán im Februar 2017 von den Angriffen auf die nationale Souveränität Ungarns, attackierte George Soros und bot „Opfern des westlichen Liberalismus" Asyl an. Als „Wendepunkte der Geschichte" bezeichnet Viktor Orbán die großen Ereignisse des Jahres 2016, also den Brexit, die US-Präsidentschaftswahl und die Ablehnung der italienischen Verfassungsreform. Es gäbe einen Aufstand derer, deren Stimmen zum Schweigen gebracht und deren „Münder durch politische Korrektheit geknebelt" wären. Es verlaufe eine „Schlachtlinie" zwischen den revoltierenden Nationen und den Globalisten.

Den Grund für diese Revolte sah Vikor Orbán, in Anspielung auf George Soros' „Open Society", im Aufkommen einer „offenen Gesellschaft", welche die „Demokratie der Debatte" mit einer „Demokratie der

Korrektheit" ersetzt hätte. Es gäbe eine bizarre Koalition aus Menschenschleppern, Menschenrechtsaktivisten und elitären europäischen Politikern, die die „Könige der globalistischen Politik" seien.

Am 18. Februar 2018 sagte der ungarische Präsident Viktor Orbán vor Anhängern in Budapest, anlässlich seiner „Rede zur Lage der Nation", dass er deshalb Ungarn verteidige, weil (West)Europa den Weg des Selbstmords gewählt hätte:

„Nationen werden aufhören zu existieren, der Westen wird fallen, während Europa nicht einmal bemerken wird, dass es überrannt wurde."

Als im September 2018 das EU-Parlament Strafmaßnahmen gegen Ungarn ankündigte, stemmte sich Orbán in einer flammenden Rede dagegen. Er versicherte, er werde der „Erpressung aus der EU nicht nachgeben": „Ungarn wird seine Grenzen schützen, die illegale Migration aufhalten und seine Rechte verteidigen, wenn es sein muss, dann auch Ihnen gegenüber". Er unterstrich: „Sie werden jetzt nicht eine Regierung, sondern ein Land und ein Volk verurteilen."

Medien berichteten über Orbáns Aktivitäten in der Frage der Demographie:
Am 5. und 6. September 2019 fand in Budapest, nach 2015 und 2017, der dritte Demographie-Gipfel statt. Am Mittwochabend empfing Premier Viktor Orbán den tschechischen und den slowakischen

Ministerpräsidenten, Andrej Babiš und Peter Pellegrini, sowie den serbischen Präsidenten Aleksandar Vučić im Karmeliterkloster. Premier Orbán teilte beim Gipfel mit, dass mit den Ergebnissen des Familienförderungssystems erst dann ein Wendepunkt erreicht worden sei, wenn Familien mit Kindern ein garantiert besseres Lebensniveau hätten als Paare ohne Kinder. „Ohne Familien und Kinder wird die nationale Gemeinschaft verschwinden." Eine Voraussetzung des Erfolgs der Demographie-Politik sei, dass das ungarische Nationaleinkommen bis 2030 jedes Jahr das durchschnittliche Wirtschaftswachstum der EU um mindestens zwei Prozent überschreiten werde. Als weiteren Erfolgsfaktor nannte er die Stärkung des Christentums in Europa. In demographischen Fragen sollte die Fortführung der Migration hintan gehalten werden, zu einem „Bevölkerungstausch" dürfe es nicht kommen, formulierte Premier Orbán. Wörtlich: „Wir dürfen niemals den Bevölkerungsaustausch akzeptieren." Dies sei „demographischer Selbstmord".

Am 14. September 2019 war Viktor Orbán beim „Verband der christlichen Intellektuellen" in Budapest als Gastredner geladen. Er erklärte dort den Weg seiner „nationalen Revolution" in Ungarn. Und er führte aus, dass er in Ungarn eine „Revolution in zwei Schritten" gemacht habe. Die Ausführungen zeigen deutlich, dass das Programm Orbáns über eine bloße populistische Abwehrhaltung hinaus geht und auch ein intellektuelles Angebot an die Suchenden ist. Im stenografischen Protokoll ist zu lesen:

„Der erste Systemwechsel hat 1990 die sowjetische Welt beendet, ich könnte auch sagen: Sowjets raus, Kommunisten nieder, Freiheit hoch. Das war der erste, – wenn man es so will –, der liberale Systemwechsel, das Freiwerden, die Befreiung von der Unterdrückung. Das Zeitalter der Freiheit von dem Etwas, der Besatzung und der Diktatur – der liberale Systemwechsel. Das hatte natürlich eine liberale Demokratie zum Ergebnis …"

„Man muss auch die Antwort auf die Frage finden, wofür wir frei sein wollen. Wozu wollen wir unsere Freiheit nutzen? Zur Errichtung was für einer Welt wollen wir unsere politische und öffentlich-rechtliche Freiheit nutzen? Damals musste hierzu und aus diesem Grunde der zweite Systemwechsel geschehen.

Wir haben noch eine Revolution gemacht, eine Zweidrittel-, eine konstitutionelle Revolution. Die Richtung des zweiten Systemwechsels deutet nicht zurück, nicht nach hinten, das ist kein Systemrückwechsel. Die Richtung des zweiten Systemwechsels zeigt nach vorne, gibt etwas zum ersten hinzu, korrigiert und erweitert den ersten, ja gibt ihm einen Sinn, gibt dem ersten Systemwechsel seinen Sinn. Wie nennen wir diesen zweiten Systemwechsel?

Das hat sich noch nicht entschieden, beziehungsweise jeder sagt alles Mögliche, und der allgemeine Konsens hat sich noch nicht festgesetzt. Wir können es auch einen nationalen Systemwechsel nennen, doch wäre es auch nicht unberechtigt, ihn als einen christlichen Systemwandel zu bezeichnen. (Die Rede wurde am Kongress der „christlichen Intellektuellen" gehalten, Anm.) Christlicher Systemwechsel, die Christdemokratie zum Ergebnis hatte, in deren Mittelpunkt die christliche Freiheit steht. Die Beschreibung des in diesem Zeichen entstandenen christlich-demokratischen Staates, seine Pfeiler und seinen Rahmen gibt die zu Ostern 2011 angenommene Osterverfassung, das heißt das Grundgesetz.

Die liberale Freiheit lehrt, alles sei zulässig, was nicht die Freiheit des anderen verletzt. Die nationale oder christliche Freiheit lehrt: Das, was du nicht willst, was man dir zufüge oder mit dir mache, das füge auch du nicht anderen zu, und auch im positiven Sinne. Die liberale Freiheit bedeutet, die Gesellschaft sei eine Menge miteinander im Wettbewerb stehender Individuen, die nur durch den Markt, das wirtschaftliche Eigeninteresse und die Rechtsvorschriften zusammengehalten werden. Laut der christlichen Freiheit ist die Welt aber in Nationen eingeteilt worden, und die Nation ist die kulturell und historisch bestimmte Gemeinschaft der Individuen. Eine organisierte Gemeinschaft, deren Mitglieder man schützen und darauf vorbereiten muss, gemeinsam in der Welt zu bestehen. In Wirklichkeit verbindet sie dies zu einer Gesellschaft, einer Gemeinschaft. Laut des Kanons der liberalen Freiheit ist die intellektuelle Leistung, ist das produktive oder unproduktive Leben eine Privatangelegenheit, kann der moralischen Beurteilung durch die Gemeinschaft nicht unterstellt und auch nicht unter die Gegenstände der Politik miteinbezogen werden. Laut der Auffassung der christlichen Freiheit verdient jene individuelle Leistung eine Anerkennung, die auch dem

Wohl der Gemeinschaft dient. Das Sorgen für sich selbst und die Arbeit, die Fähigkeit zur Schaffung einer eigenen Existenz, das Lernen und eine gesunde Lebensweise, das Zahlen der Steuern, die Familiengründung und das Erziehen von Kindern, die Fähigkeit, sich in den Angelegenheiten der Nation zurechtzufinden, Teilnahme an der Selbstreflexion der Nation. Die christliche Freiheit erachtet diese Leistung als moralisch wertvoller, sie anerkennt und unterstützt sie. Laut der Lehre der liberalen Freiheit müssen die liberalen Demokratien schließlich miteinander verschmelzen, sie müssen im Zeichen des liberalen Internationalismus eine Weltregierung, eine globale Regierung erschaffen. Laut dieser liberalen Auffassung wäre der europäische Grundpfeiler dieser neuen Weltregierung die Europäische Union verbunden mit den Clinton-Soros'schen Vereinigten Staaten. Das wäre jenes ausschließlich auf den nüchternen Verstand aufgebaute liberale Reich, auf das uns auch bereits Kant, Immanuel Kant, aufmerksam gemacht hat. Sie können deutlich sehen, dies ist eine alte Geschichte. Laut der Lehre der christlichen Freiheit sind die Nationen ebenso frei und souverän wie die Individuen, man kann sie nicht unter die Gesetze einer globalen Regierung zwingen. Nach dem christlichen Denken unterdrücken die Imperien notwendigerweise die Nationen, deshalb sind sie gefährlich, so auch nicht wünschenswert.

Heute herrscht in unserem Leben noch der liberale Zeitgeist. Der liberale Zeitgeist hat auch die Hegemonie des Westens über die Welt im 19. und 20. Jahrhundert erschaffen. Jetzt beginnen aber andere Winde zu wehen.

Diese Weltordnung ist erschüttert, es vollzieht sich eine geopolitische und strategische Umordnung. Hinzu kommt noch, dass wir auch Teil einer technologischen Revolution sind, und so etwas hat es noch nicht gegeben. Revolution im Internet, auf dem Gebiet der sozialen Medien und der künstlichen Intelligenz. Wie das der Präsident der Franzosen in den vergangenen Tagen sagte: ‚Die technologische Revolution führt zu einem wirtschaftlichen und anthropologischen Gleichgewichtsverlust. Eine tiefgreifende anthropologische Wende vollzieht sich in Europa und vielleicht auch außerhalb dessen. Die sich in der Welt der Vorstellung, der Gewalt und des Hasses vollziehenden Veränderungen führen zur Verwilderung der Welt.' Das sagt der Präsident, und ich glaube, er hat recht. Die europäische Zivilisation steht tatsächlich vor einer entscheidenden Veränderung.

Die sich auf die liberale Freiheit aufbauenden liberalen Demokratien sind nicht mehr in der Lage, Europa eine Sendung, einen Sinn zu geben.

Sie können nicht sagen, was der tiefere Sinn der Existenz Europas sein soll. Was wäre denn das, was nur Europa vertritt, und das mit dem Untergang Europas für die Welt verloren ginge? Was wäre denn der europäische Zivilisationsplan? Die Antwort von Christdemokraten, wie wir es sind, auf diese neue Situation lautet: Europa besitzt eine klare zivilisatorische Mission. Europas Sendung ist es, die christliche Freiheit und jene Lebensform zu erschaffen, immer wieder zu errichten, die auf dieser christlichen Freiheit aufbaut. Im Gegensatz zu den ihre Mission verloren habenden liberalen Demokratien äußert sich heute in Mitteleuropa eine kulturelle und zivilisatorische Lebenskraft, die offensichtlich dem Christentum entspringt.

All das wird immer deutlicher sichtbar, es ist vielleicht kompliziert, doch es wird immer deutlicher. Bisher haben wir in Mitteleuropa die Angriffe der die christliche Freiheit bedrohenden, die christliche Kultur Europas aufgeben wollenden Liberalen erfolgreich abwehren können. Auch die die christliche Freiheit von außen gefährdende Bedrohung, die Migration, gelang es uns bisher, in Mitteleuropa zu bremsen. Das ist eine weit bekannte Tatsache. Bei manchen löst dies Zorn, bei anderen Anerkennung aus, und es gibt auch solche, für die dies als Ermunterung und Inspiration dient. Seien wir nicht bange, es auszusprechen, denn es sieht ja schon ein jeder: Ungarn ist der Platz, der auf einem Berge liegt, und es ist allgemein bekannt, dass so ein Platz nicht verborgen bleiben kann. Wir sollten zu dieser Mission emporwachsen.

Schaffen wir uns das wahre, tiefe sowie höherwertige Leben, das wir auf dem Ideal der christlichen Freiheit aufbauen können, und zeigen wir es der Welt, wie es beschaffen ist. Vielleicht wird dies zu einem Rettungsring, nach dem das verstörte, seine Orientierung verloren habende und durch verhängnisvolle Probleme gemarterte Europa seine Hände ausstrecken wird. Vielleicht werden auch sie die Schönheit dessen erkennen, wenn die Arbeit des Menschen zugleich seinen Interessen, dem Wohl der Heimat und dem Ruhm Gottes dient."

Wann befreit uns Trump?

Aus all diesen Ausführungen spricht ein einheitlicher Geist. Die Gegebenheiten rund um den Globus könnten unterschiedlicher nicht sein, die Kulturen sind grundverschieden, und die Götter sind nicht die gleichen. Und doch werden alle Völker rund um die Erde von der Entwicklung namens „Globalisierung" zu Antworten herausgefordert. Der Großteil der Erde antwortet mit einer Stärkung der eigenen Volkskraft, des eigenen Staates, der eigenen Kultur und Identität.

Und Europa? In Europa macht sich an allen Ecken und Enden Unmut bemerkbar. Doch der durchschlagende Erfolg war bis 2020 noch nicht erkennbar. Zu groß ist noch die Fremdbestimmung der breiten Masse. Und diese – nur oberflächlich betrachtet – „ausweglose Situation" bringt viele Menschen zur Verzweiflung. Der Irrglaube mancher Verzweifelter, dass der US-Präsident Donald Trump Deutschland aus Schmach und Schande befreien werde, erreichte im Jahr 2020 einen Höhepunkt. In den Jahren zuvor knüpften viele Unzufriedene ihre Hoffnung an Putin. Er werde zur gegebenen Zeit Europa erretten. Beiden Hoffnungen muss eine Absage erteilt werden. Weder Putin noch Trump wird uns retten. Wer den beiden Staatsmännern aufmerksam zuhört, weiß genau, dass sie einer Idee anhängen, die auf die Kraft des eigenen Volkes baut. Nur was ein Volk aus eigener Stärke zu leisten imstande ist, ist tauglich für diese Welt. Ist es nicht zur Selbstbehauptung fähig, hat es Platz zu machen für andere Ordnungskräfte. Strecken die einst so strahlenden Kulturvölker Europas vor einer kaputten und niederträchtigen Jauche-Ideologie wie dem Multikulturalismus die Waffen, haben sie es nicht anders verdient, als in diesem Morast unterzugehen. Putin und Trump würde jedenfalls eine Zerschlagung dieser zersetzenden Verirrungen nicht erzürnen, und ein sich erhebendes Deutschland hätte wohl nicht die Atombombe auf Berlin zu fürchten, wie das noch unter einem Amerika des George Bush oder einem bolschewistischen Russland zu befürchten gewesen war. Im Gegenteil: In Nordamerika und Russland wartet man auf die Erhebung Europas gegen die globalistische Zerstörung.

1.5. Europas Ur-Mythos erwacht

Wenn Europa frei und stark sein möchte, muss es nicht nur den Widerstandswillen gegen seine Fremdbestimmung aktivieren. Es muss auch sich selbst finden und bestimmen, was Europa denn ausmacht – was Europa ist und was es nicht ist. In Russland wurde dieser Weg unter Putin beschritten. Überall dort, wo eine Rückbesinnung auf die eigene Nation und die eigene Kraft stattfindet, beginnt eine Spurensuche zu den eigenen Wurzeln, aus denen die allein wirksame Kraft kommen kann. Der Psychologe Dr. Martin Altmeyer attestiert den heutigen westlichen Gesellschaften ein „Leiden am Selbst". Frauen und Männer würden gleichermaßen von tiefgreifenden Fragen gequält, die sie massenweise psychisch krank machen würden: „Wer bin ich eigentlich? Wer will ich sein? Wie sehen mich die anderen und wie möchte ich gesehen werden?" Diese Worte sind nichts anderes als die ärztliche Bestätigung für eine umfassende europäische Identitätskrise. Sie ist das Ergebnis einer Entwurzelung, die zwar in den letzten Jahrzehnten auf umfassende Weise vorangetrieben wurde, aber geistesgeschichtlich viel tiefer zurückreicht. Neben den geopolitischen Machtverschiebungen im 20. Jahrhundert, neben der industriellen Revolution, der Oktoberrevolution und ihrem Vorbild von 1789 in Frankreich mag vor langer Zeit auch die Christianisierung dazu beigetragen haben. Wenn der Europäer also zu sich selbst finden will, wird es nicht genügen, geistig in die verklärten 1960er-Jahre zu reisen, sondern er muss zurückkehren an seine mythischen Urquellen.

Wie noch im nächsten Kapitel zu zeigen sein wird, ist der europäische Mensch seit vielen Jahrhunderten auf der Suche nach seinem richtigen, seinem stimmigen Weg. Gerade den Volksangehörigen deutscher Zunge war es in ihrer langen Geschichte nur selten vergönnt, sowohl staatlich als auch kulturell eine passende Form von Dauer zu finden, die sie über mehrere Generationen hinweg glücklich und schöpferisch gemacht hätte. Eine Religion und Weltanschauung durchzusetzen, die völlig dem eigenen Wesen entsprungen wäre, bleibt ein Wunschtraum.

Die Deutschen waren noch im 19. Jahrhundert auf 38 Staaten und Städte zerstückelt, von einem gemeinsamen Staat im heutigen Sinne konnte keine Rede sein. Und durch die Christianisierung wurden die ehemaligen Germanenstämme von ihrem arteigenen Mehrgott- und Naturglauben abgebracht, was zu einer Veränderung des seelisch-geistigen Bewusstseins führte. Man darf hierbei nicht vergessen, dass mit der Annahme des aus dem Orient kommenden Christentums nicht nur ein neuer Gott erschien, sondern teils jahrtausendealte Werthaltungen und Charakterzüge zugunsten der neuen Religion für böse und ablehnenswert erklärt wurden. Das führte zu Verwirrungen und kulturell abnormen Verhaltensweisen. Hier sei etwa an das Beispiel der Hexenverfolgung als besonders heftigen Exzess erinnert: Abertausende Frauen, auch Männer, wurden verfolgt, gefoltert und auf dem Scheiterhaufen verbrannt. Vormals galten die weisen Frauen mit Natur- und Kräuterwissen, alter Naturmedizin und besonderer Feinfühligkeit als Seherinnen und Naturdeuter mit besonderen Fähigkeiten und einem Zugang zu den guten Feen des Volkes. Sie wurden geschätzt oder gar verehrt. Der Kirche waren sie ein Dorn im Auge, und sie wurden über Nacht zum Feindbild. So durchtrennt man den Faden der Tradition. So bringt man ein Volk um sein Heil- und Volkswissen. Doch auch im alltäglichen Umgang, in den ganz normalen Handlungsweisen, brachte die Abkehr vom alten Glauben mitunter einen radikalen Verhaltens- und Gedankenwandel.

Es ist richtig, dass der christliche Glaube nicht zwingend mit der Amtskirche und den kirchlichen Verbrechen zu tun hat, und daher muss auch unterschieden werden zwischen einem aufrichtenden religiösen Bekenntnis und den Folterknechten der Hexenverfolgung. Wie im zweiten Kapitel zu zeigen sein wird, hat der universalistische Anspruch und Auftrag eines internationalen Christemtums aber den Boden für die Globalisierung bereitet, weshalb ein Christentum nur dann gut sein kann, wenn es die internationalistischen Auswüchse kompromisslos über Bord wirft. Ein Unterfangen, an dem viele Ordensmänner, Bischöfe und gar Päpste gescheitert sind und das heute wohl aussichtsloser nicht sein könnte. Wie die Wesensverfremdung im Alltäglichen wirkt, zeigt sich an den Bibelstellen, die uns auffordern, dem die zweite Wange hinzuhalten, der uns auch auf die erste geschlagen hat. Wie diese sich selbst aufgebende Demut damals bei der Missionierung auf die kriegerischen Germanen gewirkt haben muss, kann nur erahnt werden …

Heute sind die Jahrhunderte zurückliegenden Ereignisse aus unserem Blickfeld. Was unseren Ur-Urahnen heilig war, wissen wir oft gar nicht und haben keinen blassen Schimmer, wie sie dachten und lebten. Und dennoch verspüren wir einen kalten Schauer, wenn wir mit etwas in Berührung kommen, was aus alter Zeit stammen könnte, was von weit her zu kommen scheint, was uns innerlich anspricht und ergreift. Der englische Schriftsteller Gilbert Keith Chesterton sagte den schönen Satz: „Die Tradition ist so stark, dass spätere Generationen davon träumen werden, was sie noch nie gesehen haben." Und fürwahr erfahren wir immer wieder solche Momente beim Gang durch ein historisches Museum, beim Anblick einer Statue, alter Bauten – oder im Wald, in der Natur. Besonders beispielhaft empfinden wir das in der für unsere Art so bedeutenden Zeit des tiefsten Winters und des Wunders der Sonnenwende.

Zu dieser Jahreszeit spüren wir so etwas wie ein Erberinnern, aus dem heraus die leidenschaftlichen Sehnsüchte unserer Vorfahren in uns wieder lebendig und gegenwärtig werden. Und keine Leidenschaft, keine Sehnsucht, keine Hoffnung war dereinst so tief und echt wie die bange Sorge um das Licht, das in der tiefen Nacht des Winters verloren zu sein schien. Lichtsucher, Hoffnungssucher waren unsere Vorfahren, die in die Dunkelheit der Nacht spähten, um die rettende Botschaft des Lichtes zu ersehen. Völker, die die dunklen, fast hoffnungslosen winterlichen Nächte des Nordens nicht kennen, können auch keinen Begriff davon haben, wie viel Kraft unsere Vorfahren aus der befreienden Gewissheit schöpften, dass das Licht stärker, sieghafter ist als die Finsternis. So wurde von Urzeiten her das Weihnachtsfest die Feier jubelnden Trotzes gegen die bittereisige Winternacht. Der Blick in das Sonnwendfeuer in kalter Nacht oder die Kerzen am Weihnachtsbaum berühren uns tief – dazu ist kein heidnischer oder christlicher Glaube nötig.

Der Tiroler Schriftsteller Josef Leitgeb übersetzte nach dem Zweiten Weltkrieg gemeinsam mit seiner Frau „Der kleine Prinz" des französischen Schriftstellers Antoine de Saint-Exupéry. Nachdem „Der kleine Prinz" heute nur mehr den Gebildeten bekannt ist, werden den Lyriker und Lehrer Leitgeb überhaupt wohl nur mehr die Fachbegeisterten kennen. Jedenfalls schrieb Josef Leitgeb einen sehr bedeutungsvollen Satz: „Ein Volk, das seine frühe Dichtung nicht mehr kennt, hat den Boden verloren, in welchem es wurzeln muss, wenn es nicht zur geschichtlichen Masse werden will. Darum ist es notwendig, dass seine Sagen und alten Lieder immer wieder neu erzählt werden und dass vor allem junge Leute den Hort kennen lernen, von dessen Reichtum wir leben."

Und der Franzose Antoine de Saint-Exupéry, dem sich dieser Josef Leitgeb innerlich verbunden fühlte, kann hier anknüpfen. Der Schriftsteller kämpfte im Zweiten Weltkrieg an der Seite Frankreichs und der USA gegen Deutschland, er kam 1944 als Pilot eines Aufklärungsflugzeuges ums Leben. Antoine de Saint-Exupéry fühlte sich als Teil einer langen Überlieferung und dachte selbstverständlich patriotisch, heimat- und volksverbunden. Für diesen hoch geschätzten französischen Schriftsteller war Kultur kein bloßer Zufall. Als Dichter definierte er seine Kultur als „eine Erbmasse von Glauben, Gewohnheiten und Erkenntnissen, die langsam im Lauf von Jahrhunderten erworben wurden".

Und der globalistischen, traditionsfeindlichen Kultur-Schickeria von heute schreibt er, damals unter dem Eindruck des Weltkrieges, ins Stammbuch: „Wichtig ist, das geistige Erbe zu retten, ohne welches das Volk seiner Seele beraubt wäre. Wichtig ist, das Volk selbst zu retten, ohne welches die Seele verloren ginge. Ich will, dass mein Volk besteht – geistig und leiblich –, wenn der neue Tag anbricht. Um zum Wohle meines Landes zu handeln, muss ich jeden Augenblick meine ganze Liebe in diese Richtung werfen."

Das Volk muss geistig und leiblich bestehen. Oder wie es der ehemalige Papst Benedikt sagte, es muss sich selbst annehmen, um fortzubestehen. Der einzige Papst der Geschichte, der zur Abdankung genötigt wurde – viele vermuten, weil er seinen Kampf innerhalb des Vatikans verloren hatte – erkannte scharfsinnig und für einen Geistlichen erstaunlich offen: „Europa braucht eine neue Annahme seiner selbst, wenn es überleben will. Die immer wieder leidenschaftlich geforderte Multikulturalität ist manchmal vor allem Absage an das Eigene, Flucht vor dem Eigenen."

Doch was ist nun das Eigene? Was ist die ursprüngliche, unverfälschte europäische oder deutsche oder bayrische oder österreichische Art und Weise?

Zur genannten inneren Ergriffenheit kommen wir auch dann, wenn uns Charaktere und Persönlichkeiten in Erzählungen, Liedern, Büchern oder Filmen begegnen, die uns so vertraut erscheinen, obwohl wir sie nachweislich noch nie zuvor gesehen haben. Warum fühlen wir uns bei Gandalf, dem Zauberer, wie selbstverständlich geborgen und gut? Warum ist uns die Kleinkrämerei der

Hobbits kein Ekel, sondern wir finden es putzig und heimelig, wie sie sich eingerichtet haben, sodass wir uns am liebsten selbst auf einen Tee einladen würden? Warum sind uns die Lichtelben die schönste Verkörperung kriegerischen und bescheidenen Adels, und was motiviert uns so an der Geschichte des Waldläufers, der schließlich als ärmster Sohn seines Volkes zum König gekrönt wird? J.R.R. Tolkien, der britische Schriftsteller mit deutsch-sächsischen Wurzeln und Schöpfer dieser Märchenfiguren in seinem monumentalen Roman „Der Herr der Ringe", sagt über die Bedeutung von Mythen: „So wie Sprache die erdachte Bezeichnung für Gegenstände und Ideen ist, so ist das der Mythos für die Wahrheit. Wir sind von Gott gekommen, und die von uns gewebten Mythen werden, obwohl sie Irrtümer enthalten, unvermeidlich auch ein zersplittertes Fragment des wahren Lichts reflektieren, die ewige Wahrheit, die Gott ist. Nur durch die Mythosschöpfung, nur indem er ein ‚untergeordneter Schöpfer' wird und durch das Erfinden von Geschichten, wird der Mensch zum Zustand der Vollkommenheit zurückkehren, den er vor dem Fall kannte. Unsere Mythen mögen fehlgeleitet sein, aber sie steuern dennoch zitternd auf den wahren Hafen zu, während der materialistische ‚Fortschritt' nur zu einem gähnenden Abgrund und der Eisernen Krone der Macht des Bösen führt."

Und in der Tat künden die alten Mythen und Märchen von einer inneren Wahrheit, die so tief und lange im Volk gelebt hat, dass sie uns, egal in welcher Zeit wir leben mögen, innerlich ansprechen. Der altgriechische

Dichter Homer, der, hier streiten die Forscher, zwischen 1.200 und 700 v. Chr. gelebt hat, formte in seinen Epen, der Ilias und der Odyssee, den Gründungsmythos Europas. Krieg, Ehre, Kampf, Liebe, Schönheit, Hingabe: In seinen Epen werden unsere europäischen Urahnen im Leben und Sterben überliefert, und sie sagen uns, dass unsere Ängste, Hoffnungen, Freuden und Leiden bereits von unseren Vorgängern vor dreitausend Jahren erlebt wurden. Homer führt uns als Sänger der griechisch-europäischen Antike keine abstrakte Philosophie vor, sondern er zeigt uns echte Menschen. Schön, aufrecht und tapfer die Männer. Sanftmütig, liebend und treu die Frauen, was weder Kühnheit noch Tapferkeit ausschließt. Das Genie hat für tausende Jahre das verewigt, was die Antike der Nachwelt hinterlassen sollte: Dass die Natur heilig ist und dass wir ihr allzeit mit Ehrfurcht begegnen müssen und, dass wir trachten sollen „immer der Beste zu sein", wie es Peleus zu seinem Sohn Achilleus sagt. Homer lehrt den Mut in Anbetracht des unabwendbaren Schicksals und predigt die Schönheit als Freude des guten Lebens. Und er zeigt im Leben seiner Persönlichkeiten, wie wichtig für den Einzelnen das tiefe Gefühl ist, Teil einer Gemeinschaft, eines Volkes oder einer „Polis" (Stadtstaat im alten Griechenland) zu sein. Ein Gemeinwesen, dem er verbunden ist, das vor ihm existierte und das ihn überdauern wird. Und dank dieser starken Zugehörigkeit sind die Menschen eben nicht isoliert und zu größeren, edleren Taten fähig – wachsen über sich hinaus. Der französische Historiker Dominique Venner empfiehlt der jungen Generation von heute ausdrücklich die Beschäftigung mit den homerischen Epen, und er schreibt über die Bedeutung der alteuropäischen Mythen: „Die antike Philosophie mit all ihren Varianten wurde aus den hergebrachten Mythen geboren, die ihr vorausgegangen waren. Ihre Geburtsstätte waren die Homerschen Gedichte. Seitdem man über die Bedeutung der Mythen nachdenkt, werden diese nicht mehr mit fantastischen Sagen oder Histörchen verwechselt. Man hat nämlich verstanden, dass Mythen in der Tat ‚Ur-Worte' sind, Worte der arché (Anfang, Ursprung), kraftvolle Bilder, Energien, nicht etwa definierte Begriffe. Sie sind mehrdeutige Bilder, die zu einer vielfältigen Weltdeutung anregen, die oft inhaltsreicher und tiefgründiger ist als die, welche von Philosophen vorgetragen wird." Und Venner appelliert leidenschaftlich daran, das europäische Gedächtnis wachzurütteln, auf die Suche nach dem verlorenen Mythos zu gehen, da nur aus diesen uralten, gültigen Werten die Kraft kommen kann, um die kommenden Zeiten samt ihrer Abgründe bestehen zu können. Wesen und Wirken der Gestalten Homers können wie folgt zusammengefasst werden:

Die Exzellenz als Ziel.
Die Natur als Fundament.
Die Schönheit als Horizont.

Dieses Urbild europäischen Ideals pflanzte sich fort, überdauerte die Zeit und wanderte – als das antike Griechenland verwelkte und für immer aus der Geschichte ausschied – nach Rom, wo es zwar um die staatliche und vaterländische Gesinnung ergänzt wurde, sich vom Wesen her aber treu blieb. Die alten Römer schworen auf die drei Grundsätze:

Gravitas (Seelengröße)
Virtus (moralischer Mut)
Dignitas (Ehre)

Als Rom seinen eigenen Geist verriet, ging es unter, nicht durch fremde Heere, sondern „durch innere Fäulnis", wie der Altmeister der römischen Geschichte Theodor Mommsen (1817–1903) zustimmen würde. Als die Antike mit ihrer leuchtenden Faszination zu Ende ging, retteten sich die Mythen und Charakterwerte durch die Zeit, wurden überliefert in den Sagen und Märchen, ergriffen Gestalt in den Rittern und wurden singend verklärt in den Minnesängen des Mittelalters, entwickelten sich fort in den faustischen Philosophen, brausten auf in den Freikorps der Befreiungskriege, um über Generationen oft nur weitergegeben zu werden, unbewusst, aber beständig, sodass sie eines Tages wieder kraftvoll wiedererwachen. Auch wenn Irrwege deutsche und europäische Menschen von ihren Quellen fortführten, bewahrten diese Menschen das Bild Europas und seiner Urbevölkerung im Gedächtnis.

Dank unserer alten Überlieferungen besitzen wir ein reiches, aber verborgenes Gedächtnis, einen Hort aller Werte, auf die wir unsere künftige Wiedergeburt gründen können. Die Renaissance von morgen wird sich aus diesen Quellen speisen – oder sie wird nicht sein. Siegfried der Drachentöter, Kriemhild und Brunhild, Wieland der Schmied, Dornröschen, Aschenputtel, Goldmarie und die sieben Zwerge: Sie alle gehören zum ewigen „Es war einmal" unseres Volkes und sind es wert, genauer beschaut zu werden.

Für die Gegenwart erscheint es als besonders typisch, dass wir stets das Hemmende, Negative und Schlechte im Leben sehen. In uns steckt aber ebenso das Kämpferische, das uns trotz aller Widrigkeiten zu Idealisten und Optimisten reifen lässt, was dazu führt, dass das Negative uns nicht zu Boden drückt. Wir richten dann unsere Blicke auf das Wahre, Echte, Schöne, Gute, was uns eine heroische Haltung einnehmen lässt, die uns alle Tragik des Lebens zu meistern und zu überwinden gestattet.

Und so ist es nur zu folgerichtig, dass wir auch in Anbetracht großer Krisen nicht kapitulieren und verzagen. Denn gerade dann, wenn wir besonders gefordert sind, können wir die genannten Kräfte mobilisieren und unsere Eigenschaften voll entfalten. Hölderlins Ausspruch „Wo aber Gefahr ist, wächst das Rettende auch" fand auch die Zustimmung des deutschen Philosophen Martin Heideggers: Die Gefahr selber sei es, die zu einer Besinnung drängt. Friedrich Nietzsche formulierte es analytisch treffsicher: „Ein Deutscher ist großer Dinge fähig, aber es ist unwahrscheinlich, dass er sie tut: denn er gehorcht, wo er kann, wie dies einem an sich trägen Geiste wohltut. Wird er in die Not gebracht, allein zu stehen und seine Trägheit abzuwerfen, ist es ihm nicht mehr möglich, als Ziffer in einer Summe unterzuducken (in dieser Eigenschaft ist er bei weitem nicht so viel wert wie ein Franzose oder Engländer), – so entdeckt er seine Kräfte: dann wird er gefährlich, böse, tief, verwegen und bringt den Schatz von schlafender Energie ans Licht, den er in sich trägt und an den sonst niemand (und er selber nicht) glaubte. Wenn ein Deutscher sich in solchem Falle selbst gehorcht – es ist die große Ausnahme –, so geschieht es mit der gleichen Schwerfälligkeit, Unerbittlichkeit und Dauer, mit der er sonst seinem Fürsten, seinen amtlichen Obliegenheiten gehorcht: so dass er, wie gesagt, dann großen Dingen gewachsen ist, die zu dem ‚schwachen Charakter', den er bei sich voraussetzt, in gar keinem Verhältnis stehen. Für gewöhnlich aber fürchtet er sich, von sich allein abzuhängen, zu improvisieren: deshalb verbraucht Deutschland so viel Beamte, so viel Tinte. […] Wenn je ein Deutscher etwas Großes tat, so geschah es in der Not, im Zustande der Tapferkeit, der zusammengebissenen Zähne …"

Schon bald werden die Deutschen die Gelegenheit haben, die Zähne zusammenzubeißen, wenn das über Jahrzehnte vorprogrammierte und absichtlich gestiftete Chaos zur Realität wird. Uns sei das Wort von Johann Friedrich Ludwig Christoph Jahn (1778–1852) Ansporn, den von Nietzsche beschriebenen „Zustand der Tapferkeit" freudig anzunehmen, um auch zu erstreiten und zu erleben, was Jahn erleben durfte, nachdem der Bedroher des Vaterlandes (Napoleon) geschlagen war und das

Volk im Angesicht der Not zu sich selbst fand. Jahn schreibt:

„In der ganzen Lebensgeschichte eines Volks ist sein heiligster Augenblick, wo es aus seiner Ohnmacht erwacht, aus dem Scheintode auflebt, sich seiner zum ersten Male selbst bewusst wird, an seine heiligen Urrechte denkt, und an die ewige Pflicht, sie zu behaupten; endlich erkennt, dass es nur durch Selbstmord seiner Volkstümlichkeit sich unter andern Völkern verlieren kann. Es ist ein langersehnter Schöpfungsbeginn, wenn ein Volk nach dem Verlauf schrecklicher Jahre, sich selbst, der Zeitgenossenschaft, und der Nachwelt, laut und frei, ohne Rückhalt offenbaren darf, in welche volkentwürdigende Dienstbarkeit es durch Ausländerei geraten war. Ein Volk, das mit Lust und Liebe die Ewigkeit seines Volkstums auffasst, kann zu allen Zeiten sein Wiedergeburtsfest und seinen Auferstehungstag feiern."

Europas Ur-Mythos erwacht

2

ERWECKUNG

*„Euer Geist und eure Tugend
diene dem Sinn der Erde, meine Brüder:
und aller Dinge Wert werde neu von euch gesetzt!
Darum sollt ihr Kämpfende sein!
Darum sollt ihr Schaffende sein!"*

Friedrich Nietzsche

2.1. Geistige Grundlagen des Globalismus

Wenn heute die Völker vergessen haben, woher sie kommen, ja, wenn ihre Proponenten gar überhaupt vergessen haben, dass sie einem Volk angehören, dann hat die Charakterwäsche ganze Arbeit geleistet. Und diese Entwurzelung wird nicht erst seit gestern betrieben. Der heutige Globalismus hat eine lange Vorgeschichte, und ein Schritt bedingte den nächsten.

Wenn die westlichen Staaten allesamt tief verschuldet sind, also statt Selbstfinanzierung aufgrund monetärer Souveränität auf Pump leben, und all diese Systeme vollkommen von den Finanzmächten abhängig sind, dann hat das tiefere Ursachen. Eine unfähige und besonders leichtfertige Regierung kann ein paar Millionen verspielen, aber die Verschuldung hat so ein Ausmaß angenommen, dass sie unter keinen Umständen und niemals zurückgezahlt werden kann. Für das aktuelle Geld- und Wirtschaftssystem ist „ewiges Wachstum" eine systemimmanente Überlebensnotwendigkeit des Systems.

Diese Art des Wachstums setzt auch den Verbrauch von eigentlich nutzlosen Gütern voraus, die durch ständig aufs Neue geweckte künstliche Bedürfnisse nachgefragt werden. Der Fachbegriff „geplante Obsoleszenz" beschreibt die Herstellung eines Produkts, das – beabsichtigt! – durch mangelhafte Materialien oder Bauweise vorzeitig veraltet oder unbrauchbar wird, mit dem Ziel, den Konsumenten zum erneuten Kauf zu bewegen. Glühbirnen, Drucker, Maschinen, Handys, ja sogar unsere Häuser sollen nicht ewig halten, denn das würde die

Konsumenten vom Kaufen und die Wirtschaft vom „Wachsen" abhalten. Die geistige Grundlage dieses auf „ewiges Wachstum" ausgelegten Wirtschaftssystems ist die Annahme, dass die Erde uneingeschränkt zum Nutzen und Dienst der Menschen gemacht sei. Der Mensch stehe im Mittelpunkt des Universums und habe sich über die Natur erhoben, um diese beherrschen zu können. Grenzen aller Art werden überhaupt negiert. Der Historiker und Philosoph Dominique Venner spricht von einer „Metaphysik des Unbegrenzten", und er schärft seinen Lesern den Blick, dass die Ausbeutung des Planeten geistesgeschichtliche Ursachen hat: „Ein System, dessen Grundlage die Metaphysik des Unbegrenzten ist, lebt nun einmal aus hemmungsloser Verschwendung. Diese Metaphysik wurde dem europäischen Seelenleben durch eine verweltlichte Variante des biblischen allmächtigen Gottes langsam eingeimpft." Diese Idee der Grenzenlosigkeit akzeptiert keinerlei Beschränkungen: Es gibt keine Obergrenze der Geldmenge. Es gibt keine regionale oder nationale Wirtschaft, sondern nur eine auf äußerste Vernetzung angelegte globale Wirtschaft. Kulturen und Völker sind Hemmnisse und sollen übergangen oder im schlimmsten Fall unschädlich, also widerstandsunfähig, gemacht werden.

Wie sehr alle den globalistischen Ideen anhängen, zeigt der Missstand, dass niemand die einzig logische Antwort auf die massive Ausbeutung und Vernichtung der Natur gibt: Die Menschheit muss sich beschränken. Wenn schon kraft des Fortschritts und der Technik keine natürlichen Beschränkungen mehr gegeben sind, weil die Menschen, mit wenig eigener Körperkraft, dafür mithilfe mächtiger Maschinen die Erde bis an ihre äußersten Enden roden und aussaugen können, muss der bewusste Verstand hier eine Grenze setzen. Warum traut sich niemand, den selbstverständlichen Wachstumsstopp, den nötigen Verbraucherstopp, die Beschränkung und Bescheidenheit – nach Jahrzehnten des hemmungslosen Exzesses – in die Diskussion zu werfen? Nicht nur weil die globalistische Lobby ganze Arbeit geleistet hat und jeden Tabubrecher gnadenlos öffentlich hinrichtet. Auch weil die Europäer so konditioniert wurden, über Jahrzehnte – ja über religiös-weltanschauliche Vorbereitung über Jahrhunderte.

Der römisch-katholische Theologe Eugen Drewermann, er wurde für seine kritischen Ansichten als Priester „suspendiert", vertritt die Ansicht, dass die Entwurzelung, die Loslösung von der Natur, den Grundstein für die heutigen Verwerfungen gelegt hätte. Wir begreifen uns nicht mehr als Teil der Natur, sondern wollen uns diese „untertan" machen, wie es im 1. Buch Mose geschrieben steht. Denn am sechsten Tag erschuf Gott den Menschen und erteilte ihm den Auftrag „Seid fruchtbar und mehret euch und füllet die Erde und machet sie euch untertan und herrschet über die Fische im Meer und über die Vögel des Himmels und über alles Lebendige, was auf Erden kriecht!" Daraus leiten die Menschen eine Legitimation zur Ausbeutung ab. Es bestehe ein Herrscheranspruch über die Schöpfung, über die Natur, über die Tiere und letztlich auch über die Menschen und Völker.

Drewermann, der selbst viele Jahre als römisch-katholischer Priester tätig war, geht mit den Lehren des Christentums und seiner Abstammungsreligion, dem Judentum, hart ins Gericht. Dort sei ein „rigoroser und schrankenloser Anthropozentrismus, der nur den Menschen kennt und kennen will", erdacht worden. „Anthropos", also der Mensch als Ausnahmewesen und Mittelpunkt des Universums, der sich über alle Naturgesetze stellen kann: „Ohne zu bedenken, dass der Mensch selbst verstümmelt wird, wenn man von Grund auf die vorgegebenen Beziehungen zu Herkunft und Ursprung des Menschen methodisch und praktisch verleugnet." Typologisch würde dies perfekt vom Marxisten verkörpert, „dem der Mensch grundsätzlich nicht als ein Kind der Natur, sondern als ein Produkt der Gesellschaft gilt."

Drewermann selbst kämpfte sein Leben lang für eine bessere und naturnahe Auslegung des Christentums. Vergebens! Die römisch-katholische Kirche belegte ihn für seine abweichende Meinung mit einem Predigtverbot und suspendierte ihn als Priester. Noch unter dem Schutz der priesterlichen, moralischen Erhabenheit führte er in seinem 1981 erschienen Buch „Der tödliche Fortschritt" grundlegend aus, warum die christliche Lehre in Bezug auf das Natur- und Menschenbild falsch liege und so Erde und Mensch „im christlichen Erbe" zerstört werde. Auch ließ er nicht gelten, dass es sich um eine rein christliche Falschauslegung der Bibel handeln würde, sondern entließ die jüdische Religion nicht aus ihrer Verantwortung: „So wie der Gott Israels die Welt durch seinen Befehl und Willen gestaltet und beherrscht, so ist für den Hebräer umgekehrt der Mensch darin seinem Gott ähnlich, dass ihm seinerseits die Erde zu Füßen liegt. Gott, dem alles gehört, hat dem Menschen die Erde mit all ihren Geschöpfen anvertraut, auf dass er in der Verwaltung der Welt die Gebote Gottes erfülle."

Nach der Bewunderung der Pracht und des Artenreichtums der Natur, für viele Menschen unersetzlicher Kraftquell und Inspiration, würde man vergebens in der ganzen Bibel suchen: „Im Grunde ist die Religion Israels eine Wüstenreligion geblieben, die aus Scheu vor den Göttern Kanaans die Erde niemals gütig und warm nach der Art der Großen Mutter zu sehen vermocht hat. Die spontane Bewunderung aller semitischen Nomadenstämme gehörte dem Nachthimmel mit dem Heer der Sterne, nicht der Erde, und vergeblich sucht man in der Bibel nach Zeugnissen einer autochthonen Poesie irdischer Schönheit. Dass Gott imstande ist, dem Menschen ‚Most, Öl und Wein', sowie ‚Weizenmark und Felsenhonig' zu geben, darin erschöpft sich der hebräische Lobpreis der Schöpfung."

Der christlich-jüdische Grundgedanke, Gott habe dem Menschen die ganze Welt zu seiner Nutzung „zu Füßen gelegt", – ein Ausdruck, der die Unterwerfung eines Feindes bezeichnet –, torpediert jeden Versuch eines nachhaltigen und respektvollen Einklangs von Mensch-Tier-Pflanze. Drewermann vertritt die Auffassung, dass Nachhaltigkeit und Umweltschutz erst dann begriffen werden könnten, wenn die Menschen ihre falschen Weltbilder überdenken würden: „Aus der Frage nach dem

‚Umweltschutz' wird so von selbst eine Frage nach dem Menschenbild, das sich im Abendland herausgebildet hat und in wenigstens drei Punkten so wie bisher nicht fortbestehen darf: 1) in der Überzeugung, alles drehe sich um den Menschen und sei nur zu seinem Zweck und Nutzen da; 2) in der Überzeugung, die menschliche Geschichte habe ihren Sinn in einem ständigen Fortschritt und 3) in der Überzeugung, am Menschen seien ausschließlich die zweckrationalen Kräfte ‚menschlich', sein Gefühl, sein Unbewusstes aber sei entweder etwas ‚Pathologisches' oder es existiere überhaupt nicht."

Nichts auf der Welt kennt eine Nutzung bis zur Ausrottung. Kein Raubtier könnte seine Beutetiere bis auf das letzte Exemplar ausrotten, ohne damit sein eigenes Ende zu besiegeln. Als vor 25 Jahren die Wölfe in den Yellowstone-Nationalpark in Nordamerika zurückkehrten, waren die Befürchtungen groß: Die wilden Tiere würden die dortigen Hirsche allesamt ausrotten. Heute weiß man, die Befürchtungen waren unbegründet. Die Wölfe haben sich sogar als stabilisierende Kraft erwiesen. Indem sie Jagd auf schwache und kranke Tiere machen, tragen sie dazu bei, widerstandsfähige Herden zu schaffen.

Eine grenzenlose Ausbeutung des Planeten wird letztlich unweigerlich zu dessen Kollaps führen. Ob die Ursache dann ein falsches auf Zinseszins und Gier ausgelegtes Wirtschaftssystem war oder eine falsche religiös-weltanschauliche Einordnung des Menschen, ist im Ergebnis belanglos.

Geistige Grundlagen des Globalismus

Als Grundlage für die Idee des Multikulturalismus im Globalismus wird vielfach auch der christliche Satz von der „Nächstenliebe" verantwortlich gemacht. Völkische Christen betonen zwar, dass das „Liebe deinen Nächsten!" ursprünglich unverfälscht „Liebe deinen Volksgenossen!" geheißen hätte, aber in der Praxis sieht die Amtskirche in jedem den „Nächsten" – je ferner, desto besser. Und das ist das Gegenteil von völkisch. Kein christlicher Seher des Mittelalters hätte sich vorstellen können, dass globalistische Vordenker im 20. Jahrhundert die „Nächsten" aus der ganzen Welt nach Europa einladen würden. Das Christentum wollte aber zumindest alle Menschen in inniger Nächstenliebe vereint sehen (die als Irrwege verrufenen Kreuzzüge und andere Ausritte blenden wir aus), was gewiss reizvoll klingt. Christliche Tugenden, wie eben die Feindesliebe und Nächstenliebe, sind nur dann denkbar, wenn alle Menschen sie weltweit anwenden. Mit rund 1,8 Milliarden Menschen, die sich gegenwärtig zum Islam bekennen, dürfte dies ein frommer Wunsch bleiben.

Aber wie auch immer: Auf diese internationalistische Basis des Christentums mussten Kommunismus und Kapitalismus nur mehr aufsetzen. Das „Proletarier aller Länder vereinigt euch!" der Kommunisten und das Bahnhofsgeplärr „Alle Menschen sind gleich, Refugees welcome!" der One-World-Utopisten sind die konsequente Fortsetzung. Ebenfalls dem Globalismus zugetan ist die Predigt von den schwachen Schäfchen. Denn nur kniende, gebückte, demütige Jünger sind leicht kontrollierbar und leidensfähig. Je sündhafter, unwürdiger, schwächer die Menschen sind, desto näher seien sie bei Gott und desto mehr gefielen sie auch seinem Klerus. Man denkt unweigerlich an jene Zeitgenossen, die geradezu frenetisch die Corona-Maskenpflicht begrüßen und wahre Glücksgefühle bei jeder noch so niederträchtigen Selbstgeißelung verspüren dürften. Das christliche Wort verlangt von den Menschen, das zu lieben, was sie natürlicherweise hassen (ihre Feinde), und das zu hassen, was sie natürlicherweise lieben (sich selbst).

Ebenfalls die Passivität der Schäfchen fördernd ist der dem Christentum eigene Jenseitsglaube. Wer sich den Gesetzen Gottes gemäß gut verhalten hat, tritt in das wahre Himmelreich ein, die Erde ist nur ein vorübergehendes „Jammertal" und eine vergleichsweise unbedeutende Erscheinung. Im Jenseits liege der Sinn. Und war man schlecht, kommt man in die Hölle, von der man sich früher bei findigen Theologen freikaufen konnte (Ablasshandel). So entbindet der Jenseitsglaube von der Verantwortung im Hier und Jetzt. Und wenn eine Religion zuvorerst Demut und Feindesliebe lehrt, dann ist dies die vorzüglichste Vorbedingung, um eben im Hier und Jetzt mit den Menschen alles Unmögliche anzustellen. Allein, sie werden es dulden, um ihre Leidensfähigkeit, die gut ist, unter Beweis zu stellen.

Die christlichen Kirchen verlieren in Westeuropa rapide ihre Anhänger. In Österreich treten Jahr für Jahr rund 50.000 Katholiken aus der Kirche aus. 1971 waren noch 87,4 Prozent der Einwohner Österreichs katholisch, 2018 nur mehr knapp mehr als die Hälfte (57 Prozent).

Ebenfalls seit 2018 stellen Anhänger des Islam in den Wiener Mittelschulen die Mehrheit. Für das oben Dargelegte ist es aber völlig belanglos, ob die Kirche heute ihre wirklich gläubigen Anhänger in Massen verliert. Die genannten Prinzipien hielten nämlich Einzug in die Moral- und Wertvorstellung. Die christliche Ethik wurde als eine „dem Kampf feindliche Grundhaltung" in unser Denken gepflanzt und hat dort – Kirchenaustritt hin oder her – überdauert. Jesus sagt in der Bibel: „Alle, die zum Schwert greifen, werden durch das Schwert umkommen." (Evangelium nach Matthäus.) Und heute opfern sich überwiegend nicht-christliche Linke einem völlig entglittenen Toleranzgedanken. Dies gipfelt darin, dass die Eltern eines 19-jährigen Mädchens, das im Jahr 2016 von einem illegalen Asylschwindler bestialisch ermordet wurde, beim Begräbnis Geld für einen guten Zweck sammeln, und zwar ausgerechnet für die Flüchtlingshilfe!

Dem gegenüber stehen andere Religionen, wie ein immer expansiverer Islam. Dessen Prophet Mohammed war eine kämpferische Person, der seinen Anhängern geboten hatte, Kriege zur Ausbreitung des Glaubens zu führen. Jungfrauen im Himmel warten als Belohnung auf jene Männer, die im heiligen Krieg bis zum Äußersten gehen und den Märtyrertod finden. Und auch der jüdische Gott Jahwe war nicht zimperlich, wenn beispielsweise im Alten Testament geschrieben steht: „Denn der HERR ist zornig über alle Heiden und ergrimmt über all ihr Heer. Er wird sie verbannen und sie zur Schlachtung dahingeben."

Spätestens nach der Hinrichtung der widerspenstigen Sachsen im Jahr 782 in Verden durch Karl den Großen kann das Christentum als über den ganzen deutschen Sprachraum verbreitet angenommen werden. Im gesamteuropäischen Zusammenhang blieb einzig die Insel Island hunderte Jahre länger von der Christianisierung unberührt, weshalb die überlieferten Islandsagas bis heute zu den wichtigsten Quellen vor-christlichen Glaubens zählen.

Über die richtige Auslegung des Christentums wurde durch die Jahrhunderte leidlich und mitunter blutig gestritten; nicht nur zwischen katholischen oder evangelischen Anhängern, sondern auch untereinander, sowohl mit Worten als auch mit dem Schwert. Was aber von der heutigen Amtskirche dargeboten wird, kann von keinem volksverbundenen Menschen als innerlich erbaulich empfunden werden. Die evangelische Kirche schickt Boote ins Mittelmeer, um illegale Migranten nach Europa zu schleppen. Und die katholische Kirche, das Kirchenasyl bis zum Exzess ausweitend, wird von von einem päpstlichen Oberhaupt regiert, der lachenden Afrikanern die Füße wäscht und die Europäer ununterbrochen zur weiteren Aufnahme von Migranten aus aller Herren Länder ermutigt und dergestalt moralisch unter Druck setzt. Es mag sein, dass diese christlichen „Gottesmänner" nicht im Namen ihres Herren oder im Sinne Jesu handeln: Allein, sie tun es, und das seit Jahren weitestgehend unwidersprochen. Diese Kirche ist also heute so! Ob man es sich schön redet und ständig betont, dass „ja eigentlich" der christliche Glaube anders zu verstehen wäre: Die Realität ist, wie sie heute ist, und die biblischen Fundamente unterstützen die Führung der westlichen Kirchen in ihrem schändlichen Tun, nämlich das weiße Europa final abzuwickeln.

Die Glaubenssätze des Christentums bestimmten viele Jahrhunderte lang die Wertvorstellungen in großen Teilen der Erde. Die Lehren prägen bis heute unbewusst das Denken und die Moralvorstellung. Diese sind der fruchtbare Boden, auf die der Globalismus fällt. Ein kämpferisches Christentum, wie es in Osteuropa traditionell gelebt wird, ist in Westeuropa gegenwärtig nicht in Sicht. Die überwiegende Mehrheit der deutschen Christen will bedingungslose Toleranz, Multikulti, unterstützt die muslimischen Mitbürger in der Ausbreitung ihrer Lehren und beklatscht die Eröffnung von Moscheen. Wie gesagt: Die Kirche ist heute so, und seit 2020 fordert der Papst offiziell mehr Einwanderung nach Europa.

Konservative Christen in Westeuropa predigen seit zwanzig Jahren, die Islamisierung Europas könne nur durch eine Rückbesinnung auf das „christliche Abendland" abgewendet werden. Der Kampf war mehr als vergebens. Eine rechts-konservative Lehre ist nicht einmal vorhanden, die den Menschen das geistig-intellektuelle Rüstzeug massentauglich zur Hand geben würde, um Entwurzelung und Überfremdung abzuwenden. In Anbetracht der sinkenden Zahlen an bekennenden katholischen und evangelischen Kirchenmitgliedern dürfte auch die aufdringliche „christliche Betonung" durch rechts-populistische Parteien auf Dauer nicht mehr fruchten.

Es soll hier auch das Christentum nicht per se verurteilt werden, sondern aufgezeigt sein, wie die derzeitige Auslegung der Lehre gewirkt hat. Es ist durchaus richtig, dass eine andere (derzeit nur einer kleinen Minderheit vorbehaltene) Auslegung der Lehre Argumente gegen Globalisierung und Ausbeutung liefern könnte. Wer die Nächstenliebe auf den tatsächlich Nächsten richtet und einen heldischen Jesus in sich trägt, der die Wechsler zornentbrannt aus dem Tempel warf, der soll sich auch keineswegs berührt fühlen. Ein wichtiger Konsens wäre allerdings die Verständigung darauf, dass kein Prophet, keine andere Welt, kein Gott, kein Trump, kein Himmelsmensch und keine esoterische Energie uns retten wird können. „Retten kannst nur du dich selbst und die Welt, die du liebst." Die Lehren und Weisheiten der eigenen Weltanschauung und Religion können und sollen aber den Weg weisen und die Türen öffnen.

2.2. Selbstfindung: Eine 2000-jährige Suche

Wer sich durch die Geschichte arbeitet, die Philosophen und Denker beschaut, wird schnell feststellen, dass die Menschen immer begreifen wollten, wer sie sind, was ihr Auftrag auf dieser Erde ist, wer sie erschaffen hat, wer Gott und was gut ist. Immer ging es um die großen Seinsfragen und um das Erkunden neuer Wege auf dieser Welt. Die Neugierde und der Wissensdurst waren immer der Antrieb. Und diese Entschlüsselung und Deutung der Welt war gleichsam immer eine religiöse wie eine weltanschauliche Frage. Wie schaue ich die Welt? Und wem verdanke ich dieses Leben?

Schon aus der frühen germanischen Zeit sind uns Zeugnisse bekannt, die uns wissen lassen, dass unsere Vorfahren diesen Fragen nachgingen. Sie erschufen sich Mythen und Sagen, eine lebendige Welt der Götter und Naturgeister. Die in den Erzählungen in Erscheinung tretenden Götter waren der Versuch, sich die unverständlichen und oft grausamen und launischen Naturgewalten verständlich zu machen. Der zerstörerische Blitz und der Donner waren das Werk des Donnergotts Thor, der durch die Lüfte reitet und seinen donnernden Hammer schwingt. Die germanischen Götter waren der Versuch, sich das Geheimnisvolle, Unverständliche zu erklären, es mit dem menschlichen Verstand erfassen zu können. Für die Ackerbau treibenden Völker dieser Zeit, deren ganzes Leben von den Jahreszeiten, der Sonne und dem Stand der himmlischen Gestirne abhing, war die Verehrung der Naturkräfte selbstverständlich und die Beschäftigung mit Wetter und Sternenhimmel alternativlos. Entgegen der in der germanophoben Geschichtsschreibung verbreiteten These, dass die Germanen „roh und ungebildet" gewesen seien, wissen wir heute, dass gerade in diesem Kulturkreis schon sehr früh ein enormes Wissen über den Himmel und die Naturgesetze vorhanden gewesen sein muss. Beispielhaft genannt sei nur die Himmelsscheibe von Nebra, eine

Bronzeplatte mit goldenen Abbildungen von Himmelskörpern, gefunden 1999 in Sachsen-Anhalt, erschaffen zwischen 2.100 bis 1.700 v. Chr. Es handelt sich um die älteste konkrete Himmelsdarstellung der Menschheit, die unglaubliches astrologisches Detailwissen, Kenntnisse über die Sterne und die Sonnenwende voraussetzte. Oder nehmen wir die Kreisgrabenanlage von Goseck: Diese astronomische Anlage, ein Sonnenobservatorium, das auf das Jahr 4.800 v. Chr. datiert wird, ist exakt an den Ereignissen der Winter- und Sommersonnenwende ausgerichtet.

In der Götterwelt spiegelte sich aber auch das eigene Selbstverständnis mythisch wider. So vereinte der Göttervater Odin oder Wotan – als Sinnbild seelischer Urkräfte – Ehre, Heldentum, Gesang, Kunst und Weisheit in sich. Unruhig, ewig suchend, wissbegierig – so begegnet uns der ewige Wanderer, der gar ein Auge opferte, um Weisheit zu erlangen. Wer erkennt darin nicht den Wesenszug der späten deutschen Nachfahren, die unbändig rastlos das Licht der Erkenntnis und des Fortschritts suchten und der Menschheit tausende Erfindungen schenkten, weil sie nicht anders konnten, als so lange zu fragen und zu forschen, bis sie fanden, wonach sie fieberhaft gesucht hatten.

Aus den tausende Jahre alten germanischen Schöpfungssagen spricht auch eine von Anbeginn an vorhandene Naturverbundenheit, die die frühen Europäer nicht außerhalb der Natur verortet, sondern sie gar aus der Natur erschafft. So werden die ersten Menschen nicht aus einem leblosen Stoff geformt, sondern, was bezeichnend ist: Sie entwickeln sich aus Bäumen. In der Edda heißt es:

Bis drei Asen aus dieser Schar
Stark und gnädig, zum Strand kamen:
Sie fanden am Land, ledig der Kraft,
Ask und Embla, ohne Schicksal.

Drei Götter, Asen, unter ihnen Allvater Odin, fanden am Strand zwei Bäume. Ask heißt Esche. Embla deutet man als Ulme. Die Götter nahmen die Bäume und verliehen ihnen menschliche Eigenschaften. Der erste gab Seele und Leben, der zweite Verstand und Bewegung, der dritte Antlitz, Sprache, Gehör und Gesicht. Das „Holz", aus dem der „Mensch geschnitzt ist", war also schon vorhanden. Es wurde durch die Gottheiten mit wesentlichen Eigenschaften veredelt, sodass der Mensch geschaffen war. Nicht nur im germanischen, sondern auch in dem sehr verwandten iranischen Mythos stammen die Menschen von der Esche ab. Der Schriftsteller und Philosoph Gerd-Klaus Kaltenbrunner ergänzt: „Uralt ist ja der Glaube, dass Bäume und Menschen verwandt, dass Blut und Harz im Grunde ein einziger Saft seien. Völker sind Menschenwälder, Wälder sind Baumvölker. Der kosmische Baum, an dem das Schicksal der Welt hängt, ist die dem Odin heilige Esche Yggdrasill." Esche ist aber im Griechischen ein Synonym für Lanze oder Speer. Aus dem Holz, aus dem sie selber zu sein wähnten, fertigten die alten Griechen wie die Germanen ihre Waffen an. Im Namen Germane steckt der Begriff des „Ger", was wiederum Speer (Wurfspieß) bedeutet. Noch zur Ritterzeit umpflanzten Fürsten, Grafen und Vögte gerne ihre Burgen mit Eschen. Daran erinnern auch die so häufigen Ortsnamen Esch, Eschbach, Eschau, Eschenau, Eschweiler und manch ähnliche Ableitungen.

Lebendige Quellen germanischer Überlieferung, wie sie beispielsweise die Volkstumsforscher Gebrüder Grimm noch auswerten konnten, sind im 19. Jahrhundert völlig versiegt. Island war das letzte Rückzugsgebiet der nordischen Menschen und hat ebendort vorchristliche Überlieferungen für die Nachwelt erhalten. Island wurde viel später, erst um das Jahr 1.000, christianisiert. Die isländischen Sagas und die Edda berichten vom Leben und den Mythen aus vorchristlicher Zeit. Gerade die Islandsagas sind eine Fundgrube, aus der der Forscher ein Bild gewinnen kann, wie diese Nordmenschen lebten und dachten. Die germanische Sippe war heilig und so auch Mittelpunkt des Lebens, des Rechts und aller Leistungen. Die Familie verstand sich als Erbgemeinschaft mit hoher Verantwortung, das Tüchtige, Kräftige und Gute weiterzugeben. Das Heil der Sippe lag im Können, im Lebenswagnis und Erfolg ihrer einzelnen Glieder. Das Überleben und das Vorankommen der Sippe zu wahren, war Sinn und Ziel und höchster Ehre wert. Vergleicht man die Stellung der freien germanischen Frau etwa mit den Frauen im streng konservativen Katholizismus, könnte der Unterschied auffälliger nicht sein. Nirgendwo, zu keiner Zeit, hatte die Frau eine so hohe Stellung wie im germanischen Bereich. Der berühmteste Zeitzeuge dafür ist der römische Chronist Tacitus. Die schönste Rede führt er über die natürliche Anmut, Würde und Schönheit der Germanin und ihre herrschende Stellung in Haus und Hof. Der germanische Mann legte wichtigste Entscheidungen, über Krieg und Frieden, über Leben und Tod, in die Hände der Frau. Die Frauen der damaligen Zeit werden als klar, heldenhaft, wehrhaft und nichtsdestoweniger als zutiefst mütterlich und fürsorglich beschrieben. Ebenso vielseitig sind die zahlreichen weiblichen Göttergestalten wie Freya, Ostara, Holla oder die kriegerischen Walküren.

Zahlreiche Aufzeichnungen gibt es hingegen aus dem antiken Griechenland. Was diese Ahnherren Europas an Wissen besaßen, ist atemberaubend. Sie verfügten über eine ausführliche Kenntnis des Sonnensystems und des Mondes, fertigten Karten von Himmel und Erde an und wussten, dass Fische atmen können. Auch erahnte man bereits die Existenz von kleinsten Teilen der Materie, den Atomen. Homer sprach davon, dass der „Ursprung von allem" im Wasser gewesen sei, was die Wissenschaft 3.000 Jahre später bestätigen konnte. Thales, rund 600 Jahre v. Chr. geboren, gilt als der Begründer der Philosophie und vertrat dieselbe Auffassung. Sein Zeitgenosse Pythagoras und später auch Aristoteles (4. Jh. v. Chr.) nahmen bereits die Kugelgestalt der Erde vorweg. Unter Bezugnahme auf eine Stelle des „Alten Testaments" wurde diese richtige Weltsicht von der Kirche bis in die Neuzeit hinein bekämpft. Heraklits Weltformel „Alles fließt" ist bis heute zeitlos gültig und Eratosthenes berechnete bereits im dritten Jahrhundert vor der Zeitrechnung erfolgreich den Umfang der Erde. Das Universalgenie Aristoteles (384 v. Chr. bis 322 v. Chr.), Schüler Platons, gilt als Begründer der Wissenschaftstheorie, Naturphilosophie, Logik, Biologie, Physik, Ethik und Staatstheorie. Nach germanischer Blüte, antiker römischer und griechischer Hochzeit verdunkelte sich der geistige Horizont Europas, jegliche Wissens- und Erkenntnissuche wurde der Theologie untergeordnet. Manche Gelehrte gehen in ihrer Kritik so weit, dass sie meinen, es hätte nach Aristoteles 1.800 Jahre lang nur mehr geringe schöpferische Leistungen gegeben, die den europäischen Völkern neue Perspektiven eröffnet hätten. Die Macht der Kirche in Rom mit ihrem absoluten Herrschaftsanspruch unterdrückte jeden ihren Dogmen zuwiderlaufenden Denkansatz. Dem unsicheren Sucher konnte die Kirche entsprechend ihre Glaubenssätze aufzwingen. Die Angst vor einer Strafe Gottes und dessen Stellvertretern auf Erden war ein geeignetes Mittel, die Menschen von der Ketzerei, also der Hinterfragung der Lehren Roms, abzuhalten. Nichtsdestoweniger erschien die Welt den Menschen als in sich stimmig. Die Kirche war Wegweiser und Wertekompass, und die Christen hatten feste Glaubenssätze, die sie mit Ritualen festigten.

Als 1543, kurz vor seinem Tod, der Domherr und Astronom Nikolaus Kopernikus seine Entdeckungen in einem Buch veröffentlichte, ahnte noch niemand, dass dadurch der Beginn einer geistigen Wende eingeleitet wurde. Er begründete damit nicht weniger als ein neues Weltbild, dass nämlich die Erde um die Sonne kreisen würde – und nicht umgekehrt, wie das seit Jahrhunderten geglaubt und von der Kirche vertreten wurde. Kaum einer hegte Zweifel, nur eine Handvoll Gelehrter beobachtete die Gestirne und den Himmel, denn bis zu Kopernikus erschien das, was von den Gelehrten des Mittelalters gepredigt wurde, als plausibel. Doch Kopernikus bewies schlüssig, dass man das alte Weltbild überdenken müsse, und immer mehr gebildete Menschen folgten seinen Thesen – forschten weiter und wurden dafür gar als Ketzer auf den Scheiterhaufen verbrannt, wie Giordano Bruno vor 420 Jahren in Rom. Man nennt dies die kopernikanische Wende im 16. Jahrhundert. Die Erde war nicht länger der Mittelpunkt des Universums, die Alte Welt geriet in einen geistigen Umbruch.

Seit diesen Tagen verlieren die von Menschen gemachten Glaubenssätze immer mehr an Bedeutung. Erfundener Glaube muss erforschtem und beweisbarem Wissen weichen. Ganz allgemein war das 16. und 17. Jahrhundert eine Zeit des Aufbruchs nach jahrhundertelangem geistig-weltanschaulichem Dämmerschlaf. Das deutsche Volk rebellierte gegen Rom, Luther schlug 1517 seine Thesen an das Tor der Schlosskirche zu Wittenberg. Ulrich von Hutten schrieb über eine neue geistige Freiheit zum Wohle Deutschlands und des Kaisers. Die bürgerlichen Stände und die Bauern revoltierten gegen Kirche und Adel, das Papsttum verlor zunehmend an Autorität. Die Fahrten über das weite Meer wurden leichter. Die Erfindung des Kompasses verhalf endgültig zur Bändigung der wilden Fluten, und der Beweis, dass die Erde eine Kugel ist, wurde damit anschaulich erbracht. Forschungen im Bereich der Physik und Chemie nahmen rasant zu, die Entdeckung des Blutkreislaufs entschlüsselte viele leibliche Geheimnisse. Mit der Zunahme von Wissen nahm die Furcht vor dem Unbekannten immer mehr ab. Die Macht des Priestertums verringerte sich im gleichen Verhältnis. Das Denken kam nicht mehr zur Ruhe, die Menschen waren hungrig. Ob im englischen Empirismus oder später mit Immanuel Kant, Fichte, Hegel, Schopenhauer, natürlich Goethe – bis zu Friedrich Nietzsche (1844–1900): Sie alle erforschten, was die Welt im Innersten zusammenhält, was das Menschsein ausmacht und erweiterten den Horizont unserer Erkenntnisse.

Nietzsche wollte den Menschen ihren Krückstock nehmen, indem er ihnen die unerbittliche Losung „Gott ist tot" entgegenschleuderte. Er forderte sie auf, selbst zu gehen, selbst zu handeln und Verantwortung zu übernehmen. Er wusste, dass zuerst die alte Bequemlichkeit zu Bruch gehen müsse, da sie ohnehin lebensuntauglich war und nur eine Revolution des Denkens den Menschen über die Selbsterkenntnis zur Selbstverantwortung führen könne. Nietzsche prophezeite: „Wenn die Wahrheit mit der Lüge von Jahrtausenden in Kampf tritt, werden wir Erschütterungen haben, einen Krampf von Erdbeben, eine Versetzung von Berg und Thal, wie dergleichen nie geträumt worden ist." Für Friedrich Schiller, der 40 Jahre vor der Geburt Nietzsches sein Schauspiel „Wilhelm Tell" fertigstellte, war eine Neuordnung, gründend auf einem Niedergang, ebenso denkmöglich:

„Das Alte stürzt, es ändert sich die Zeit,
Und neues Leben blüht aus den Ruinen."

Evolutionslehre, Sozialwissenschaften, Genetik und die noch heute bei weitem nicht abgeschlossene Entschlüsselung der Natur und ihrer Vorgänge, der Pflanzen und des menschlichen Geistes: Der Wissensstand schwillt immer weiter an, und eine Rückkehr zu alten Dogmen und religiösen Krückstöcken ist ausgeschlossen.

Ein geistiger Prozess der Gott-Ungläubigkeit macht sich breit. Dem Mensch fehlen die Einordnung und der Sinn, weshalb Psychologen, Seelenheiler, Selbstfinder und findige Autoren richtigerweise von einer Sinnkrise sprechen, Ärzte auch von einer Tiefenkrise. Die geistigen Kämpfe von Jahrtausenden verdichten sich zu einem vorläufigen Höhepunkt, und gerade deswegen leidet die Menschheit daran, lebensgültige Schlussfolgerungen aus dem Wissen zu ziehen: Wir wissen, wie wir entstanden sind, wie wir geworden sind. Aber was ist nun unsere Aufgabe, und wie müssen wir handeln?

Millionen Menschen auf allen Kontinenten sind weltweit auf der Suche nach dem „Sinn des Lebens". Angststörungen, „Burn-Out", Überbelastung: Lang ist die Liste der zivilisatorischen Leiden. Hervorgerufen durch die Belastung aus dem Zuviel an Stress und dem Mangel an Lebenszielen. Etwa 300 Millionen Menschen weltweit sollen an Depressionen leiden. Besonders heftig äußern sich die Auswirkungen der modernen Sinnkrise im wohlstandsverwöhnten Europa. Rund 300.000

Menschen beschreiten jährlich den Jakobsweg in Spanien, um als Pilger dem Sinn des Lebens auf die Spur zu kommen. Ein Drittel der Deutschen hat psychische Probleme. Ein inneres Suchen, ein wahrhaft inneres Leiden quält die Seelen von Millionen, weil ihnen die scheinbare Sinnlosigkeit unserer Zeit – mit allen Verrücktheiten des Alltags – schwer zusetzt. Doch anders wird die Weiterentwicklung nicht ausgelöst. Wenn Organismen lernen wollen, müssen sie selbst Erfahrungen sammeln, müssen auch lernen, was es bedeutet, Fehler zu machen, zu scheitern. Es muss oft weh tun, damit sich ein Organismus weiter- und höherentwickelt. Vor dem Kind steht der Geburtsschmerz. Will ein Muskel im körperlichen Training aufgebaut werden, muss er zuerst einer enormen Anstrengung, einem Wachstumsreiz, ausgesetzt sein. Durch Dahinsiechen und Verharren in der Komfortzone werden keine neuen Wege beschritten und keine Lösungen für Herausforderungen gefunden. Und so muss der biologisch und kulturell bedrohte Europäer über alle Herausforderungen der Jetztzeit dankbar sein, denn sie stellen ihn unerbittlich vor Entscheidungen: Reicht der Ordnungsstand der europäischen Kultur und des Geistes aus, um diese historisch einmalige Sinnkrise zu bewältigen?

2.3. Zertrümmerte Werte

Vor über 130 Jahren sagte Friedrich Nietzsche für unsere Zeit die Heraufkunft des „Nihilismus" voraus. Unter Nihilismus verstehen Philosophen die absolute Sinnlosigkeit, den Werteverfall, eine Zeit, in der alte Glaubens- und Erklärungsmuster verbrennen, die Brücken der Tradition abgerissen werden und die Kirchen leer stehen, in der die Menschen jede Richtung und jede Einordnung verloren haben. So irren sie im Chaos umher und sind ethisch, kulturell, politisch ohne Orientierung.

„Was ich erzähle, ist die Geschichte der nächsten zwei Jahrhunderte. Ich beschreibe, was kommt, was nicht mehr anders kommen kann: die Heraufkunft des Nihilismus. Diese Geschichte kann jetzt schon erzählt werden: denn die Notwendigkeit selbst ist hier am Werke. Diese Zukunft redet schon in hundert Zeichen, dieses Schicksal kündigt überall sich an; für diese Musik der Zukunft sind alle Ohren bereits gespitzt. Unsre ganze europäische Kultur bewegt sich seit langem schon mit einer Tortur der Spannung, die von Jahrzehnt zu Jahrzehnt wächst, wie auf eine Katastrophe los: unruhig, gewaltsam, überstürzt: einem Strom ähnlich, der ans Ende will, der sich nicht mehr besinnt, der Furcht davor hat, sich zu besinnen."

Diese Zeilen schrieb Friedrich Nietzsche um 1886. Und im selben Textstück schreibt er: „Was bedeutet Nihilismus? – Dass die obersten Werte sich entwerten. Es fehlt das Ziel. Es fehlt die Antwort auf das WOZU?"

Nietzsche schrieb diese Zeilen unter dem Eindruck der industriellen Revolution in Deutschland – in einer Zeit, in der sich für die Menschen alles veränderte. Um 1800 waren die Menschen in Europa Bauern und Handwerker, und das waren sie auch schon vor Jahrhunderten, seit unsere Jäger-und-Sammler-Ahnen sesshaft wurden. Erfindungen wie der Dynamo, die Batterie, der Kühlschrank, die Glühbirne und elektrisches Licht fallen in die Zeit nach 1800, die Schreibmaschine und die Fotografie erleichterten die Weitergabe von Eindrücken, Erfahrungen, Wissen. Mit Fahrrad, Motor, Automobil begann sich die Fortbewegung zu revolutionieren, und mit dem Heißluftballon konnten sich die Menschen endlich in den Himmel emporheben. In ganz Europa entstanden Fabriken und Industrien, und das Leben veränderte sich grundlegend – von der bäuerlichen Großfamilie zur in Fabriken arbeitenden Stadtbevölkerung.

Nietzsche sah die Umwälzungen. Er dachte über ein Menschenleben hinaus, und er wusste, dass der innere und äußere Aufbruch dazu führen würde, dass der Mensch letztlich alles überdenken und alles neu denken wird müssen. Wenn er über seine Zeitgenossen ätzend herzog, beschrieb er damit auch den heutigen Prototypen der völlig dekadenten Brot-und-Spiele-Spaßgesellschaft: „Seht mir doch diese Überflüssigen! Reichtümer erwerben sie und werden ärmer damit. […] Seht sie klettern, diese geschwinden Affen! Sie klettern übereinander hinweg und zerren sich also in den Schlamm und die Tiefe."

Zertrümmerte Werte

Wie passend für unsere Zeit! „Sie erwerben Reichtümer" und werden ärmer damit. Sie haben drei Autos und zwei Häuser und leere Blicke, maskierte Gesichter. Sie haben dutzende Geschäftsfreunde, tausende Freunde auf „Facebook" und „Instagram" und unglaublich weit verzweigte Kontakt-Netzwerke. Aber sie haben keinen einzigen echten Freund. Ihr „Reichtum" ist der Konsum, das Geld, sind die käuflich-materiellen Besitzgüter.

Nicht die Geborgenheit und Vertrautheit einer intakten Familie. Das Ehrenwort eines Freundes. Die Liebe der Eltern. Die bedingungslose, nicht ständig auf Gegenleistung bedachte Liebe des Partners. Das alles gehört nicht zum Reichtum der heutigen Zeit. Was dazugehört, ist die Flucht vor jeder Übernahme von Pflicht und Verantwortung, sei es mithilfe von Betäubungsmitteln – wie zum Beispiel Drogen – sei es mal mit geschwätzigen Ausreden.

Es ist nicht nur aufs Äußerste peinlich, wenn sich Damenrunden, die locker doppelt oder dreimal so viel Lebenserfahrung mit sich bringen wie die von Udo Jürgens besungenen „17 Jahr', blondes Haar", gegenseitig mit „Mädels" anreden und 50-jährige Männer zum Fußballschauen mit den „Burschen" oder „Jungs" treffen: Es ist der Ausdruck eines Wahns von ewiger Jugend, befeuert durch die Werbeindustrie, und damit zugleich die Flucht vor der Übernahme von Verantwortung. Wer ewig ein Mädel ist, wird nie wie eine erwachsene Frau handeln müssen. Wer ewig der verspielte Junge bleibt, wird nie seinen Mann stehen müssen.

Ganz generell muss in der heutigen Spaßgesellschaft eben immer alles „Spaß machen". Etwas tun, weil es gut ist. Es tun, weil es richtig ist, etwas tun, weil eine Sache getan werden muss: Das liegt außerhalb der Vorstellungswelt der meisten Genossen dieser verwirrten Zeit, und das hat katastrophale Auswirkungen auf die Leistungsfähigkeit der Zukunft.

„Deutschland verdummt" nannte daher der Psychologe Dr. Michael Winterhoff eines seiner Bücher, und er beschreibt in unzähligen Arbeiten, wie systematisch die gesamte deutsche Gesellschaft lebens- und verantwortungsunfähige Individuen heranzüchtet, weil Grenzen, Pflichten und Verantwortung im gesellschaftlichen Konsens und in der Erziehung gänzlich abhanden gekommen sind, als „überholt" abgelehnt und tabuisiert werden. Ein großer Teil der Jugend ist nicht mehr in der Lage, eine Aufgabe konzentriert bis zu ihrer Erledigung auszuführen, eine Lehrausbildung oder ein Studium zu Ende zu bringen, weil das nötige Durchhaltevermögen nicht eingeübt, nicht anerzogen wurde. Die rasche Befriedigung aller Wünsche durch die Konsumgesellschaft und die Unfähigkeit, Frustration durchzustehen, bedingen einander. Ein derartiger Verfall gesellschaftlicher Ordnungswerte und Selbstverständlichkeiten, wie dies gegenwärtig zu beobachten ist, konnte nur deshalb eintreten, weil die der Gemeinschaft zugrunde liegende Werte zerstört wurden. Das Leitbild von Vaterland und Nation wurde in zwei Weltkriegen vorerst niedergerungen und als ewiggestrig verbannt.

Wie gezeigt wurde, hindert der Verlauf der Geschichte des 20. Jahrhunderts in Europa alle anderen Nationen dieser Erde nicht, ihre Werte und ihren Sinn im Eigenen zu suchen. Der Ausgang und die Auswirkungen des europäischen Bruderkriegs im 20. Jahrhundert hemmen die Völker im Westen Europas noch immer in ihrer Selbstfindung.

Doch auch die Kirche und die Religion gaben den Menschen viele Jahrhunderte lang Sinn und Wert. Und hier schließt sich der Kreis zum vorhergesagten Nihilismus. Nietzsche sah 1886 für die „nächsten zwei Jahrhunderte" eine völlige Bewusstseinsveränderung voraus. Denn schon zu seinen Lebzeiten war die Veränderung in vollem Gange, äußerlich, wie dargestellt, durch die industrielle Revolution und den unaufhaltsamen technischen Fortschritt. In all den Jahrhunderten zerfraß der zunehmende Wissensstand die westlichen Religionsvorstellungen, höhlte den Glauben an die Kirche aus und hinterließ ein Werte-Vakuum, das zu innerer Leere und sittlichem Verfall führte. Mit der Christianisierung löste die Kirche die alten Naturgesetze als ordnend und wertend ab und stellte die christlichen Gebote als die Gebote Gottes auf. Doch mit zunehmendem Erkenntnisstand konnten die Menschen immer weniger an die alleinige Gültigkeit der Kirche glauben. Von der Kirche aufgestellte Dogmen, an die man als offenkundige „Tatsachen" glauben musste, galten nicht mehr: Die Erde war nicht das Zentrum des Universums. Die Erde war keine Scheibe, und sie drehte sich um die Sonne, nicht umgekehrt.

Der Mensch war auch nicht mehr der Mittelpunkt aller Schöpfung. Der Glaube an ein überirdisches und von der Kirche versprochenes Jenseits geriet ins Wanken, wie generell die Allmacht des Christentums und seiner Erdenvertreter zu bröckeln begann.

Anders gesagt: Mit jeder wissenschaftlichen Enthüllung im Bereich des menschlichen Körpers, und letztlich mit dem Entschlüsseln von biochemischen Vorgängen, von Genetik und Epigenetik, wurde die Macht der Priester und Päpste Stück für Stück verringert. Und die Menschen wandten sich innerlich ab, von einer Kirche, die ihnen Geschichten erzählte, die sie nicht mehr glauben konnten. Zuerst war diese Abkehr rein innerlich, heute – im Endstadium dieser Entwicklung – ist sie auch an den leeren Gotteshäusern und Kirchenaustritten messbar geworden. Die Lehren der Kirchen werden nicht mehr geglaubt, und diese Abkehr beschränkt sich nicht nur auf die widerlegten Vorstellungen vom Universums, von der Erschaffung der Welt oder vom Freikauf aus dem Fegefeuer, die Abkehr ist allumfassend und bedeutet auch eine Abkehr von den Werten des christlich-abendländischen Kulturkreises. An die Stelle der Kirchen traten als neue Gotteshäuser die Einkaufstempel, an die Stelle der Heiligenfiguren sind heute Geld, Erfolg, Gewinnmaximierung getreten und zu neuen Götzen aufgestiegen. Anstatt Werten – ob richtig oder falsch – gibt es heute einfach: Nichts. Es gibt ein Vakuum, aufgefüllt mit Scheinwerten, medialer Gehirnwäsche, Dauerverblödung und Konsumwahn.

Ohne Werte, ohne Glauben, ohne Halt, ohne Heimat und Vaterland, ohne Bindung steht der moderne Mensch nun hier. Mit seinen Smartphones, Facebook und Instagram, den Hochsicherheitsalarmanlagen und den digitalen Kaminen. Eine Armlänge Abstand, Vermeidung sozialer Kontakte, totale Videoüberwachung. Verunsichert, verängstigt, vereinsamt und von niemandem gebraucht, so sitzen hunderttausende Singles in ihren Single-Haushalten, nutzlos im wahrsten Sinne des Wortes. Und sie beginnen nach einem Sinn zu suchen. Nach Lebenssinn.

Früher, in der Familien- und Dorfgemeinschaft, hatte jede Generation eine Aufgabe, sie war sinnvoll in den Kreislauf des Lebens eingeordnet. Auch die Alten wurden gebraucht – nötig gebraucht – und niemand kam sich sinnlos vor. Die oben beschriebene Leere wird mit Ersatzhandlungen aufgefüllt, und so stürzen sich die Menschen auf der Suche nach einem höheren Auftrag in die Klimabewegung oder in die Asyl-Helfer-Industrie. Ohne Religion, ohne Werte, ohne Gemeinschaft wird nach Ersatz-Religionen, Ersatz-Werten, Ersatz-Gemeinschaften gesucht.

Keine Gemeinschaft, ob Familie oder Volk, kann dauerhaft ohne gemeinsame Ordnung und gemeinsame Werte bestehen. Gerade die europäischen Völker werden sehr bald schon den existenziellen Fragen ins Auge zu sehen haben. Es geht dann um Sein oder Nichtsein, um Wiedergeburt und Fortbestand oder um den Untergang. Diese Herausforderung erzeugt einen ungeheuren Evolutionsdruck auf die gewachsenen Völker und wird sie –

ob sie das wollen oder ob sie sich dagegen sträuben – in den Überlebenskampf werfen.

2.4. Selbst-bewusst-sein

Im 21. Jahrhundert werden die Völker erwachen und zu sich selbst finden. Der Mensch tritt aus einem traumähnlichen Dämmerschlaf und wird sich seiner selbst bewusst.

Das bedeutet, er weiß, dass er das Ergebnis einer viele Jahrmillionen langen Evolution ist. Das Leben hat sich in ihm fortgepflanzt, erhalten und entwickelt, vom Einzeller bis zum vernunftbegabten 75-Billionen-Zellen-Wesen Mensch.

Diese Erkenntnis lässt ihn angesichts des großen Erbes und Auftrags andächtig und demutsvoll werden. Denn er hat die Pflicht seinen tausenden Vorfahren gegenüber, dieses Leben zu wahren und bestmöglich weiterzugeben.

Der Mensch erwacht. Das bedeutet auch, dass er nicht länger eine übergeordnete Götterwelt für sein Schicksal verantwortlich macht oder sein Heil in die Hände von Priestern oder Göttern legt. Auch lebt er nicht mehr ausschließlich für ein Paradies oder Jenseits, sondern erkennt seine Aufgabe im Hier und Jetzt auf diesem Planeten. Der Europäer erkennt in den Religionsvorstellungen vergangener Jahrhunderte, ob heidnisch oder christlich, keine Verirrungen. Er hegt daher auch keinen Groll gegenüber seinen Ahnen, sondern er ist dankbar für die wertvollen Erfahrungen, die gemacht werden mussten, damit ihm heute diese höchste Einsicht zuteil wird. Er kann nur wissen, wo er heute steht, weil vor ihm alle anderen Wege versucht wurden.

Auf dem Weg zum sich-selbst-bewussten Menschen ist der wichtigste Etappensieg die Einsicht, dass nur er sich helfen kann. Dass nur jeder seines eigenen Schicksals Schmied ist. Ein starkes Christentum, das mittlerweile an einer schwächlich-kranken Weltkirche zugrunde gegangen ist, wusste noch: „Hilf dir selbst, dann hilft dir auch unser Herrgott!" Oder: „Mögest du beschützt sein auf all deinen Wegen! Gott wird richten und Gerechtigkeit wird walten! Retten kann dich keiner außer du dich selber!"

„Der Mensch erwacht" bedeutet eben, dass er die volle Verantwortung für sein Tun und Handeln übernimmt. Er sucht keine Ausreden mehr. Weder beim Nachbarn noch bei einem Sündenbock noch bei einem übermächtigen Gott oder dem Zufall. Er bejaht das Leben in all seinen Facetten, in guten wie in schlechten Tagen, ob im Sieg oder in der Niederlage, im Schmerz wie in der Freude. Denn er ist dankbar, dass er ein zutiefst emotionales und bewusstes Wesen ist, das nicht nur seinen Trieben folgt, sondern mit allen Sinnen spüren und fühlen kann.

„Der Mensch erwacht", heißt: Dein Wirken auf dieser Erde gebiert die Welt von morgen. Was du heute tust, hat direkte Auswirkungen auf die Zukunft und die Welt deiner Kinder und Kindeskinder. Nicht die Angst vor dem Jenseits spornt den erwachten Menschen an, gut und nachhaltig zu leben, sondern die Fürsorge für die Welt nach ihm – die Verbundenheit mit den Ahnen und den Nachkommen.

Und er weiß, auch kein Ablasshandel wird ihn von der Sünde freikaufen können, den Enkeln einen zerstörten Planeten hinterlassen zu haben. Schlimmste Strafe ist nicht das Fegefeuer, sondern die Verachtung der Nachkommen und die untilgbare Schuld, die menschliche Evolution, die in der gesamten Evolution des Lebens nach Jahrhunderttausenden zählt, zunichte gemacht zu haben.

Der Prozess des Erwachens in unserer heutigen Zeit findet nicht zufällig statt. Der zurückgelegte Weg ist lange genug, um wenigstens die junge Generationen zur Besinnung zu führen. Der enorme, noch nie dagewesene Wissensstand erlaubt es unserem Verstand auch nicht mehr, an völlig unmögliche Szenarien und Hoffnungen zu glauben. Heute vermag die Wissenschaft komplexeste Zusammenhänge zu durchschauen.

Durch das Internet wird das Wissen der ganzen Welt für alle zugänglich. Friedrich Schelling wusste schon vor 200 Jahren, ohne zu ahnen, wie weit die Wissenschaft dereinst sein würde: „Wiedergeburt der Religion durch die Wissenschaft, dieses eigentlich ist die Aufgabe des deutschen Geistes, das bestimmte Ziel aller seiner Bestrebungen." Damit will er uns sagen, die durch die Wissenschaft ermöglichten Einblicke in die Natur und Welt-Zusammenhänge lassen uns andächtig und religiös-ehrfürchtig vor der Entwicklungsgeschichte zur Besinnung kommen. Eine neue „Religion des Lebens" wird sich in noch unbestimmter Form herausschälen. Dies wird nicht geschehen, weil die Menschen daran „glauben", sondern weil sie um das Wunderbare, Heilige der Natur „wissen".

Final ausgelöst wird der Prozess des Nachdenkens und Weiterdenkens aber durch Tiefenkrisen, die uns im Innersten erschüttern. Ereignisse und Erfahrungen, die uns sprichwörtlich den Boden unter den Füßen wegziehen, die an unserem Fundament rütteln. Existenziell über schwere Schicksalsschläge in der Familie oder im Beruf oder religiös, weltanschaulich – ein Vertrauensverlust gegenüber den Obrigkeiten aus Kirche, Politik, Gesellschaft, Medien. Wer erkennt, dass bisher Unverbrüchliches eben nicht allzeit in Stein gemeißelt ist, wird es auch wagen, andere Glaubenssätze in Frage zu stellen.

Der moderne Fortschritt katapultierte uns in eine Umwelt, für die wir so nicht geschaffen sind. Als Beispiele seien die Dauerbeschallung mit Werbebotschaften, die ständige Erreichbarkeit, der unbedingte Zwang zur ständigen Kommunikation durch Mobiltelefone und Internet genannt. Unser Gehirn und unser Körper haben sich biologisch seit Jahrtausenden nicht merklich weiterentwickelt und sind daher für diese Form von Beanspruchung nicht geschaffen.

Zivilisationskrankheiten, hervorgerufen durch evolutionär nicht bekannten Dauerstress, greifen wie ein Virus um sich. Und auch wer noch nicht unter der Last der Überforderung zusammenbricht, sucht nach Auswegen und sehnt sich nach Ruhe und Auszeit. Bildlich gesprochen sieht es danach aus, als würde dem heutigen Stressmenschen ein Trichter ins Gehirn gesteckt werden, über den Unmengen an Tönen, Bildern, Daten, Aufgaben und Warnrufen hineingekippt werden. Und das Gehirn quillt über. Der Mensch ist gestresst, erschöpft, unkonzentriert, wird krank.

Der Mensch früherer Jahrtausende kannte noch die wahre und beruhigende Stille des Waldes, der Hütte, das Knistern am Lagerfeuer, den Blick zum Sternenhimmel. Der Mensch gewöhnte sich an echte Ruhezeiten und Auszeiten, wo er Kraft sammeln konnte, um im Angriff, bei der Jagd, wieder alle Kräfte voll verfügbar zu haben. In dieser einfachen und geerdeten Lebenswirklichkeit ohne Ablenkungen, konzentriert auf sich selbst und auf die Umwelt, wurden schon vor Jahrtausenden Erkenntnisse geschöpft, die uns heute dank mühsamer wissenschaftlicher Arbeit – über den Umweg vieler Generationen – ins Bewusstsein gerückt werden.

Aus der Zeit der Sternenbeobachtungen, als Stonehenge und Externsteine errichtet wurden, spricht eine jahrtausendealte Ur-Weisheit zu uns. Sie ist uns auch in der indischen Mythologie der Veden überliefert, in denen Folgendes zu finden ist:

*Gott schläft im Stein,
atmet in der Pflanze,
träumt im Tier,
und erwacht im Menschen.*

In modernen Enzyklopädien, wie zum Beispiel „Wikipedia", heißt es zur zeitlichen Einordnung der Veden: „Nach der Einwanderung der Arier um 1.500 v. Chr. in die nördlichen Flussebenen des Indus und des Ganges begann die frühvedische Zeit bis 1.000 v. Chr. [...] Es wurden Naturgötter und Naturkräfte verehrt. Es bestand ein Glaube an Auferstehung mit Leben nach dem Tod."

Das jahrhundertelange Suchen und Umherirren drängt zum Ende. Und der erwachte Mensch ist heute, dank Wissenschaft und Technik, wahrlich gottgleich mächtig mit seinen Maschinen und Einblicken in kleinste Zusammenhänge.

Aber diese Fähigkeit soll nicht ohne Ziel bleiben, sondern ihm wird zunehmend bewusst, dass er auch heute auf Gedeih und Verderb mit der Natur und dem Planeten Erde verbunden ist. Er ist den Gesetzen dieser Natur gnadenlos ausgeliefert. Diese letzte Erkenntnis trägt der Mensch all die Zeit in sich. Das Wissen war nur verschüttet. Er muss es jetzt wieder entdecken und erwecken.

Dass der Mensch Geist und Verstand hat, lässt ihn trotzdem nicht aus der Natur ausscheiden. Wie sehr der Mensch mit der Natur verbunden ist und wie Körper und Geist eine Einheit bilden, hat die Wissenschaft in den letzten Jahren geradezu phänomenal bestätigt (siehe Kapitel 3).

Rainer Maria Rilke kleidete mit der Sprache des Dichters das „erwacht im Menschen" in die trefflichen Worte:

Wie die Natur die Wesen überlässt
dem Wagnis ihrer dumpfen Lust und keins
besonders schützt in Scholle und Geäst,
so sind auch wir dem Urgrund unsres Seins
nicht weiter lieb; es wagt uns. Nur dass wir,
mehr noch als Pflanze oder Tier
mit diesem Wagnis gehn, es wollen, ...

Wie viel Einfühlungsvermögen steckt in den Worten „die Natur wagt uns", wenn der Dichter das Verhältnis Natur-Mensch beschreibt!

Die Suche unserer Menschenart nach ihrem Auftrag auf der Welt war auch zugleich seit Jahrtausenden eine ununterbrochene Anpassungsleistung. Nur die ständige Anpassung an die Umwelt und an die Herausforderungen der Zeit ermöglichten das Überleben. Dass sich der Mensch in Artgemeinschaften und Gruppen organisierte und verband, war eine Anpassungsleistung an eine herausfordernde Umwelt. Dass er Werkzeuge erfand, ja erfinden musste, um zu überleben und voranzukommen, war eine Anpassungsleistung an eine harte Zeit. Dass er in der Hochkultur den immer reicheren Erkenntnisschatz weiterzugeben trachtete und dabei gleichsam nach Größe, Eleganz und Anmut strebte, war eine Anpassungsleistung des kulturbegabten Menschen. Dass der Mensch in den kommenden Jahren erwacht, ist ebenso eine nötige Anpassungsleistung. Denn Ausflüchte wären in der jetzigen Phase tödlich: für die existenziell bedrohte Natur und für die vom Volkstod bedrohten Völker. Der Mensch, und hier vor allem der Europäer, muss die Verantwortung für sein Leben übernehmen.

Die kommende Zeit wird daher die Jenseitsreligion in eine Diesseitsreligion überleiten und alle wissenschaftlichen Erkenntnisse als Offenbarung der sinnvollen, guten, ja göttlichen Natur erklären. Die Natur lebt in ewigen Kreisläufen, und alles gehört auf besondere Weise zueinander. Der Satz des Aristoteles „Das Ganze ist mehr als die Summe seiner Teile" und das „Alles fließt" von Heraklit haben für uns zeitlose Gültigkeit. Wenn wir heute erkennen, dass die bedeutenden antiken Denker in ihrer Erkenntnis schon damals richtig lagen, eröffnet sich für uns unausweichlich der Weg zu einer neuen Moral und Ethik. Das erträgt vorerst nur der starke Mensch, der ein Erstling der neuen Zeit sein muss. Es ist an ihm, schon heute das Ideal der Vollkommenheit als Samen in die Herzen zu setzen, um es der Natur gleich zu tun, um der perfekten Anpassung an das Leben ein irdisches Ebenbild zu geben.

3
MACHT DER GEDANKEN

„Achte auf Deine Gedanken,
denn sie werden zu Worten.
Achte auf Deine Worte,
denn sie werden zu Handlungen.
Achte auf Deine Handlungen,
denn sie werden zu Gewohnheiten.
Achte auf Deine Gewohnheiten,
denn sie werden Dein Charakter.
Achte auf Deinen Charakter,
denn er wird Dein Schicksal."

3.1. Körper und Geist als Einheit

Corona als Tiefenkrise der modernen Zeit verändert die Welt. Was uns als „neue Normalität" verkauft wird, hätten sich die meisten Leute vor wenigen Monaten nicht einmal im Traum vorstellen können. So rapide gehen die Veränderungen in den einst als sicher angenommenen Lebensbereichen vor sich, dass der Verstand mit der Verarbeitung erst allmählich nachzieht. Auch in Bezug auf das menschliche Selbstverständnis sind die Dinge in Bewegung, und die Globalisten faseln vom „Great Reset", von einer globalen Impf- und Gesundheitsagenda, von „internationaler Governance" und von einer „vierten Industriellen Revolution". Ihre Vorstellungen und Skizzen sind abstrakt und gehen in eine Richtung, die mehr Maschinen, mehr Technik, mehr 5G-Internet vorsieht. Der Mensch soll durch den Fortschritt „Transhuman" werden, ohne dessen Ergänzung er gar nicht mehr imstande sei, den Anforderungen dieser Zukunftspropheten zu entsprechen. Und wichtig ist diesen Globalisten vor allem eines: dass der Handel und das Geld nie still stehen und der Rubel weiter rollt.

Mit den Worten von Klaus Schwab, dem Gründer des „World Economic Forum" in Davos, hört sich das dann so an: „Die Welt muss rasch und gemeinsam handeln, um alle Aspekte unserer Gesellschaften und Wirtschaften, vom Bildungswesen bis zum Gesellschaftsvertrag und zu den Arbeitsbedingungen, umzugestalten. Jedes Land, von den USA bis China, und jede Branche, von der Erdöl- und Erdgas- bis zur Technologieindustrie, muss sich einem Wandel unterziehen. Kurz ausgedrückt: Wir brauchen einen ‚Great Reset' oder, auf Deutsch, einen großen Neustart des Kapitalismus." („Handelsblatt", Düsseldorf, 4.6.2020) Sie haben nichts begriffen! Oder anders gesagt: Sie werden nicht freiwillig damit aufhören, die Erde und ihre Menschen kaputt zu machen.

Dabei ist diese Krise für eines ganz besonders geeignet: das falsche Menschenbild zu überdenken! Ein Menschenbild, das die Menschen eben immer weiter weg von sich selbst, ihrer Identität, ihren Bedürfnissen, ihren inneren Stimmen führt und ihre innere Leere durch Maschinen, Computer, künstliche Intelligenz und Unterhaltung kompensiert. Es wäre gerade jetzt an der Zeit, innezuhalten und zu prüfen, wie wertvoll die letzten Jahrzehnte tatsächlich waren, wenn sie nichts als Chaos, Ausbeutung, Zerstörung, menschliche Vereinsamung und Trauer hervorgebracht haben – denn das wird am Ende übrig bleiben. Corona hätte die Menschen nicht so aus der Fassung gebracht, wäre alles in bester Ordnung gewesen. Eine solche Krise kann nur aufwühlen, wenn im Innenleben bereits eine große Unruhe herrscht.

Die Wissenschaft hat in den letzten Jahren etwas enorm Wichtiges herausgearbeitet und stichhaltig bewiesen, und zwar, welchen enormen und weitreichenden Einfluss die Gedanken des Menschen haben und wie sich seine emotionale Verfassung auf den gesamten Körper und die Umwelt auswirkt.

Der menschliche Verstand und der Geist sind nicht losgelöst vom restlichen Körper und seinem energetischen Umfeld. Vielmehr sind Körper und Geist eine Einheit. Daher bestimmt die körperliche Verfassung die Gedanken und das Wesen der Menschen. Und umgekehrt bestimmen die Gedanken unsere körperliche Fitness, unser Wohlbefinden. Daraus ergibt sich eine großartige Schlussfolgerung: Die „Macht der Gedanken" ist keine leere Floskel, sondern eben wissenschaftlich nachweisbar. Wenn genügend Menschen in eine konkrete Richtung denken, dann werden diese Gedanken zur Realität.

Prof. DDr. Christian Schubert von der Klinik für Medizinische Psychologie an der Medizinischen Universität Innsbruck sagte während des ersten „Corona-Lockdown" im Frühjahr 2020: „Für die allermeisten Menschen ist das Virus aus medizinischer Sicht keine Gefahr. Die Welt hat zwar gerade eine Vollbremsung hingelegt, aber das hat nicht nur negative Seiten.

Die Situation birgt für viele Menschen auch die Chance, zur Ruhe zu kommen, wieder das zu tun, was Freude macht, mehr Zeit mit der Familie zu verbringen und den sonst stressbehafteten Alltag einmal kritisch zu überdenken. Es wird auch eine Zeit nach Corona geben, die möglicherweise besser ist, wenn wir aus der derzeitigen Krise die richtigen Schlüsse ziehen."

Damit die Zeit NACH CORONA tatsächlich für die Menschen bewusster und besser wird, bedarf es aber, der Empfehlung von Christian Schubert genauer nachzuspüren. Schubert ist einer der wesentlichen Vorreiter der relativ jungen Disziplin der Psychoneuroimmunologie. Dieser Wissenschaftszweig befasst sich mit den nervalen und biochemischen Kommunikationswegen zwischen Psyche, Gehirn und Immunsystem. Wenn die Psyche leidet, kann sich der seelische Schmerz in körperlicher Erkrankung niederschlagen. Trennungsschmerz, Einsamkeit oder ein Gefühl der Überforderung lösen, beginnend im Gehirn, biochemische Kaskaden aus, die sich bis in die kleinsten Bestandteile unserer Zellen fortpflanzen – bis in den Zellkern hinein, wo sich die Gene befinden. Diese Prozesse schwächen das menschliche Immunsystem dermaßen, dass der Körper anfällig für Viren wird.

Prof. Schubert kritisiert, dass trotz gegenteiliger Beweise die Schulmedizin in längst überholten, alten Bahnen feststeckt. „Was fehlt, ist die dynamisch-funktionelle Wirkverbindung zwischen den einzelnen Elementen des Systems Mensch. Man könnte sagen, der Geist verändert den Körper, was wiederum den Geist verändert, also eine von oben nach unten und von unten nach oben verlaufende Kreiskausalität.

So würde ein Schulmediziner nicht sprechen. Dort konzentriert man sich auf einseitige Wirkrichtungen. Also dass die Psyche etwas mit dem Körper macht und vielleicht auch der Körper etwas mit der Psyche. Nicht aber, dass Körper und Psyche in komplexer wechselseitiger Beziehung stehen." Dass Patienten mit Magenschmerzen oder Rückenleiden zum Arzt gehen und dort ausschließlich äußerlich behandelt werden und starke Schmerzmittel verschrieben bekommen, ohne jemals nach ihrer Lebenssituation und ihrem emotionalen Befinden befragt zu werden, ist für ganzheitliche Mediziner im Jahr 2020 geradezu absurd. Schubert: „In einer neuen Medizin muss der Patient in seiner spezifischen biopsychosozialen Biografie wahrgenommen werden, es müssen also biologische, psychologische und soziale Entwicklungsaspekte seines Menschseins in der Diagnostik und Behandlung verbunden werden. Das würde dem Menschen in all seinen Facetten gerecht werden."

Alte Traditionen wissen um das Zusammenspiel von Körper, Geist und Seele schon seit Jahrtausenden. Aus der indianischen oder chinesischen Medizin sind hier viele Erkenntnisse überliefert, die heute durch die Wissenschaft bestätigt werden.

Aus der germanischen Medizin ist etwas weniger überliefert, da einerseits weniger Aufzeichnungen gemacht wurden, andererseits mit der Ausbreitung des Christentums das alte Wissen verdrängt wurde, da es nicht ins neue Weltbild passte. Und nicht zu vergessen die systematische Vernichtung von Wissen um Kräuter- und Naturheilkunde unter dem Schlagwort der „Hexenverfolgung". In den alten Volksweisheiten haben sich aber Anschauungen überliefert, die auf die ganzheitliche Denkweise unserer Ahnen schließen lassen. „Kummer macht krank", „Frisch Verliebte sind gegen alles gefeit" und die Aussage, jemand sei an einem gebrochenen Herzen gestorben, zeigen, wie treffsicher die Beobachtungsgabe früher war. Der chinesische Philosoph Konfuzius (551–479 v. Chr.) sagte schon vor zweieinhalbtausend Jahren: „Wenn ich einen Satz auswählen sollte, um meine ganze Lehre zusammenzufassen, würde ich sagen: Lass nichts Böses in deinen Gedanken sein."

Heute finden sich tausende Seelenheiler, Psychologen, Psychotherapeuten und Energetiker, die auf unterschiedliche Weise alle dasselbe aufarbeiten. Ein zu kurz gegriffenes, mechanisches Welt- und Menschenbild wird vor unseren Augen abgelöst, und dies wird die Menschen zu bewussteren und sensibleren Geschöpfen machen. Ob es nun die Theorien des Rupert Sheldrake mit den morphogenetischen Feldern sind, die Quantenphysik, die Beschäftigung mit einem Paralleluniversum, mit Seelen und Geistern, mit Energien, Krafttieren oder den astrologischen Deutungen: Millionen Menschen haben nach Ablegung des alten religiösen Glaubens neue übersinnliche, metaphysische, spirituelle Ansätze gefunden, die sie dorthin führen, dass der Mensch mehr ist als nur Knochen, Muskeln, Fleisch, Blut, über dem ein losgelöster Geist schwebt. Die neueste Wissenschaft gibt ihnen allen auf ganz eigentümliche Weise recht: Der Mensch ist energetisch mit seiner Umwelt und seinen Mitmenschen verbunden und ist selbst wesentlich feinfühliger, als in den letzten Jahrhunderten angenommen wurde. Und dieses Wissen verändert so vieles.

Wie das Wissen unser Leben verändert, zeigt beispielhaft ein Blick in die Geschichte der Medizin. Der deutsche Arzt Robert Koch (1843–1910) konnte als Erster die Existenz krankmachender Keime nachweisen und den Erreger der Infektionskrankheit Tuberkulose entdecken.

Europaweit starben damals bis zu vierzig Prozent aller Menschen an Tuberkulose. Der französische Chemiker Louis Pasteur (1822–1895) entdeckte, dass die meisten Krankheitserreger durch Erhitzen unschädlich gemacht werden können, weshalb dieser Prozess auch nach ihm benannt wurde (Pasteurisierung). Koch und Pasteur gelten als Begründer der modernen Bakteriologie und Mikrobiologie und haben durch ihre Erkenntnisse den Grundstein dafür gelegt, dass europaweit die Hygiene maßgeblich verbessert wurde. Konkret führte das dazu, dass die Lebenserwartung (!) der Menschen in Europa verdoppelt wurde. Bedingt durch Infektionskrankheiten und hohe Kindersterblichkeit betrug die durchschnittliche Lebenserwartung im 19. Jahrhundert nicht einmal 40 Jahre.

Anfang des 20. Jahrhunderts stieg diese auf 60 Jahre an. Im modernen, medizinisch bestens versorgten Europa werden die Menschen durchschnittlich bereits 80 Jahre alt. In diesbezüglich unterentwickelten Ländern wie Somalia, Mosambik oder Afghanistan stirbt man durchschnittlich 30 Jahre früher.

Die Zunahme von Wissen veränderte gleichermaßen den Standpunkt und die Erkenntnis. Denken wir an ein Gemälde. Der kunsthistorisch Gebildete erkennt ein weltberühmtes Gemälde Raffaels und hält in stiller Ehrfurcht und Bewunderung vor dem Welt-Genie inne. Ein einfacher Zeitgenosse erkennt zumindest eine Madonna mit Kind und betrachtet die Szene ehrfürchtig, da er durch seine kulturelle Nähe eine religiöse und ansprechende Szene erkennt. Etwa ein Afrikaner oder Eskimo, im christlichen Glauben nicht geschult, erkennt nur eine weiße Frau mit Nachwuchs. Und die Taube, die am Fenster sitzt, sieht nur ein paar bunte, zusammenhanglose Farbflecken an der Wand, während die Maus in der Ecke nicht einmal alle Farben als solche zuordnen kann, verfügt ihr Auge doch nur über Sinneszellen für Grün und Blau.

Dr. med. univ. Katharina Schmid veröffentlichte im Jahr 2019 das Buch „Kopfsache gesund". Mit der Bündelung des gegenwärtigen wissenschaftlichen Erkenntnisstandes und der leicht verständlichen Aufmachung vollbrachte die Ärztin als Autorin eine wahre Großtat. Sie macht damit unzähligen Interessierten ein Feld zugänglich, das von der Schuldmedizin und den Mainstream-Medien völlig totgeschwiegen wird. Sie schreibt einleitend:

„Ich bin der festen Überzeugung, dass wir nach 150 Jahren Konzentration auf den Körper und seine Zellen einen neuen Schritt im medizinischen Bewusstsein vollziehen sollten. Wir haben bereits mehr entdeckt, als wir unter dem Mikroskop sehen und durch verschiedene Methoden messen können. Wir sollten unseren Blick im medizinischen Alltag nicht länger durch unseren körperbasierten Fokus der letzten Jahrhunderte einengen lassen. Wir können unsere Geisteskraft nach modernen wissenschaftlichen Erkenntnissen gezielt für unsere Gesundheit einsetzen, ohne die großartigen Errungenschaften der modernen Medizin in Abrede zu stellen und auf sie zu verzichten. Sie werden staunen, was Sie mit Köpfchen für Gesundheit und Heilung tun können."

Der erwähnte Christian Schubert beschreibt in seinem Buch „Was uns krank macht, was uns heilt" (Korrektur-Verlag 2018), wie durch die Gedanken das Immunsystem beeinflusst wird. Gute und lebensfrohe Gedanken bedeuten ein starkes Immunsystem und daher auch starke Abwehrkräfte gegen Krankheiten. Schlechte und zermürbende Gedanken führen zu körperlichen Beschwerden („Mir liegt eine unangenehme Sache im Magen", „Die Last drückt mir auf den Rücken"). Diese negativen Gedanken schwächen das Immunsystem und machen uns anfällig für Krankheiten. Ein notorisch negativ denkender Mensch wird so in eine Negativspirale gezogen, aus der er ohne fremde Hilfe meist nicht entfliehen kann.

Christian Schubert: „Eine biopsychosoziale Sicht des Immunsystems geht dem gegenüber davon aus, dass das Immunsystem viel mehr Aspekte umfasst, als gemeinhin angenommen wird, und dass nicht nur biologische, sondern auch psychische und soziale Komponenten dazuzuzählen sind.

Eine psychische Komponente, die uns immunologisch reagieren lässt, ist beispielsweise der Ekel. Denn wenn uns vor etwas Verdorbenem ekelt, reagieren wir abwehrend, noch ehe die biologische Komponente des

Immunsystems damit in Kontakt kommt. Indem wir es nicht über uns bringen, von schimmeligem oder übel riechendem Essen auch nur einen Bissen zu nehmen, ersparen wir uns einen verdorbenen Magen."

3.2. Kopfsache

In den letzten Jahren wurden unzählige Studien durchgeführt und auch veröffentlicht, die zeigen, wie sehr Gedanken, Emotionen, Lebensumstände und Stress auf den Körper und seine Gesundheit wirken. Exemplarisch seien hier nachfolgend einige aufgezählt, da ein solcher Zugang für viele von uns nach wie vor als „abstrakt" und „esoterisch" wahrgenommen wird. Greifbare und nachprüfbare Studien könnten aber einen Denkanstoß geben. Am Ende wird eine radikale Bewusstseinsveränderung stehen.

Stress hemmt die Wundheilung

In einer US-amerikanischen Studie mit elf angehenden Zahnärzten wurde den Teilnehmern (den „Probanden") am vorderen Teil des harten Gaumens eine 3,5 Millimeter breite und 1,5 Millimeter tiefe Wunde zugefügt. Dies geschah das eine Mal während der Universitätsferien und das andere Mal drei Tage vor der ersten großen Prüfung des Semesters. Es gab also pro Person jeweils eine Messung in entspannter Urlaubsstimmung und eine zweite mitten im größten Prüfungsstress. Das Ergebnis fiel eindeutig aus: In den Ferien heilte die Wunde schneller als vor der wichtigen Prüfung. Auch die mikrobiologischen Vorgänge im Labor zeigten ein körperlich anderes Verhalten. Überraschend war zudem, wie auffällig der Unterschied ausfiel: In den Ferien heilte die Wunde nach acht Tagen, im Prüfungsstress benötigte die Wundheilung elf Tage. Stress verzögerte die Heilung also um rund 40 Prozent.

Darüber hinaus war Stress mit einer Verminderung des Reparaturstoffs „Interleukin-1ß" um 68 Prozent verbunden. Prof. Schubert kommentiert dieses Testergebnis entsprechend: „Das sind erschreckende Ergebnisse, wenn man bedenkt, dass Prüfungsstress zu den vergleichsweise harmlosen Belastungen im menschlichen Leben zählt."

Angst und Kummer wirken sich aus

Ebenfalls in den USA fasste Dr. Patricia Rosenberger (Yale University) die Studienergebnisse zur Rolle psychosozialer Faktoren beim Verlauf von Operationen sowie beim darauf folgenden Genesungsprozess zusammen. Untersucht wurden 29 Studien zu unterschiedlichen Operationen. Angst und Kummer vor einer Operation führen zu längeren Spitalsaufenthalten, mehr Komplikationen nach den Operationen, höheren Medikamentendosen, häufigeren Rückfällen und somit nicht nur zu größerem Leiden der Menschen, sondern auch zu massiv höheren Kosten für das Gesundheitswesen.

Kraft der Hoffnung

Dr. Winfried Rief von der Universität Marburg veröffentlichte 2017 eine aufsehenerregende medizinische Studie. Die Arbeitsgruppe „Klinische Psychologie und Psychotherapie" untersuchte 124 Herzkranke, die sich einer Herz-Bypass-Operation unterziehen mussten. Die Frage lautete: Ist es möglich, sich mithilfe von Gedanken auf solch eine große Operation vorzubereiten und sie positiv zu beeinflussen?

Die Patienten wurden in drei Gruppen geteilt, um die unterschiedlichen Verhaltensweisen zu beobachten: Eine Gruppe nahm keine psychologische Hilfe in Anspruch. Diese Patienten erhielten die üblichen medizinischen Voruntersuchungen wie alle anderen auch. Die zweite Gruppe wurde zusätzlich psychologisch betreut. Die Patienten konnten über ihre Ängste vor der Operation mit Experten sprechen.

Die dritte Gruppe schmiedete unter Anleitung zusätzlich konkrete und zielgenaue Pläne für die Zeit nach der anstrengenden Operation. Ein Patient wollte Pflanzen umtopfen. Ein weiterer freute sich auf das Holzschneiden und wollte in seinem Garten eine Grillfeier für seine Familie veranstalten. Eine Patientin malte sich eine Italienreise aus: gute, realistische Gedanken, gute

Gefühle. Die Gespräche wurden aufgezeichnet. Die Patienten hörten sich ihre Zielbilder immer und immer wieder an, verinnerlichten sie und sprachen mit den Ärzten über mögliche Komplikationen der Operation. Sie waren also mental darauf vorbereitet, wie mit möglichen Komplikationen umzugehen wäre. Auch diese Vorstellungen assoziierten sie mit positiven Gefühlen. Nach einem halben Jahr stellten die Wissenschafter einen messbaren Unterschied fest: Die operierten Patienten mit den Zukunftsplänen hatten weniger Entzündungsmarker und geringere Mengen an Stresshormonen im Blut.

Es ging ihnen privat und beruflich nachweislich besser als den Patienten aus den beiden anderen Gruppen. „Wenn man so will", konstatierte Winfried Reif in einem Interview, „haben wir da die Kraft der Hoffnung gemessen." Hirnforscher haben Hirnregionen identifiziert, die bei hoffnungsvollen Gedanken besonders aktiv sind. Sie sind in der Lage, Zukunftsszenarien zu simulieren und die Wichtigkeit von Erinnerungen zu bewerten. Ein positiv gestimmter Geist vermag gute Ideen besser und leichter zu verwirklichen. Die dafür aktivierten Wege im Gehirn lassen sich mittels Kernspintomografie (MRT) nachweisen.

Stress lässt altern

Mütter, die über Jahre kranke Kinder aufziehen, altern 15 Mal schneller als Mütter gesunder Kinder. Das ergaben Studien der US-amerikanischen Psychiaterin Dr. Elissa Epel aus dem Jahr 2004. In einer Langzeitstudie wurden rund sechzig Mütter untersucht.

Familiärer Rückhalt ist wichtig

Entscheidend für ein gutes Immunsystem ist auch emotionaler Rückhalt in der Familie. Das ergab eine Studie in den USA, an der über 300 Probanden im Jahr 2016 teilnahmen. Heranreifende Menschen sind ausgeglichener und neigen weniger zu depressiver Verstimmung, wenn ihre Eltern hinter ihnen stehen.

Das zeigte sich auch an niedrigeren Entzündungsparametern im Blut. Mögen das junge Menschen oft selbst anders wahrnehmen, so ist die Familie als Kraftquelle doch ein entscheidender Vorteil. Bekanntschaften und Freunde bewirken hingegen laut dieser Studie keinen messbaren Einfluss auf das Immunsystem der Teilnehmer.

Ebenfalls zeigte eine Studie der „Iowa State University" unter Kindern, dass im Waisenhaus lebende Heranwachsende anfälliger für Stresskrankheiten wie Herpes sind. Selbst, wenn die Kinder rasch zu Pflegefamilien kamen und nur die ersten Jahre im Waisenhaus verbrachten oder bei Familien mit häuslicher Gewalt aufwuchsen, wurde die Schwächung des Immunsystems noch Jahre später festgestellt. Dies zeigte, wie lange und hartnäckig sich die Folgen früher Traumatisierung beim Menschen halten.

Stress in der Ehe

Dr. Kiecolt-Glaser und ein US-Forscherteam analysierten den Einfluss des Ehelebens auf das Immunsystem. Teilnehmer, die über Eheprobleme klagten, zeigten über eine Dauer von zwei Jahren eine signifikante Abnahme der zellulären Immunabwehr. Bei Ehekonflikten war auch die Wundheilung um rund vierzig Prozent verlangsamt, wie Kiecolt-Glaser bei 42 Ehepaaren zeigen konnte.

Die Kraft der Liebe, der Zuneigung, der gegenseitigen Achtung und Wertschätzung wurde in dieser Studie messbar: Waren die Ehepartner nämlich füreinander da und hörten einander aufmerksam und verständnisvoll zu, war die Wundheilung effektiv und verlief deutlich schneller.

Stress in der Schwangerschaft schadet dem Baby

Die Kinderärztin Dr. Rosalind Wright, New York, untersuchte knapp 500 Säuglinge, wie die Stressbelastung der Mütter das sogenannte „Wheezing" im ersten Lebensjahr fördern würde. Unter „Wheezing" versteht man ein pfeifendes Atmen, das sich bei Kleinkindern zu Asthma auswachsen kann. Je mehr Stress die teilnehmenden Mütter empfanden, desto höher war die Wahrscheinlichkeit, dass ihre Babys an mehreren „Wheezing"-Episoden litten. In anderen Studien ging Dr. Wright den Risikofaktoren für spätere Allergien nach und analysierte das Blut der Nabelschnur von Neugeborenen. Im Nabelschnurblut von Säuglingen gestresster Mütter zirkulierten erhöhte Werte von Immunglobulin-E (IgE), was eine erhöhte Aktivität der humoralen Immunität (TH-2) und eine Neigung zu Allergien anzeigt. Schließlich wies eine Forschergruppe aus England nach, dass sich noch während der Schwangerschaft ablesen lässt, ob ein Kind potenziell mit einem Asthma-Risiko auf die Welt kommt oder nicht.

Sie werteten Daten einer britischen Langzeitstudie über Eltern und Kinder aus. Bei 5.810 Kindern lag die Information darüber vor, ob deren Mütter während der Schwangerschaft unter Angstzuständen litten und die Kinder im Alter von siebeneinhalb Jahren an Asthma erkrankt waren. Angst der Mütter während der Schwangerschaft erwies sich als verlässlicher Hinweis für eine spätere Erkrankung der Kinder.

Kunst und Lebenssinn wirken positiv

Wenn Menschen glauben, sich etwas Gutes zu tun, indem sie sich schnell und oberflächlich belohnen und sich selbst „glücklich" machen wollen, dann irren sie. Zumindest in Bezug auf das Immunsystem. Fastfood, Süßigkeiten, Alkohol, Shopping-Fieber, Fernsehen oder jede andere oberflächliche Bespaßung wirkt sogar negativ auf das Immunsystem. Auch oberflächlicher Sex. Laut Dr. Steve Cole, einem US-amerikanischen Psychoneuroimmunologen, erkennt der Körper, dass es sich um eine „unverlässliche Form von Glück" handelt. Das Immunsystem bewertet solche materiellen, künstlichen Freuden nicht gut und reagiert wie in Stresssituationen. Dem gegenüber stehen Erfahrungen, die eine „tiefere Ebene" befriedigen. Genannt werden etwa „soziales Engagement" oder ehrliche und nicht geheuchelte Freude an Kunst und Kultur. Studien ergaben, dass diese Form von Freude das Immunsystem stärkt.

Wirtschaftliche Zukunftsängste

Dr. Katharina Schmid in ihrem genannten Buch „Kopfsache gesund": „Nicht nur Vitamine, Ingwer und Zitrone fördern das Immunsystem. Auch ein stressfreies Leben mit regelmäßigen Sozialkontakten ist für die Immunabwehr und somit die Gesundheit wichtig." Und weiter führt Dr. Schmid aus: „Doch nicht nur Prüfungssituationen bedeuten für das Immunsystem eine große Belastung. Anfang der 1990er-Jahre kam es in Japan zu einer schweren Wirtschaftskrise.

Damals war gerade die Studie von Yumiko Nakano im Gange: Sie maß bei hundert japanischen Taxifahrern laufend die Aktivität der Immunzellen im Blut. Als Vergleichsgruppe dienten Beamte mit fester Anstellung. Zunächst waren die Blutwerte beider Gruppen ident. Als das Geschäft der Taxifahrer jedoch aufgrund der schlechten Wirtschaftslage einbrach, wiesen sie eine signifikant reduzierte Immunkompetenz auf. An den Blutwerten der Beamten mit stabilem Einkommen hatte sich hingegen nichts geändert. Die Studie zeigte erstmals, dass auch das sozioökonomische Umfeld einen großen Einfluss auf das Immunsystem hat. Dass die Stabilisierung der Arbeitssituation sich positiv auf das Immunsystem auswirkt, konnte die US-Amerikanerin Deborrah Marriott 1994 nachweisen: Bei hundert männlichen Arbeitslosen wurde die Immunaktivität im Blut gemessen. Sie war bei den Arbeitslosen signifikant niedriger als bei Männern mit Arbeit. In Verlaufsuntersuchungen zeigte sich: Die Aktivität der Immunzellen stieg bei den arbeitslosen Probanden, die erneut Arbeit fanden, bereits innerhalb eines Monats wieder an. Bis heute ist dies eine von wenigen medizinischen Studien, die belegt, dass sich das Immunsystem relativ rasch wieder erholt, wenn ein wichtiger psychosozialer Stressfaktor wegfällt."

Der Zusammenhang zwischen Gesundheit und Psyche ist im Jahr 2020 hinlänglich bewiesen. Somit auch die Verbindung von Körper und Geist, Kopf und Wohlbefinden. Daraus ergibt sich natürlich die Frage, ob man dieses Wissen gezielt für sich einsetzen kann, und die Antwort ist erfreulich. Es ist möglich, bedarf aber der Übung und der Disziplin. Dr. Katharina Schmid: „Wir brauchen nicht darauf zu warten, bis angenehme Gedanken zufällig auftauchen. Das wäre auch nicht empfehlenswert. Studien zeigen, dass die meisten Menschen zehnmal mehr unangenehme als angenehme Gedanken denken. Zumindest in den wesentlichen Industrienationen. Nur jeder zehnte Gedanke dreht sich um Freude, Liebe oder Aufrichtigkeit." Man muss sich also, wie die

Patienten vor der Herz-Operation, ganz konkret Ziele und positive Zukunftsvisionen vorstellen. Dr. Schmid erklärt: „Wenn Gedanken oft wiederholt werden, bilden sich Synapsen an den Nervenzellen, das beweist, dass Gedanken auf die Entwicklung von Körperzellen wirken können." Und Dr. med. Lutz Bannasch und Beate Junginger weisen in ihrem Buch „Gesunde Psyche, gesundes Immunsystem" auf das ungeheure Potential unserer Gedanken hin: „Die Beeinflussung ist umso intensiver, je häufiger sich Gedanken wiederholen!

Was für ein energetisches Potenzial! Vor diesem Hintergrund ist das weise Wort ‚Achte auf deine Gedanken, denn sie können dein Schicksal werden' wirklich ernst zu nehmen."

Eine Veränderung des ganzen Lebens ist über die Veränderung der Grundeinstellung und der Gedanken möglich. Es ist somit kein Zufall, wenn besonders hartnäckige und willensstarke Personen den Erfolg automatisch anziehen und unsichere und zögerliche Personen vom Pech verfolgt sind. Die Experten betonen, dass eine Veränderung der Gedanken erlernbar ist – auch wenn dies, wie mit allen eingefahrenen Wegen, oft sehr mühsam ist und der fremden Hilfe bedarf.

Zwei weitere Wissenschaftsdisziplinen widmen sich der Macht der Gedanken. Ihre Forschungen bescheren uns jährlich neue Erkenntnisse. Die Quantenphysik wird in den nächsten Jahren weiter dazu beitragen, dass wir verstehen, wie unsere Handlungsweisen und unsere Gedanken über unseren eigenen Körper hinauswirken.

Dr. Schmid: „Fest steht heute schon: Jeder Gedanke bewirkt eine Übersetzung einer auftauchenden Möglichkeit in neue, physikalisch messbare Prozesse. Beim Denken erzeugen wir elektromagnetische Wellen, die als Energiefeld unsere Umgebung und unseren eigenen Körper durchdringen. Diese wiederum ermöglichen eine Quantenverschränkung mit anderen Lebewesen."
Ebenso werden durch die Gedanken die Gene beeinflusst. Oder besser gesagt, gewisse „Zusätze" am Genmaterial, was die ganz neue Disziplin der Epigenetik erforscht. Heute ist schon erwiesen, dass sich besonders schwerwiegende Trauma-Erlebnisse im Erbgut festschreiben und weitervererbt werden. Eine Hungersnot, ein Kriegserlebnis, ein besonderes Familiendrama: Ein besonders einschneidendes Ereignis geht in das kollektive Gedächtnis der Nachkommen über und wird so zum lebendigen und nicht wegzudiskutierenden Erbe.

Gehirnforscher haben zudem herausgefunden, dass Gemeinschaften ebenso nach gleich ausgerichteten Gedanken streben können und dort zu Höchstleistungen fähig sind. Gemeinschaften können also ein kollektives Bewusstsein entwickeln. Und wenn viele Mitglieder einer Gemeinschaft eine Veränderung wollen und dies auch gleich denken, kann sich diese Sehnsucht auch zu einem kollektiven Wunsch bündeln. Der Satz des Aristoteles, vor mehr als 2.300 Jahren formuliert, wird heute also sensationell von der modernen Wissenschaft bestätigt: Das Ganze ist mehr als die Summe seiner Teile.

Der Zustand des Immunsystems ist messbar. Und das ist der Grund, weshalb an dieser Stelle so ausführlich Studien zitiert werden, die den Einfluss auf eben dieses Immunsystem ausgewertet haben. Wie das Immunsystem durch Abläufe in unserem Kopf verändert wird, lässt den Schluss zu, wie sehr unsere Gedanken unseren körperlichen Zustand beeinflussen. Unwissenschaftlich gesprochen sagt man, dass eine Person, die in voller „Kraft und Saft steht", die voller Energie und Lebensfreude ist, dass eine solche Person auch gegen Infektionskrankheiten gefeit ist. Wer gesund ist, wirkt kräftig. Und wer kräftig wirkt, strahlt Unverwundbarkeit aus. Man mutet solchen kräftigen Personen zu, dass sie Dinge anpacken können, dass sie die Kraft der Veränderung in sich tragen, dass sie es zu etwas bringen und eben keine „Schwächlinge" sind, die sich mit jedem Schnupfen anstecken. Wer also gute Gedanken hat und willensstark seine Ziele und Aufgaben verfolgt, wird auch eine Aura ausstrahlen, die auf andere Menschen in seiner Umwelt anziehend wirkt. Dass dies nicht nur ein Gefühl ist, zeigen die Messungen am Immunsystem: Die neueste Wissenschaft bestätigt also auch die alte lateinische Weisheit, wonach in einem gesunden Körper ein gesunder Geist wohnt (Mens sana in corpore sano).

Zusammengefasst:

Die neuesten Forschungsergebnisse messen dem Geist, den Gedanken, den Gehirnfunktionen eine unglaubliche Bedeutung bei. Der alte Konflikt Körper-Geist wird durch zunehmendes Wissen für alle Zeit beigelegt, ebenso wie der Konflikt Mensch-Natur. Wer seinen Geist in Einklang mit seinem Körper bringt und jenen nicht zum bloßen Werkzeug degradiert, und wer sich als Teil der Natur begreift und diese Schöpfung ehrt und achtet, wird innerlich ruhig und harmonisch sein Leben gestalten können und die Zerrissenheit zwischen den Welten überwunden haben. Wir schaffen mit unseren Gedanken und Visionen die Wirklichkeiten von morgen. Wer die Niedertracht der Jetztzeit überwinden möchte, muss eine konkrete Vorstellung entwickeln, wie sein Gegenmodell auszusehen hat. Die bloße Ablehnung des volklichen Untergangs wird nicht genügen, die inneren, rettenden Kräfte zu mobilisieren, die so lange eingeschläfert und betäubt wurden: An die Stelle der bittenden, verzweifelten Opferhaltung muss eine heroische Vision der Wiederauferstehung der europäischen Kräfte treten. Der Scheideweg der heutigen Tage zwingt uns zu einer totalen Entscheidung, für die wir ohne all die Verfallserscheinungen nicht bereit wären, da sich niemand aus freien Stücken einer totalen Entscheidung unterwirft – wo es nach dem Entschluss kein Zurück mehr gibt, wo alle Hintertüren zugeworfen, alle Ausflüchte ungültig geworden sind: Untergang und Ende einer mehr als dreitausendjährigen europäischen Geschichte auf der einen Seite. Oder Wiederauferstehung – ja, Aufstieg zu bisher ungeahnten Höhen, auf der anderen Seite. Diesen Scheideweg vergegenwärtigend, sollte der Entschluss, wenn noch innere Reserven mobilisierbar sind, leicht fallen. Die Gestaltung unserer eigenen Zukunft beginnt in unseren Köpfen.

3.2. Jeder Einzelne zählt

Es ist eine alte Weisheit, dass ein guter Charakter nicht innerhalb einer Woche oder eines Monats gebildet wird. Nur das beharrliche Selbst-Überwinden, das Sich-selbst-Befehlen, gleichzeitig seine Bedürfnisse erkennen und die strebsamen Eigenschaften fördern, nur das wird einen selbst so verändern, dass man später mit Herausforderungen und Hürden kein Problem mehr hat, sondern diese als Ansporn wahrnimmt. Solche Menschen erscheinen uns als kraftvoll und bewundernswert. Solche Typen sind Führungstypen, mitreißende Charaktere, nachfolgenswert. Oder wie es Konrad Lorenz so pointiert formulierte: „Kein Mensch identifiziert sich je mit einem sklavischen Schwächling, niemand ist bereit, sich von ihm Normen des Verhaltens vorschreiben zu lassen, und am allerwenigsten ist man bereit, als kulturelle Werte anzuerkennen, was jener verehrt." Ein kräftiger Charakter wird aber nur durch geduldige Anstrengung, Tag für Tag, geprägt.

Und so verhält es sich auch mit unserem „positiven Denken", das nichts mit rosaroter, verträumter Verklärung zu tun hat. Nietzsche: „Es ist an der Zeit, dass der Mensch sich sein Ziel stecke. Es ist an der Zeit, dass der Mensch den Keim seiner höchsten Hoffnung pflanze."

Dr. Katharina Schmid plädiert weniger auf philosophischer, dafür auf wissenschaftlicher Basis für ein ziel- und lösungsorientiertes Denken, um Ziele, die man sich steckt, tatsächlich zu erreichen: „Mithilfe zielgerichteten Denkens konzentrieren Sie sich darauf, was Sie in Ihrem Leben wollen. Dieses Denken führt zu zielgerichteten Gedanken, die als Effekt der anhaltenden Konzentration immer öfter von selbst auftauchen. Das Zusammenspiel der Gehirnregionen Neocortex und Thalamus macht es möglich. Automatisch sehen wir dadurch mehr Sinn in unserem Leben, fühlen uns autonomer und selbstbestimmter. Diese Art von Gedanken führt längerfristig auch zu mehr positiven Gefühlen und zu Motivation anstelle von Resignation." Und weiter: „Damit die Zielbilder Realität werden, gilt es, die vier Ps zu beachten: Zielbilder sollen präzise, positiv und im Präsens, also in der Gegenwart, formuliert und mit positiven Emotionen verbunden sein." Gerade der letzte Punkt erscheint einer zusätzlichen Erklärung wert: „Verbinden wir die Vorstellung mit intensiven Gefühlen wie Zuversicht, Vertrauen oder gar Begeisterung."

Ein Beispiel für Sportler: Wer sich zum Training überwinden möchte und konkret an das Training denkt, wird wie magisch zu seiner Körperertüchtigung hingezogen. Man denkt an das Anziehen der Laufschuhe, an das Material der Fitnessgeräte oder man genießt gedanklich die Dusche danach. Diese mit Glücksgefühlen verbundenen Emotionen lassen das Gehirn die Szene als wichtige Erfahrung im Gedächtnis abspeichern. „Denn es unterscheidet nicht zwischen Realität und Vorstellung. Für unser Gehirn hat Bedeutung, was besonders gefühlsintensiv erlebt wird. Unser Gedächtnis glaubt dann, diese Situation schon einmal erfolgreich erlebt zu haben. Dadurch entstehen neue Synapsen zwischen den Nervenzellen. Der Umgang mit einer ähnlichen Situation fällt uns dann im Alltag leichter." Und die Expertin gibt noch einen Ratschlag: „Umgeben Sie sich mit Menschen, die Ihre Zielbilder unterstützen.

Tauschen Sie sich mit Ihren Freunden darüber aus. Suchen Sie sich Gleichgesinnte. Menschen, die mit Ihnen auf einer Wellenlänge sind."

Aus diesem Wissen ergeben sich großartige Schlussfolgerungen:

- Konkrete Zielbilder gedanklich erfassen,
- diese wiederholen und so verinnerlichen,
- positive Visionen und Gefühle denken,
- mit Gesinnungsfreunden umgeben und austauschen.

Nur vereinsamt und mürrisch immer „gegen alles" zu sein, wird die Welt nicht im Geringsten verändern. Es muss ein positiver Gegenentwurf formuliert werden, der zuerst einmal selbst verinnerlicht werden muss, um dann magnetisch anziehend auf andere zu wirken. Je neuartiger dieser geistige Entwurf ist, desto besser, denn vom „more of the same" werden bald alle genug haben. Kann die Vision gleichzeitig an unser eigenes Erberinnern, unser kulturelles Gewordensein anknüpfen, wird eine solche Idee als stimmig und richtig empfunden werden.

Neurowissenschafter haben herausgefunden, dass wir täglich nur rund zwei Prozent neue Gedanken denken. Der Rest ist mehr oder weniger die gleiche Leier. Es wird Zeit, die alten Denkmuster aufzubrechen und den Mut zu neuen Gedanken zu fassen. Ein wichtiger Satz muss lauten: Wir sind befähigt, alles zu ändern, wenn wir nur genügend wollen.

Daraus erwächst dem Einzelnen eine ungeheure Verantwortung und Macht. Versteht er sich dann darüber hinaus als Teil eines Ganzen und weiß, dass er ein wichtiger Träger einer Idee und einer Gemeinschaft ist, ist dies die Grundlage für echtes Heldentum. Friedrich Hebbel: „Er bildet ein Glied, ob das erste oder das letzte, ist gleichgültig. Und der elektrische Funke könnte nicht hindurchfahren, wenn er nicht dastünde. Darum zählen sie alle für einen und einer für alle und die Letzten sind wie die Ersten." Ein heroischer Gedanke: eine Kette selbstbewusster Frauen und Männer – und jeder Einzelne ist sich seiner Verantwortung und Sendung bewusst.

Dann ist auch nebensächlich, dass im Moment die Masse noch gleichgültig und lethargisch und zu keinerlei Begeisterung fähig ist. Der Tatkräftige weiß bildlich gesprochen: Die Aneinanderreihung von Nullen ist ein Haufen von 0en. Doch tritt die 1 an ihre Spitze, bekommt die Ansammlung von Nullen plötzlich den echten Wert.

Um weitere Persönlichkeiten kraft des eigenen Vorbildes begeistern zu können, müssen die eigenen Ziele und Werte bereits im eigenen Erscheinen abgebildet sein. Eben vor-gebildet. Der Kopf der indischen Unabhängigkeitsbewegung, Mahatma Gandhi, hat einmal etwas gesagt, was alle großen Männer, die etwas verändert haben in der Welt, so ähnlich formuliert haben: „Sei du selbst die Veränderung, die du dir wünschst für diese Welt."

Zuerst die Arbeit an sich selbst, ehe andere überzeugt werden sollen! Der strenge Mahner für Selbstüberwindung und Selbstzucht, Friedrich Nietzsche, der Erschaffer des Übermenschen, schreibt beispielhaft:

„Du bist jung und wünschest dir Kind und Ehe. Aber ich frage dich: bist du ein Mensch, der ein Kind sich wünschen darf? Bist du der Siegreiche, der Selbstbezwinger, der Gebieter der Sinne, der Herr deiner Tugenden? Also frage ich dich. Oder redet aus deinem Wunsche das Tier und die Notdurft? Oder Vereinsamung? Oder Unfriede mit dir? Ich will, dass dein Sieg und deine Freiheit sich nach einem Kinde sehne. Lebendige Denkmale sollst du bauen deinem Siege und deiner Befreiung.

Über dich sollst du hinausbauen. Aber erst musst du mir selber gebaut sein, rechtwinklig an Leib und Seele. Nicht nur fort sollst du dich pflanzen, sondern hinauf! Dazu helfe dir der Garten der Ehe! Einen höheren Leib sollst du schaffen, eine erste Bewegung, ein aus sich rollendes Rad – einen Schaffenden sollst du schaffen.

Ehe: so heiße ich den Willen zu zweien, das Eine zu schaffen, das mehr ist, als die es schufen. Ehrfurcht voreinander nenne ich Ehe als vor den Wollenden eines solchen Willens."

Rechtwinkelig an Leib und Seele. Nicht nur fort-, sondern sich hinaufpflanzen – zur nächsthöheren Stufe: ein guter Gedanke, ein den Naturgesetzen, der Evolution entsprechender Geist.

Ob gesunde Ernährung, Sport, Familie, Kameradschaft, Bildung – in allen Bereichen sollten Anspruch und Wirklichkeit nicht zu weit auseinanderklaffen. Die Menschen unserer Artung verlangen Führungspersönlichkeiten auf ganzer Ebene, die auch hinter den Kulissen so sind, wie sie vor dem Vorhang behaupten zu sein. Die Arbeit an sich selbst ist daher ebenso wichtig wie die Arbeit im Äußeren.

Dass in solchen Zeiten wie diesen die Erwachten eine besondere Positivauslese darstellen, ist logisch: Wer sich anschickt, das System zu kritisieren und ihm gar Widerstand entgegensetzt, wird angefeindet und heftig bekämpft. Dies bedeutet, dass nur die mutigen, charakterstarken und zähen Persönlichkeiten diesen Weg wählen werden. Und ebenso bedarf es eines hohen Aufwands, eines großen Wissensdurstes, um in mühsamer Kleinarbeit das Licht der Erkenntnis zu finden. Letzteres bedeutet, dass ein Mindestmaß an Intelligenz nötig ist, die den Einzelnen befähigt, sich durch das Netz aus Lügen zu arbeiten.

Fähigkeit und Mut sind unerlässliche Fundamente, will man dem Schicksal in den Rachen greifen und in einer zusammenbrechenden Zeit eine Notwende für das eigene Volk erreichen. Es braucht aber immer auch die Gelegenheit, wie die Geschichte lehrt und wie es schon Machiavelli vor 500 Jahren niederschrieb. So viel Machiavelli auch über Macht und Machterlangung geschrieben hat, er wusste: Ohne die passende Gelegenheit sind alle Weisheiten wertlos. Machiavelli findet aber, dass es wohl wenig mit „Glück" zu tun habe, wenn mächtige Männer ihre Werke vollbringen können. Es benötigt den entsprechenden Kopf und die passende Gelegenheit. Beides! Er schreibt in Bezug auf diese Männer: „Wenn die Gelegenheit gefehlt hätte, so wäre die Kraft ihres Geistes verhaucht: hätte es aber an dieser gefehlt, so wäre die Gele-

Jeder Einzelne zählt

genheit vergeblich gewesen. So musste Moses das israelitische Volk in ägyptischer Sklaverei finden, damit es bereit sei, ihm zu folgen. Romulus musste ausgesetzt werden, um den Gedanken zu fassen, Rom zu gründen und König zu werden. Cyrus musste die Perser mit der medischen Herrschaft unzufrieden und die Meder durch den langen Frieden weichlich und weibisch geworden finden. Theseus konnte seine Tüchtigkeit nicht beweisen, wenn er die Athener nicht zersplittert vorfand. Diese Gelegenheiten haben jenen großen Männern den Erfolg gebracht: vermöge der Größe ihres Geistes aber erkannten sie die Gelegenheit, und dadurch ward ihr Vaterland glücklich und berühmt."

In der Geschichte und im Leben der Menschen kann alles ganz schnell gehen. Das lehrt uns die Corona-Krise, die plötzlich das Leben so total veränderte. Oder die Vertreibung von Abertausenden in einem Kriege. Oder viele andere Beispiele, die wir aus der Geschichte ins Bewusstsein bringen sollten.

Der spätere ÖVP-Politiker Leopold Figl saß zum Jahresbeginn 1945 noch im Konzentrationslager Mauthausen. Zum Jahresende 1945 wurde er als erster Bundeskanzler der Zweiten Republik angelobt und verkündete zehn Jahre später, 1955, vom Balkon des Schlosses Belvedere in Wien die bekannten Worte: „Österreich ist frei!" Es kann alles ganz schnell gehen.

    Es gibt aber oft eine sehr lange Vorgeschichte, ehe sich der Erfolg einstellt. Beharrlichkeit, Durchhaltevermögen,

Überzeugung, Fanatismus sind hierfür nötig. Beispielhaft für eine solche Leidensgeschichte mit siegreichem Ausgang sind die Christen in Rom: Von Kaiser Nero bis zur „konstantinischen Wende" (64 bis 312) wurden die Christen in Rom über 250 Jahre lang brutal verfolgt, versklavt, Bischöfe ohne Prozess hingerichtet, Anhänger enthauptet, verbrannt, an wilde Tiere verfüttert. Im Jahr 312 bekannte sich mit Konstantin der erste römische Kaiser zum neuen Christentum, und im Jahr 380 war das Christentum Staatsreligion in Rom.

Der eiserne Reichskanzler Bismarck traf es punktgenau: „Politik ist, dass man Gottes Schritt durch die Weltgeschichte hört, dann zuspringt und versucht, einen Zipfel seines Mantels zu fassen." Beispiele, bei denen der Rockzipfel noch rechtzeitig gefasst wurde, kennt die Geschichte viele. Eines ist etwa der Weg der Bolschewisten in Russland. Karl Marx veröffentliche 1848 das „Kommunistische Manifest", 1867 „Das Kapital". Erst 50 Jahre später gelangte mit Lenin seine Lehre in Moskau an die Macht. Dabei waren die Bolschewisten als kleine Splittergruppe im Jahr 1903 noch keine 300 Mann. 1917 war Lenin Staatsoberhaupt von Russland.

Dazwischen lagen ein Weltkrieg und eine bürgerliche Revolution, die die Bolschewiken ausnutzten. Nur diese Umstände boten Lenin die Möglichkeit, aus seinem Schweizer Exil in Russland einzugreifen. Die Bolschewiki ernteten die Früchte ihrer jahrelangen Beharrlichkeit. Diejenigen, die durchhielten, rekrutierten plötzlich Tausende, weil die Masse durch die äußeren Umstände bereit wurde, aufnahmefähig wurde.

4
NEUE NACHHALTIGKEIT

*„In der lebendigen Natur geschieht nichts,
das nicht in einer Verbindung mit dem Ganzen stehe."*

Johann Wolfgang von Goethe

4.1. Was kann uns retten?

Die Welt befindet sich im Umbruch. Und sie steht dabei gleichsam am Abgrund. Also noch einmal:

Was kann uns retten?

Ein neuer Geist! Nur ein neues Denken, eine neue Haltung. Und zwar von Grund auf neu. Denn wer beginnt, herumzudoktern, wird scheitern, weil neue politische Forderungen, Förderungen oder Gesetze zwar neuartig sein mögen, wenn sie aber aus dem alten, schlechten Geist entspringen, sind sie nichts wert. Der Mensch hat bewiesen, dass er die schönsten Worte umdeuten und in ihr Gegenteil verkehren kann, wenn ein falscher Geist und Wille ihn antreibt.

Also was rettet uns, und was macht die Umbruchszeit zu einer Zeit des Aufbruchs und der Hoffnung? Der neue Geist muss von einem Gedanken durchdrungen sein: Nachhaltigkeit!

Und dieser Grundgedanke der Nachhaltigkeit fragt immer: Was nützt dein Tun der Welt nach dir? Nicht zuerst, was nützt dir und deinen Trieben, sondern was kommt nach dir? Und was würden die sagen, die vor dir waren? Ist dein Handeln ehrenwert, würdig, aufrichtig? Dann tu es und tu es ganz. Oder ist es falsch und schädlich, dann unterlasse es! Der deutsche Schriftsteller Albert Matthäi († 1924) schrieb vor über hundert Jahren im Geiste von Kants kategorischem Imperativ nieder, was als Wahlspruch für diese neue Nachhaltigkeit gelten könnte:

Du sollst an Deutschlands Zukunft glauben,
an deines Volkes Aufersteh'n.
Lass diesen Glauben dir nicht rauben,
trotz allem, allem was gescheh'n.
Und handeln sollst du so, als hinge
von dir und deinem Tun allein
das Schicksal ab der deutschen Dinge
und die Verantwortung wär' dein.

Die neue Form der Nachhaltigkeit setzt bei einem ganzheitlichen Welt- und Menschenbild an. Nur wer Natur – Mensch – Körper – Geist als Einheit begreift, nur wer erfasst hat, dass die Einzelperson in eine Familie, eine Sippe und in ein Volk eingebettet ist, und nur wer erkannt hat, dass der Mensch im 21. Jahrhundert voll verantwortlich für sein Tun und Handeln ist, dass er wahrlich erwacht ist und keine fremde Krücke mehr braucht – nur dieser Mensch weiß, was heute getan werden muss, damit die Menschheit morgen zu Glück und Heil gelangen wird. Die Antwort auf die Frage, was „gut" und was „böse" sei, ergibt sich wie selbstverständlich, wenn alles an den Gesetzen der Natur ausgerichtet ist.

Die neue Nachhaltigkeit begreift den Planeten als die altehrwürdige „Mutter Erde" und unterscheidet nicht zwischen Schutz des eigenen, individuellen Lebens und dem

Was kann uns retten?

Schutz dieser Mutter Erde. Weil er diese Erde schützt, schützt er auch ihre Geschöpfe, die Tiere und Pflanzen und all ihre genialen und evolutionär gewachsenen Arten. Ebenso schützt er auch die Völker und Kulturen, die in ihrer heutigen Form ein ideales Ergebnis einer jahrtausendelangen Anpassungsleistung an Raum und Umwelt darstellen.

Weil die neue Nachhaltigkeit in Generationen denkt, denkt sie vorausschauend und sparsam und möchte nicht im Hier und Jetzt alle Schätze der Natur verschwenderisch aufsaugen und wie im Raubbau vergangener Jahrzehnte alles verödet zurücklassen. Die Wirtschaft wird in ihre dienende Rolle geführt und hat fortan dem Volk zu dienen und nicht mehr umgekehrt.

Die neue Nachhaltigkeit lehnt keineswegs den technischen Fortschritt ab: Fortschritt und Modernisierung werden sogar ausdrücklich gefördert, aber nicht um jeden Preis. Wenn also Ressourcen verbraucht werden und Raubbau an der Natur getrieben wird, dann ist dieser Fortschritt zu unterlassen. Der Fortschritt ist aber gut, wenn er in den Dienst des gedeihlichen Vorankommens der Menschheit gestellt werden kann. Fortschritt bedeutet Erleichterung der Arbeitsschritte, bedeutet Beschleunigung. Aber eben wieder nicht für das kranke Ziel, noch mehr Ausbeutung und noch mehr Gewinn zu erreichen. Nicht noch mehr Leistungsdruck soll aufgebaut werden. Den Menschen soll der Druck genommen werden. Entlastung! Die gewonnene Balance, Freizeit,

Ruhe soll dann für die Dinge verwendet werden, die die Menschen gerne machen. Unzählige Kunstwerke, seien es Kompositionen, Dichtungen, Gemälde, Bauwerke, aber auch die Ergebnisse langer Forschungen, würde die Welt heute nicht kennen, hätten die Großen der Zeit keine Mäzene gehabt, die ihren Lebensunterhalt mitfinanziert hätten. Ohne das Haus der Medici wäre Florenz nie zu dieser Metropole der Hochkultur geworden, ohne die finanzielle Zuneigung des aristokratischen Bürgertums von Rom hätte die Renaissance nie stattgefunden: Die Gewinne aus dem Handel flossen anteilig an Bildhauer, Maler, Dichter und Architekten. Ohne wohlhabende Gönner wäre insgesamt die Hochkultur in Europa wohl nicht zu jener Größe gelangt, die sie erreicht hat. Ein sozialer, nachhaltiger Staat kann aber dem ganzen Volk freie Zeit und Wohlstand gleichermaßen gönnen, und zwar in dem Augenblick, in dem der Fortschritt nicht länger für unersättlich-gierige Ausbeuterinteressen missbraucht wird.

Nun mögen Vertreter der Altparteien sagen, dass das alles eine unerreichbare, unmögliche Utopie sei. Und sie mögen ins Treffen führen, dass sie das ja auch wollten, aber man müsste sich eben an realistischeren Kleinzielen orientieren, anstatt einem nie erreichbaren Traum hinterherzujagen. Das ist aber, wie fast immer, dummes Geschwätz! Denn die Parteien vertreten ausschließlich die Interessen ihrer Zielgruppen beim Wählerpublikum, und es geht ihnen auch nur um das Wohlergehen einzig dieser Zielgruppen, weil sie sich erhoffen, in der Folge zum Dank wiedergewählt zu werden. Die Wirtschaftskonservativen umgarnen mit ihren Forderungen Industrielle, Gewerbetreibende, die Kirche und die Bauern. Die Sozialisten umspinnen die Arbeiter und Angestellten, heute auch die Migranten und die Randgruppen. Dieses Denken gründet sich auf kühler Berechnung und folgt systemischer Gesetzmäßigkeit: Der Wählerkuchen muss aufgeteilt werden und hier, so denken diese Spitzen der Altparteien, muss man sich spezialisieren. Was geht die Wirtschaftspartei das Problem des Angestellten an? Und was schert den Sozialisten die Sorge des Unternehmers? Und so weiter.

Aber das neue Denken kennt dieses Ausspielen nicht. Denn zukunftsträchtige Nachhaltigkeit kann nur gemeinschaftlich, Hand in Hand, erreicht werden. Solidarität ist daher der Schlüssel zum Erfolg. Es geht um das Schicksal des gesamten Volkes. Und weil wir in Völkern denken, denken wir gleichsam an die Arbeiter, Angestellten, Unternehmer und Beamten, an die Mütter und Frauen, Männer und Kinder. Es gibt kein oben oder unten, es gibt nur Angehörige einer großen Gemeinschaft, die zusammen in einem Boot sitzt. Und wenn die Völker in Glück und Frieden gedeihen, ist dies auch ein Segen für die gesamte Menschheit. Denn die Brüderlichkeit und den Frieden, den Zusammenhalt und die Nachbarschaftlichkeit erreicht man einzig und allein, wenn jedes Volk nach seinem Bilde glücklich werden darf, ohne von außen fremdbestimmt und unterjocht zu werden.

Das Volk darf sich nie wieder in Klassen und künstliche Kasten aufteilen lassen. Das verderbliche „Teile und herrsche" muss überwunden werden. Und es dürfen nie wieder Visionen und Ziele im Volk wuchern, die die innere Substanz und das Leben selbst gefährden, die gegen die Natur und die Werdensgeschichte des Menschen verstoßen.

Friedrich Schiller lässt in seinem Wilhelm Tell die Schweizer Eidgenossen feierlich den Rütlischwur schwören, der jenen Geist trägt, der für eine Weltanschauung nötig ist, die verheißungsvoll die besten Kräfte für die Zukunft bündelt:

Wir wollen sein ein einzig Volk von Brüdern,
in keiner Not uns trennen und Gefahr.
Wir wollen frei sein, wie die Väter waren,
eher den Tod, als in der Knechtschaft leben.
Wir wollen trauen auf den höchsten Gott
und uns nicht fürchten vor der Macht der Menschen.

Nachhaltig bedeutet auch immer solidarisch. Eine gemeinschaftliche, von gegenseitigem Respekt und von freundlicher Rücksichtnahme getragene Haltung. Eine Nation ist eine lebendige Solidargemeinschaft. Eine Nation, so sagt man, ist ein sich selbst bewusst gewordenes Volk. Ein sich selbst be-wusst gewordenes, also um seine Zusammengehörigkeit wissendes Volk, ein gemeinsam handelndes Volk.

Verbunden mit den aneinandergereihten Generationen ebenso wie mit den heute lebenden Landsleuten. Ohne die Verbundenheit über Generationen hinweg wären in früheren Zeiten nie Reich- und Besitztümer angehäuft worden, wären nie große Dinge erreicht worden. Ohne ein über Geschlechter andauerndes Aufbauwerk gäbe es keine Kulturbauten, keine Hallen und Paläste, keine Burgen und Klöster: All diese Denkmäler vergangener Zeiten erinnern uns heute noch an die Größe und den Mut der Persönlichkeiten, die vor uns waren. Das muss uns Ansporn sein, sich dieser tüchtigen Ahnen als würdig zu erweisen!

Solidarität aber auch unter uns Heutigen: Man ist solidarisch mit dem Arbeiter, wenn es gegen einen ausbeuterischen und brutalen Konzern geht, der die Mitarbeiter ausbluten lässt. Man ist aber ebenso solidarisch mit den Unternehmern, wenn es gegen bewusste Sozialschmarotzer geht. Nach den Verirrungen von Ausbeutungskapitalismus und Hängematten-Sozialstaat wird es Zeit für einen wirklich gerechten und ehrlichen Solidarstaat.

Der solidarische Gedanke ist zutiefst stimmig und wird bei richtiger Verinnerlichung wahrlich bessere und umsichtigere Menschen hervorbringen. Der volkstreue Autor Konrad Windisch schreibt über unsere Verbundenheit mit Raum und Abstammung:

„Wir wissen, dass wir als Menschen – der Einzelne sowohl als auch die Völker – Teil der Natur sind. Wir stehen nicht außerhalb der Natur. Und wir sind schon gar nicht ihre Herren. Wir sind nicht sinnlos und wahllos austauschbar in den lebenden Strom der Natur geworfen. Und wir werden ebenso wenig durch ein unbegreifliches und unsinniges – sinnloses – Schicksal wieder aus diesem Lebensstrom genommen und aus der Welt des Lebendigen verstoßen. Das Sein, die Natur an sich, das Leben selbst sind etwas wirklich Wunderbares, sind wunderbare Wirklichkeit. Die Natur, das Leben, stellt aus sich selbst heraus dem Einzelnen und seinem persönlichen Leben Sinn und Aufgaben."

Und er appelliert an uns Heutige, an uns Vergessene, an uns Verlorene, in Generationen zu denken. Was war vor uns und was kommt nach uns?

Nur eine solche Denkweise kann uns zu echter Nachhaltigkeit führen. Konrad Windisch:

„Ungezählte Generationen vor uns mussten sich im Lebenskampf bewähren, um das Leben zu bewahren und an uns weiterzugeben. Wir selbst wären nicht, wenn sie, unsere Ahnen, im Lebenskampf nicht bestanden hätten. Wenn sie das Leben über ihren eigenen Tod hinaus nicht an uns weitergegeben hätten! So sind wir nun Vergangenheit und Gegenwart zugleich und sollen auch Zukunft sein! Wenn wir uns als mitwirkenden und mitschaffenden Teil der Natur und des Lebendigen verstehen, ist unsrem eigenen, persönlichen Leben Inhalt und Sinn gegeben. Um des Lebens willen gehen Ruf und Mahnung der Ahnen an uns: Dem Leben in der Erinnerung an die vorangegangenen Generationen so zu dienen, dass wir vor den uns nachfolgenden bestehen können; und dass das Leben der Menschen und Völker weitergegeben wird in die Zukunft! Der Sieg des Lebens ist der Sinn der Welt!"

Diese Lebensschau fasst Erwin Guido Kolbenheyer am Ende seiner „Philosophie der Bauhütte" in den Betrachtungen über Tod und Unsterblichkeit eindrucksvoll zusammen:

Aus tiefem Born bist du geborn.
Von Urwelt her lebt deine Welt.
Erstirb, an keinen Tod verlorn,
Brücke du, Weg du und Feld!
Über dich hin, durch dich muss gehen,
Was Frucht vom Baum wird fallen sehn,
Selber nur Frucht und Kern,
Gesät auf den rollenden Stern.

Nachhaltig leben: Das ist der Versuch, aus und mit der Natur zu leben, ohne zu irgendeinem Zeitpunkt auch nur eine Pflanzenart so gedankenlos zu ernten und zu nutzen, dass diese vom Aussterben bedroht ist. Das bedeutet, zu fragen: Wie muss ich mich verhalten, dass meine Kindeskinder in dieser Umwelt auch in hundert Jahren noch leben können, dass die Frucht nachwächst, das Wildtier gedeiht, sie sauberes Wasser und gutes Holz haben? Nachhaltigkeit ist der Versuch, im Einklang mit den natürlichen Ressourcen meiner Heimat zu koexistieren. Und weil der Globalismus die Ausbeutung predigt und diese als gottgegeben hinstellt, darf er kein Gegenmodell dulden. Er muss alles andere vernichten, da sonst seine eigene Lebenslüge auffliegen würde!

Kapitalismus zu Ende gedacht, benötigt immer irgendwann einen Neustart, den „Great Reset". Weil Kapitalismus systemisch diese Erde ausquetscht, auswindet, aussaugt – bis zum letzten Tropfen. Durch Währungscrash, Hyperinflation, Währungswechsel versucht sich der Kapitalismus wieder an den Start zu setzen, um erneut weiterzumachen.

Für den Globalismus sind Werte, Tugenden, Kulturen, Völker und Staaten hinderliche Ärgernisse, die ihm in seinem aggressiven Drang zur Nivellierung der Welt nur im Weg stehen. Deshalb muss all das ausgehöhlt, zunichte gemacht, zerstört werden. Denn Bindungen und Schranken müssen beseitigt werden, um den freien Verkehr von Waren, Geld, Menschen und Dienstleistungen fließen lassen zu können, um die Gier des Globalismus nach „immer mehr und mehr" zu stillen. Der Globalismus braucht abgekühlte, teilnahmslose, egoistische Individuen. Er braucht Konsumenten, die die billigere Milch aus einem fernen Land kaufen, während der Biobauer ums Eck auf seiner Ware sitzen bleibt und seinen Erbhof, der Jahrhunderte lang die Menschen der Region ernährte, zusperren muss. Konsumenten, die weiterhin unbeirrbar Produkte aus industriellem Palmöl kaufen, obwohl sie wissen, dass für die Gewinnung tausende Hektar Regenwald abgeholzt und so auch tausende Tierarten für immer ausgerottet werden. Konsumenten, denen egal ist, dass sie sich durch den Konsum der Unterhaltungsmedien selbst geistig-psychisch schwer schädigen und mit den Industrie-Fertigspeisen ihre Körper zerstören. Konsumenten, die nicht an übermorgen denken und nicht an andere Menschen und nicht einmal an sich selbst und ihre Gesundheit. Arbeitspersonal, das problemlos von A nach B verschifft werden kann, weil es keine Familie, keine Heimat, kein Heimweh hat – wie in einem riesigen Monopoly-Brettspiel, auf dem die Figuren von einem Feld zum nächsten verschoben werden können, je nachdem, wie die Anforderungen des Marktes sind – und daher wird der Globalismus keinen Ausweg gestatten. Entweder die Menschheit lässt sich entwurzeln und zur Herde machen oder die Strategen der Globalisierung werden jenen Teil bekämpfen und vernichten, der sich dieser neuen globalen Ordnung widersetzt.

Und das sind keine leeren Drohungen: Die US- und NATO-Angriffskriege gegen Syrien, Irak oder Gaddafis Libyen zeigen, wie die letzte brutale, kriegerische Konsequenz in dieser globalen Auseinandersetzung aussieht. Und dass es Leute wie der Pentagon-Stratege Thomas Barnett ernst meinen, wenn sie programmatisch festschreiben, dass „unvernünftige Globalisierungsgegner", die ihre Kultur und ihr Volk nicht verraten sehen wollen, fertiggemacht werden müssen: „Jawohl, ich nehme die vernunftwidrigen Argumente unserer Gegner zur Kenntnis, doch sollten sie Widerstand gegen die globale Weltordnung leisten, fordere ich ‚We shall kill them'."

Die Globalisierung ist kein Diskussionsbeitrag, sie wird keiner Debatte unterworfen. Sie ist diktatorisch, religiös, total, unbedingt, endgültig. Was der „Lockdown" 2020 oder der Maskenzwang bei Corona sichtbar werden ließen, das war schon längst da. Zu bleiben, wie man gewohnt war zu leben, wird kriminalisiert. Zu bleiben, wie man ethnisch geworden war, wird in der Globalisierung bekämpft.

Die alte Normalität wird durch die „neue Normalität" ersetzt. Die alte Normalität ist in der Globalisierung verboten.

Die Lösung ist so klar wie einfach und logisch: Wer die Verirrungen des modernen, globalistischen Zeitalters beenden möchte, muss auf konsequente Antithesen setzen:

- Heimat statt Globalisierung,
- national statt international,
- Tradition und Verantwortung statt liberalistischer Beliebigkeit,
- Volk statt Weltbürger,
- Kultur des Volkes statt Multikultur.

Zwei Beispiele seien besonders hervorgehoben, wie ein neuer Geist das Potential hat, alles zum Guten zu verändern: Das Verhältnis zum VOLK, das eine natürliche Solidargemeinschaft ist. Und das Verhältnis zur NATUR und zu unserer UMWELT, also zu unserem natürlichen Lebensraum.

4.2. Natur schützen

Alle Lebewesen eines Lebensraumes, sagt der Verhaltensforscher und Nobelpreisträger Konrad Lorenz, sind aneinander angepasst. Pflanzen und Tiere sind aufeinander abgestimmt, ein sich gegenseitig wunderbar ergänzendes Ökosystem. Der Mensch ist Teil dieser Natur. Das war immer so, und das wird immer so sein. Vergisst er es oder gerät er auf einen Irrweg, wird er am Ende selbst unterliegen. Wer nachhaltig handeln möchte, muss sich dieses Grundsatzes wieder bewusst werden und diese Zugehörigkeit künftigen Generationen wieder beibringen.

Ein neuer Naturschutzgedanke muss das falsche Selbstverständnis des Menschen überwinden. Stellen wir uns einmal die Frage: Wie bringt man einen Menschen dazu, etwas Geliebtes zu hassen, einen Teil von sich selbst abzustoßen oder zumindest gleichgültig demgegenüber zu sein? Indem man diesen Teil schlecht macht. Indem man seine Nützlichkeit leugnet. Oder gar bestreitet, dass dieser Teil ein Teil des Menschen ist. Wenn ein böser Nebenbuhler ein Liebespaar entzweien möchte, dann geschieht das genau so. Dort ist es leicht vorstellbar. Aber es geschieht ebenso bei unserem menschlichen Verhältnis zur Natur. Und unserem Selbstverständnis als Volk. Man hat uns herausgelöst aus unserer natürlichen Verbundenheit zu unserem Volk und unserer Natur. Daher sehen wir tatenlos zu, wie man diese Fundamente unseres Lebens zerstört, haben keine Hemmung, selbst an der

Zerstörung mitzuwirken, bleiben kalt beim Anblick seiner Tötung.

„Im Grunde", schreibt der bereits zitierte Eugen Drewermann völlig richtig, „setzt die Idee des ‚Umweltschutzes' zu spät an." Es gehe um die Lebenseinstellung, die Geisteshaltung, die der heutigen emotionslosen Zerstörung unseres Planeten zugrunde liege. Wie ordnet sich der Mensch selbst in Bezug auf Natur und Umwelt ein? Für Drewermann ist klar: Wegbereiter des heute alles auffressenden Kapitalismus, aber auch für den einebnenden Kommunismus, waren die mosaischen Religionen rund um Christentum, Judentum, Islam. Erst daraus hätten die globalistischen Ideologien entspringen können, und diese würden nach ihrem erfundenen Weltbild die Welt vergewaltigen und letztlich zerstören.

Beobachter bemängeln, dass ja bereits der Begriff der „Umwelt" die Welt um uns herum beschreibt und daher falsch sei. Passender sei „Mitwelt" und nicht „Umwelt", da diese Beschreibung schon unterstellt, dass sich der Mensch abgelöst von Tier und Pflanze über die Welt erhöht. Wichtiger als Wortklauberei ist der Geist, der dem Schutz der Natur vorangehen muss, nämlich die Positionierung des Menschen als Teil der Natur – und nicht über sie als „Zwingherr". Zwar gut im Herzen, aber leider noch zu wenig klar im Kopf, sind jene Umweltschützer, die Pflanzen- und Tierarten aus Mitleid vor dem Aussterben retten wollen. Mitleid ist in der von Auslese und Kampf geprägten Natur immer ein völlig deplatzierter Begriff und sollte daher auch nicht Motiv von Umweltschutz sein. Allein der Wille, das ewige und perfekt abgestimmte Gleichgewicht der Natur erhalten und bewahren zu wollen, ist konsequent und sollte das Handeln bestimmen. Schließlich wird auch der Mensch – moderne Technik hin oder her – nur nachhaltig existieren können, wenn er sich in die vorgegebene Ordnung dieser Natur einfügt. Dieses Gleichgewicht, diese geniale Abstimmung, dieses aufeinander zugeschnittene, verwobene System darf nicht durcheinander gebracht werden, ohne große und unverzeihliche Schäden anzurichten. Das wussten Hölderlin, Goethe, Stifter noch und auch der vor mehr als 300 Jahren verstorbene englische Philosoph Anthony Shaftesbury, der auf Goethe großen Einfluss ausübte, wenn er etwa schrieb: „Was sollte unser Auge in der Natur so sehr verblenden, dass wir nichts von der Einheit der Absicht und der Anordnung eines Geistes darin erblicken, die doch sonst auffallend sichtbar sein würde? Alles, was uns vom Himmel und von der Erde zu sehen vergönnt ist, zeugt von Ordnung und Vollkommenheit …"

Den geisteskranken Niedergang unserer Zeit, der unsere Augen so stechend blendet, hatte der Earl of Shaftesbury wahrlich nicht voraussehen können! Was passiert, wenn man nur einen unscheinbar kleinen Teil kaputt tritt, führt das Beispiel der Honigbiene vor Augen. Würde der Mensch das Aussterben der Biene geschehen lassen, würde der Großteil der heimischen Pflanzen nicht mehr bestäubt. Gibt es keine Pflanzen mehr, finden die Tiere keine Nahrung mehr. Ohne Tiere und Pflanzen wird auch der hyper-cyber-moderne Zukunftsmensch selbstmitleidig, bereuend – aber bestimmt und völlig zu Recht – von der Erde scheiden.

Mensch, Tier und Pflanze sind ein Ergebnis einer Jahrmillionen dauernden, nie unterbrochenen Evolution. Was sich als lebensuntauglich erwies, durfte nicht weiterbestehen. Die Natur hat nur diejenigen Formen durch stete Anpassungsprozesse am Leben gelassen, die allein überlebten. Das durch diesen Natur-Anpassungsprozess gewachsene Ergebnis ist eine Tier-Pflanzen-Menschen-Welt, die optimal an die jeweiligen Räume und Umweltbedingungen angepasst ist. Der Eisbär in der Arktis, das Nashorn in Afrika. Der tropische Gummibaum gedeiht im Regenwald – aber nicht auf 2000 Meter hohen Bergen. Dort dafür wachsen unbekümmert und trotzig Fichten, Zirben oder Kiefern, die im Regenwald nie überleben würden.

Wahrer Naturschutz bezieht also in die Betrachtung mit ein, dass die Natur sich an den Raum angepasst entwickelt. Naturschutz ist folglich Heimatschutz. Und Heimatschutz ist Naturschutz. Ernst Rudorff wird als „Begründer des Naturschutzes" gesehen, da er im Jahr 1888 erstmals den Begriff verwendete und ein moderner Vorreiter des Schutzes von Natur und Umwelt war. Rudorff setzte den Naturschutz mit dem Heimatschutz gleich, widmete dem „Heimatschutz" gar ein eigenes Buch, das 1897 in der Erstauflage in Bonn erschien und in dem er eine Lanze für die Schönheit, Poesie und Natürlichkeit Deutschlands brach – gleichzeitig die „Vergewaltigung der Landschaft" zugunsten des „materiellen Vorteils" scharf verurteilte. Für frühe Naturschützer wie Rudorff war Naturschutz eine patriotische Pflicht.

Heute muss wieder neu gedacht werden, dass wahrer Naturschutz nur von Menschen kommen kann, die das Leben auf dieser Erde in einer Natur-Ganzheit begreifen, die also nicht nur die Pflanzen- und Tierarten in ihrer Vielfalt erhalten wollen, sondern auch die Völker und Kulturen, als Anpassungsleistungen der selben Evolution.

Ebenso muss mit dem widernatürlichen Gedanken des „ewigen Wachstums" gebrochen werden. Der Obmann des „Naturschutzbundes Oberösterreich", Josef Limberger, sagt im Gespräch mit der Journalistin Elsa Mittmannsgruber völlig richtig: „Teile der Wirtschaft dominieren bei uns alles. Dort regiert der Neoliberalismus, da geht's um den schnellen Gewinn und ewig wachsenden Profit. Die Politiker werden von solch mächtigen Lobbys beeinflusst." Und in Richtung jener Industrie, die sich geschäftstüchtig die Klima-Hysterie zunutze gemacht hat: „Immer wieder werden ganz große, oft unausgereifte Lösungen als heilsbringend für die Welt verkauft. Im Endeffekt stellen sich viele als schädlich für die Umwelt heraus, und sei es auch in anderen Teilen der Welt." Denn die Gefolgschaft der Greta Thunberg, zu der sich spätestens seit 2019 auch die Mächtigen dieser Welt inklusive der alles dominierenden Hochfinanz zählen, wollen „Klima-Schutz" bei gleichbleibendem Kapitalismus und gleichbleibendem Wachstum. Und das benennt Limberger auch als das größte Problem des Naturschutzes: „Das rasend voranschreitende Artensterben in Verbindung mit der Zerstörung von Lebensraum, die sich ja bedingen. Hören wir auf mit der Wahnidee vom ewigen Wachstum, sonst haben wir diesen Planeten bald verloren."

Ehrlicher, nachhaltiger, konsequenter Naturschutz kann nur dann greifen, wenn er einen unbeugsamen Willen zur Macht und Rücksichtslosigkeit gegenüber seinen bösartigen Gegenspielern entwickelt. Nur mit politischer Macht ausgestattet, kann die Ausbeutung der Welt gestoppt werden. Von selbst werden die Heuschrecken nicht aufhören zu fressen. Es ist witzlos, auf eine Verbraucher-Revolution zu hoffen. Wie überall, so wird auch hier schnell offensichtlich: Die Haltungsänderung einiger Weniger wird hier wenig verändern, am ehesten wird durch das Vorleben eine Vorbildwirkung ausgehen, die Inspirationsquelle für Gestalter und Politiker sein kann. Diese wiederum müssen aber zielstrebig sein. Denn nur in der Macht zur Veränderung liegt der Schlüssel, um Probleme auf Dauer zu lösen. Eine Revolution über das Konsumverhalten der Verbraucher ist Unsinn und wird es nicht geben, wo dem enthemmten Markt nicht die Zügel angelegt werden. Eine Haltungsänderung bei der Masse wird nur herbeigeführt, wenn der Staat einen entsprechenden Rahmen vorgibt, lenkend eingreift, fördert – wo es hilft; und verhindert – wo es nottut. Einem blindwütigen Narren das besoffene Zertrampeln der Wiesenblumen bittend und flehend ausreden zu wollen, hilft wenig; der Schlag mit dem Stock auf das Schienbein hingegen Wunder. Wer die verletzlichen Geschöpfe der Natur vor übermächtigen Gewalttätern retten möchte, muss sich zum wehrhaften Schutz derselben bekennen.

Die modernen Erkenntnisse der Naturwissenschaften müssen nicht zwangsläufig unsere Ehrfurcht vor der Natur zerstören. Im Gegenteil, wenn wir verstehen, wie komplex und genial die Natur funktioniert, sind wir vielleicht noch ergriffener, weil wir wissen, dass wir diese Natur nicht nachbilden können. Denken wir nur an das Phänomen von Ebbe und Flut. Jeden Tag neu erstaunt uns der Ozean mit seinem Rückzug, um uns dann bei seinem erneuten Aufbranden mit allerlei zu beschenken, was die Meereswellen mit sich brachten: Muscheln, Treibholz, Strandgut und vieles mehr. Ebbe und Flut werden auch als das „Wunder der Gezeiten" benannt. Und wenn wir die wissenschaftliche Erklärung dazu kennen, sind wir nicht minder von diesem Wunder erstaunt: Es ist nämlich in erster Linie die Anziehungskraft des Mondes, der die komplette Masse des Meeres anhebt, sodass dieses Meer wie ein Tischtuch, das man in der Mitte nach oben zieht, von den Rändern weicht. Ein wahrhaftes Mysterium für unseren Verstand. Magisches, natur-verbundenes Weltbild und naturwissenschaftliches Weltbild widersprechen einander nicht: Wir können die großen Zusammenhänge sehen und mitsamt unserer modernen Bildung wieder in dieses Wunder eintauchen. Und so gibt es viele Dinge, die wir dank der modernen Naturwissenschaften heute im Begriff sind, zu entschlüsseln; etwa, dass Forscher herausgefunden haben, dass ein Waldspaziergang unser Gesundheits- und Immunsystem nachprüfbar stärkt, weil die Botenstoffe in der Waldluft unseren menschlichen Körper stärken.

In den letzten Jahren hat sich eine naturnahe, medizinische Disziplin gebildet, die unter dem Begriff „Ökopsychosomatik" bekannt ist. Dem liegt der Gedanke zugrunde, dass die geistige und körperliche Gesundheit des Menschen eng mit der natürlichen Umwelt verwoben ist. Demnach hat der Mensch sich im Laufe der Evolution über Jahrmillionen in einem engen Verbund und in stetem Austausch mit den Organismen und Chemikalien der grünen Umwelt entwickelt. Die Systeme unseres Körpers arbeiten also dann am besten, wenn die gewohnten, natürlichen Einflüsse auf ihn wirken. Fallen sie dagegen weg, führt dies zu Störungen. Es geht also weniger darum, dass die Natur heilt, sondern vielmehr darum, dass ihr Fehlen tatsächlich krank macht. Der Mensch ist also mit der Natur verbunden, ob sein moderner Kopf das nun verstehen will oder er es weiterhin ignoriert.

Ein Aufenthalt im Wald tut den Menschen gut. Der Kopf wird frei, man fühlt sich ausgeruht und gestärkt. Das Herz schlägt deutlich ruhiger, der Blutdruck wird niedriger, und es zirkulieren weniger Stresshormone durch den Körper. In heimische Wälder machen sogenannte

„Waldpädagogen" Ausflüge mit Schulklassen, da es immer mehr Schüler gibt, die in ihrem ganzen Leben noch keinen echten Wald gesehen haben. Diese pädagogischen Waldgänge sind in erster Linie Wissens- und Erfahrungsvermittlung. Im asiatischen Raum ist man schon weiter: Die Japaner „baden" gezielt im Wald und tanken die Atmosphäre der Bäume. Südkorea schützt manche Wälder ganz gezielt als „Heilforste". Der in Schweden arbeitende Gesundheitsforscher Roger Ulrich konnte nachweisen, dass schon die bloße Betrachtung von Blattgrün zu schnelleren Heilprozessen bei Krankenhauspatienten führt. Die Heilkraft der Bäume wirkt also bereits, wenn wir sie nur ansehen: Das Grün von Buchenblättern etwa wirkt sich positiv auf Körper und Psyche aus.

Wie lebendig, im menschlich verstandenen Sinne, der Wald ist, erforschen Wissenschafter seit einigen Jahren intensiv und machen dabei sensationelle Entdeckungen. Pflanzen kommunizieren untereinander, obwohl sie kein Nervensystem und kein Gehirn besitzen. Dennoch wissen Bäume genau über ihre Umwelt Bescheid, warnen einander vor Schädlingen und tauschen Signale über ein weit verzweigtes Netz im Boden aus. Dies geschieht erwiesenermaßen über Duftsignale und über unterirdische Pilz-Netzwerke, die mit den Wurzeln Informationen weitergeben. Über dieses Pilz-Wurzel-Netzwerk leiten Bäume etwa Wasser und Nährstoffe an schwächelnde Verwandte weiter. Die Wissenschaftsautorin Alexandra Rigos schreibt in einer Arbeit für das „Geomagazin kompakt" (Nr. 52/2017): „Manche Wissenschafter sehen in diesem Verhalten der Wurzeln bereits Ansätze von Intelligenz und vergleichen ihr filigran verästeltes Geflecht mit dem Nervennetz von Gehirnen. Die unterirdischen Pflanzenteile sind sogar in der Lage, zwischen fremden Artgenossen und Geschwistern zu unterscheiden – und ihr Wuchsverhalten darauf einzustellen. Vermutlich erkennen sie genetisch Verwandte an spezifischen Substanzen, die diese ins Erdreich abgeben: Gedeihen fremde Gewächse in der Umgebung, reagieren die meisten untersuchten Pflanzenarten mit vermehrter Wurzelbildung, um sich auf Kosten der Konkurrenz zu behaupten – steht eine Pflanze jedoch im Kreise ihrer Geschwister, halten sich alle zurück, um der ganzen Sippschaft ein möglichst gutes Gedeihen zu ermöglichen. Pflanzen verhalten sich in diesem Punkt also nicht anders als höhere Tiere und Menschen, die Ressourcen mit nahen Verwandten teilen." Und die Autorin fasst dieses naturgesetzliche Streben der Pflanzen zusammen: „Schließlich geht es in der Natur stets darum, die eigenen Gene möglichst effektiv zu verbreiten – und das kann auch über Geschwister geschehen, die zur Hälfte die gleichen Gene in sich tragen."

Germanien war zu drei Vierteln mit Wald bedeckt. Für die alten Germanen war der Wald kein furchteinflößender, unbekannter, böser Ort – sondern vertraute, rauschende, grüne Heimat. Und nicht nur einmal wurde der Wald der schützende Verbündete im Kampf gegen Invasoren – wie der bekannte Teutoburger Wald in der geschichtsträchtigen Varusschlacht vor 2.000 Jahren gegen die einfallenden Römer. Der Baum war zu allen Zeiten in Europa etwas Heiliges. Die Weltenesche Yggdrasil, die in der nordischen Mythologie den Kosmos verkörpert, oder die heiligen Haine in Germaniens oder Galliens Wälder, wo die Gottheiten angerufen wurden: Immer war der Baum mit seinen tiefen Wurzeln, seiner Beharrlichkeit, seiner Erdverwachsenheit, etwas Besonderes für unsere Menschenart. Die alten heiligen Haine wurden auch in der klassischen Antike im hellenischen Pantheon stilisiert – eine Erinnerung an den Ur-Wald, aus dem alle Kultur entsprang. In der Baukunst der Gotik wird der germanische Wald in den Säulen und Verästelungen wieder lebendig – eine jahrhundertealte Erb-Erinnerung an die Urheimat der Vorfahren, bis heute beschaubar in den Kirchenschiffen und Kathedralen unserer Heimatstädte.

Tier und Pflanze sind an den ewigen Kreislauf der Natur gebunden. Wer die Abläufe und Zusammenhänge näher beschaut, kann wohl nicht leugnen, dass ihn die Perfektion der Natur ehrfürchtig erschaudern lässt. Alles im Leben hat einen Sinn. Was uns beim eigenen menschlichen Leben oft schwerfällt anzunehmen, ist uns bei den Pflanzen leichter verständlich. Ohne diese Pflanzen, ohne die Bäume, wäre unsere Welt längst kollabiert, gestorben, der Lebenskraft beraubt. Ohne Bäume keine Luft zum Atmen, kein Sauerstoff für das tierische und menschliche Überleben. Wer vergessen hat, wie Mensch und Natur zusammenhängen, sollte sich den genialen Vorgang der Photosynthese in Erinnerung rufen, wie die Blätter des Baumes für uns heiligen Sauerstoff ausatmen.

Wie sehr das Leben im Frühling pulsiert und wie deutlich es im Winter ruht, empfinden wir in der kalten Jahreszeit meist besser als zu den anderen Jahreszeiten. Auch der Herbst hat, wie jede Jahreszeit, einen tiefen und weisen Sinn und gehört unwiderruflich zum ewigen Kreislauf. Wenn die dunkle Jahreszeit naht, weil die lebensspendende Sonne seltener und weniger kräftig ihre Wärme sendet, bereiten sich Bäume, wie etwa die Eiche, auf den Winter vor. Dazu entzieht der Baum seinen Blättern wichtige Nährstoffe und lagert diese in Stamm und Wurzel ein. Auch der für die Photosynthese nötige grüne Blattstoff Chlorophyll wird abgebaut. Daher kommen nun andere Pigmente in den Blättern zum Vorschein, die Blätter verfärben sich gelb, orange, rot. Die Pflanze leitet ihre Ruhephase ein. Indem der Baum dann sein altes Blattwerk abwirft, schützt er sich vor Austrocknung im frostigen Winter. Andernfalls würde er auch in den kalten Monaten über seine Blätter Wasser verdunsten, bekäme aber nicht genügend Nachschub aus dem Erdreich. Zugleich entsorgt der knorrige Riese mitsamt seinen alten Blättern Schmutz- und Giftpartikel, die sich im Laufe des Jahres angereichert haben. Außerdem bietet der entlaubte Baum dann auch weniger Angriffsfläche für die herbstlichen Stürme. Die Blätter bedecken den Waldboden und erfüllen auch dort einen Zweck, indem sie selbst schwere und lehmige Böden aktivieren und verbessern. In der Laubschicht leben zahlreiche Mikroorganismen und Kleinstlebewesen, die das Laub zersetzen und in Humus verwandeln. So wird der Boden aufgelockert und feiner, sodass Wasser und Nährstoffe besser gebunden werden und etwa der Regenwurm freudig seiner Bestimmung nachgehen kann. Die Blätter fallen vom Baum und sterben? Nein, „sterben" wäre der falsche Begriff. In der Natur gibt es kein Ende, keinen ewigen Tod. Alle Vorgänge rufen neue Vorgänge hervor, alle Prozesse bedingen wieder andere Prozesse. Alles gehört zusammen, ein ewiger und uralt weiser, göttlicher Kreislauf hört nicht auf, zu sein. Der Mensch, der nicht verlernt hat, dies zu erkennen, ruht unvergleichlich sicherer in seiner Bestimmung als der gehetzte, unwissende, entwurzelte, denaturierte Stressmensch. Der Herbst ist also keineswegs die Zeit, in der die Natur stirbt. Im Herbst verändert sich die Natur, wird nachdenklicher, streift Altes ab und bereitet sich auf eine innere Einkehr vor. Diese innere Einkehr sollte auch bei den Menschen – bei allem Stress, bei aller Hektik, bei allen Aufgaben – nie ganz zu kurz kommen. Stehenbleiben, innehalten, das Wunder des Lebens genießen. Die scheinbare Starre im Winter ist Besinnung, dient der Konzentrierung, Erneuerung und Mobilisierung der innersten Kräfte und wird im Frühling zu neuem Leben und neuer Blüte erwachen. Forscher haben herausgefunden, dass besonders harte Winter und tiefe Temperaturen das Wachstum des Baumes im nächsten Frühjahr nicht etwa bremsen, sondern sogar vorantreiben. Nach dem härtesten Frost treiben die Bäume umso rascher und kraftvoller aus.

Die Kraft, die aus der Weisheit des Naturkreislaufes zu uns spricht, bietet uns die großartige Möglichkeit, unsere eigenen Kräfte zu erkennen und uns ruhiger den Gefahren und Herausforderungen der Gegenwart zu stellen. Wir brauchen dazu keine neue Lehre, sondern eine Rückbesinnung auf die Quellen und Wurzeln unseres europäischen Gedächtnisses und auf die uralten Weisheiten, die nahezu allen eingeborenen Naturvölkern innewohnten.

Gemein war all diesen **Naturreligionen**, dass sie nicht „über die Erde herrschen", sondern in ihr als sterblicher Gast schonend wohnen wollten, ob in Europa, Persien, Indien oder Amerika. Die am längsten durchhaltenden Angehörigen einer ursprünglichen Weltsicht, die Indianer, dokumentierten noch vor wenigen Jahrzehnten in erhellenden und oft erschütternden Worten ihre Haltung. Sie wussten, dass die Natur perfekt geordnet und abgestimmt war und einem für alles Leben heiligen Plan folgt. Der Sioux-Häuptling Standing Bear, dessen Stamm der Ponca von der US-Regierung im Jahr 1877 auf einen Todesmarsch getrieben wurde, wo fast alle Angehören an Malaria und Hunger umkamen, äußerte sich zum imperialen und zerstörerischen Geist im auslaufenden 19. Jahrhundert:

„Die Amerikaner", erklärte der Indianerhäuptling, „haben Wörter und Begriffe, die wir überhaupt nicht kennen: so zum Beispiel Ausrottung und Seuche und Schädling. Bevor Amerikaner das Land der Indianer betraten, gab es keine Spezies von Pflanzen, Vögeln oder Tieren, die ausgerottet worden wären. Alles lebte und starb im

Natur schützen

ewigen Gleichgewicht der Natur, um wiedergeboren und erneuert zu werden. Dann kamen die Amerikaner und jagten die Biber, bis es keine mehr gab. Dann benötigten sie Mustangs, und bald gab es keine mehr. Und als ihnen das Fleisch der Antilopen schmeckte, dauerte es nicht lange, und diese waren so gut wie ausgerottet. Sie kamen in die Prärie, wo große Wälder die Ufer der Flussläufe säumten. Sie brauchten Holz, aber nicht etwas, sondern alles. Nun gibt es keine Wälder mehr an den Flüssen. Und so, wie sie vieles an der Natur als Schädling betrachten und ausrotten, sodass es aus der Natur verschwindet, so ist auch der natürliche Mensch für sie ein solcher Schädling. Und sie vernichten ihn, wo sie nur können. Es gibt in keiner Indianersprache solche Wörter, die vollständige Zerstörung und Nimmerwiederkehr bedeuten. Wie viele Pflanzen gibt es, die anderen Pflanzen schaden! Man kann sie an eine Stelle, wo sie das Wachstum der Pflanzen (hindern), die dem Menschen als Nahrung ... dienen, verdünnen, aber man darf sie nicht überall ausrotten. So ist die Natur in Unordnung geraten, Flüsse sind ausgetrocknet, Seen verschwunden, Pflanzen, Tiere und Menschen verschwinden, und an die Stelle dieses Ausgerotteten setzen Amerikaner etwas, von dem sie meinen, dass es besser als die Natur ist. Aber es ist schlechter, weil es immerfort weitere Zerstörung und Unordnung gebiert. Auf der einen Seite sagen sie, Gewalt sei zu verdammen, auf der anderen Seite aber betreiben sie das Gegenteil: Alles an ihrem Denken und Tun ist Gewalt. Sie sagen: Lebensfreude sei Sünde, auch dafür gibt es kein indianisches Wort, deshalb hassen sie sich und alles in der Welt. Sie bringen wundersame Dinge hervor, aber es sind alles Dinge, die zerstören. Sie nennen Bequemlichkeit Komfort, aber es zerstört die physische Kraft des Menschen. Komfort macht Kulturmenschen, Kulturpflanzen und Kulturtiere zu krankhaften Schwächlingen. Und wenn eine überwiegende Mehrzahl von Menschen Schwächlinge sind, so sehen sie den Starken als Schädling, der zum Wohle der Schwächlinge ausgerottet werden muss, damit die Menschen noch größere Schwächlinge werden. Es ist deshalb nicht gut, die Gedanken der Amerikaner verstehen zu wollen, denn sie sind wie Gift."

Die jahrhundertelang von ihrem ursprünglichen Natur-Wesen entfremdeten Europäer waren bei der Ankunft in Amerika bereits derart innerlich verdorben, dass ihre Invasion nur Tod und Verderben bringen konnte. Bis heute setzt sich der „immerfort weitere Zerstörung und Unordnung" gebärende Geist, der „American Way of Life", fort. In den 1970er-Jahren schrieb Joachim Fernau bitter und treffsicher ins Schlusskapitel seiner hervorragenden Chronik „Halleluja. Die Geschichte der USA": „Gewinnt der Amerikanismus, so wird er in 150 Jahren die Menschheit zugrunderichten, und die Erde wird als erstorbener Mars im Weltall weiterkreisen."

Reichtum aller Art – dafür töteten die gierigen und vergifteten Eroberer ab dem Tag, ab dem sie ihre verfluchten Stiefel auf den Strand des neu entdeckten Kontinents setzten. Dollars und Goldnuggets waren mit ihrem Glauben und ihrer Geisteshaltung gut vereinbar – wie die Welt nach ihrer flächendeckenden Rodung aussehen würde, darüber machte sich niemand Gedanken.

Wie viel mehr Einfühlungsvermögen, Respekt und Nachhaltigkeit steckt hingegen in einem Kinderspruch, den die als primitiv verächtlich gemachten Indianer ihre Kinder lehrten: „Reiße die Blumen auf der Prärie und im Wald nicht sinnlos ab. Tust du es, dann bekommen die Blumen keine Kinder und bleiben die Blumenkinder aus, dann gibt es in einiger Zeit keine Blumenstämme mehr. Und sterben die Blumenstämme aus, wird die Erde traurig. Die Blumenstämme und alle anderen Stämme lebender Wesen haben ihre besonderen Plätze in der Welt, und die Welt wäre unvollständig und unvollkommen ohne sie."

Eine andere Vorstellung, die sich wie von selbst aus der Erfahrung der Harmonie der Welt ergibt, ist der Gedanke des Kreislaufs. Als eine für uns Europäer besonders ansprechende Symbolik haben wir die uralte nordische Symbolik von Rad und Kreis und ewiger Wiederkehr verinnerlicht. Und haben wir vielleicht auch keinen Zugang zu diesem inneren Erinnern, so begegnen uns die Räder und Ewigkeitssymbole noch in vielen künstlerischen und verzierenden Darstellungen. „Ihr habt bemerkt", sagte der Oglala-Schamane Black Elk, „dass alles, was ein Indianer tut, sich in Kreisläufen vollzieht. Das geschieht, weil die Kräfte des Himmels und der Erde auch in Kreisen wirken und weil alles versucht, rund zu sein. In den alten Zeiten, als wir eine starke und glückliche Nation waren, schöpften wir alle Kraft aus dem heiligen Ring des Volkes, und solange der Ring unverletzt war, gedieh unser Volk. Der blühende Baum war der lebendige Mittelpunkt des Ringes, und der Kreis der vier Windrichtungen nährte ihn. Wir wissen davon, weil unsere Religion uns von der jenseitigen Welt erzählt. Alle Kräfte der Welt wirken in Kreisen. Der Himmel ist rund, und wie ich hörte, ist die Erde rund wie eine Kugel, und ebenso alle Sterne. Wenn der Wind am heftigsten weht, bildet er runde Wirbel. Die Vögel bauen ihre Nester kreisrund, denn sie haben die gleiche Religion wie wir. Die Sonne geht in einem Kreis auf und wieder unter. Der Mond macht es ebenso, und beide sind rund. Sogar der Wechsel der Jahreszeiten bildet einen großen Kreis und kehrt immer wieder dorthin zurück, wo er begann. Das Leben der Menschen ist ein Kreis – von der Kindheit zur Kindheit –, und so ist es mit allem, worin sich die Kraft der Welt regt. Unsere Tipis waren rund wie die Nester der Vögel, und immer waren sie in einem Kreis aufgestellt, dem Ring eines Stammes, einem Nest aus vielen Nestern, in dem nach dem Willen des Großen Geistes unsere Kinder geboren wurden."

Gerade auch in Europa und in der deutschen Kultur nahm die Naturverbundenheit und Neugierde, die Natur zu verstehen, einen hohen Stellenwert ein, wie in diesem Buch schon mehrfach gezeigt wurde. Der Mensch wird im germanischen Schöpfungsmythos aus Bäumen geformt. Und vor rund 900 Jahren hinterließ uns Hildegard von Bingen den Ausspruch:

„Es gibt eine Kraft aus der Ewigkeit, und diese ist grün", womit die Verbundenheit zur Pflanzen- und Baumwelt zum Ausdruck kam, auch, als der alte Naturglaube längst gestorben schien. Und der Mönch Bernhard von Clairvaux gestand zur selben Zeit Bäumen und Steinen eine hohe Weisheit zu:

„Du wirst mehr in den Wäldern finden als in den Büchern: Bäume und Steine werden dich lehren, was kein Lehrmeister dir zu hören gibt."

Immer wieder verhalfen sich Strömungen zum Durchbruch, die den Menschen als Teil der Natur verstanden wissen wollten. Vor rund 200 Jahren schrieb Friedrich Wilhelm Schelling: „Der Baum, der seine Wurzeln tief in die Erde schlägt, kann wohl noch hoffen, den blüteschweren Wipfel zum Himmel zu treiben, aber die Gedanken, welche sich gleich von vornherein von der Natur trennen, sind wie wurzellose Pflanzen oder höchstens jenen zarten Fäden zu vergleichen, die zur Zeit des Spätsommers in der Luft schwimmen, gleich unfähig den Himmel zu erreichen und durch ihr eignes Gewicht die Erde zu berühren." Für Hermann Hesse waren Bäume „Heiligtümer" und Goethe pries die Natur, „die immer recht hat". Irische Schriftsteller und Mönche zogen sich bewusst an Orte mit altem Baumbestand zurück und beschrieben zum Beispiel eben solche Orte als „dem Himmel so nah, als verweile hier Gott." Tausendfach wurde von volks- und heimattreuen Dichtern die wunderbare Landschaft der Heimat und des Vaterlandes besungen, denn zur Schönheit der Heimat gehören für uns nicht nur die schönen Kunstwerke, Kulturbauten und Städte, sondern auch und vor allem die verschiedenartige Natur und das Volk, das in dieser Heimat wohnt und sie gestaltet.

4.3 Völker schützen

Der Einzelmensch braucht eine harmonische und funktionstüchtige Gemeinschaft, um den Plänen der Globalisten widerstehen zu können. Ist der Einzelne isoliert und alleine, ist er zu schwach. Ist die Gemeinschaft verdorben, ist auch sie weder Hilfe noch Rückhalt. Was auf der ganzen Welt als selbstverständlich vorausgesetzt wird, muss für den deutschsprachigen Leser erst erklärt werden, und diese Aufgabe übernimmt dieses Kapitel.

Der Mensch ist ein Gemeinschaftswesen. Er strebt nach höchstmöglicher mitmenschlicher Akzeptanz und Ähnlichkeit, nach Verständnis. Dies alles findet er in seiner Verwandtschaft, die gleich konzentrischen Kreisen aufgebaut ist: Vater, Mutter, Kinder – Familie – Großfamilie – Volk. Stammesgeschichtlich und kulturell sinnvoll gewachsen ist also die Liebe und Zuneigung zu diesen Verwandtschaftsgraden, und so ist es etwa in den osteuropäischen Völkern selbstverständlich, dass man kein schlechtes Wort über seine Familie verliert. Ebenso genießt das eigene Volk ein hohes Ansehen unter den Mitgliedern, und eine Verächtlichmachung durch

Fremde wird nicht geduldet. Wer die Menschheit auf die nächste Stufe respektvollen Zusammenlebens stellen möchte, muss auf die Solidarität untereinander setzen. Diese auf Empathie und Nächstenliebe bauende Solidargemeinschaft ist in einer intakten Familie leichter vorstellbar. Um aber nicht die historisch längst überwundenen Fehler erneut zu begehen, darf der Mensch nicht in die Zeit der Kleinkriege unter den Stämmen und Familienfehden zurückfallen, sondern muss sich in der größten natürlichen Gemeinschaft möglichst verwandter Menschen zusammenfinden: im Volk.

Dass der Mensch von Natur aus ein Gemeinschaftswesen ist, steht außer Frage. Entsprechende wissenschaftliche Untersuchungen haben gezeigt, dass Kinder ohne Außenkontakt in der Vereinsamung zugrunde gehen. Der Mensch braucht also Gemeinschaft. Doch welche Gemeinschaft fehlt uns denn, könnte man fragen? Geht man auf die Straße, sind da ja unzählige Menschen. Doch wir fühlen uns weder wohl noch geborgen, wenn wir dieser Masse gegenüberstehen, was daran liegt, dass diese Ansammlung von Individuen das Gegenteil von Gemeinschaft ist. Es ist eine Masse. Eine anonyme, teilnahmslose Menschenmasse. In einer solchen Masse kann sich niemals die so oft gepredigte Nächstenliebe entfalten. Nicht die helfende Hand, sondern der Ellbogen ist das Symbol dieser willkürlich zusammengewürfelten Gesellschaft.

Auch, wenn der Zeitgeist viele Rollenbilder kippen möchte und die traditionelle Familie oft schlecht gemacht wird, so gilt dennoch als unstritten, dass sich Familienangehörige näherstehen als Nicht-Familienmitglieder. Eltern und Kinder: Sie bilden eine Familieneinheit, innerhalb der man sich ähnlich ist, in der man sich grundsätzlich versteht und Eigenschaften aneinander wiedererkennt. Und gerade in den kommenden Zeiten werden die meisten Familien zusammenhalten und einander helfen. In dieser kleinsten natürlichen Gemeinschaft empfinden wir das Gefühl des Geborgenseins. Die Isolation von Familienangehörigen, etwa von Alten in den Altenheimen während der Corona-Lockdowns 2020, sei gar messbar gesundheitsschädlich, sagt Professor Dr. Dr. Christian Schubert von der Medizinischen Universität Innsbruck: „Der Mensch ist ein soziales Wesen. Einsamkeit und Ängste sorgen für negativen Stress, belasten das Immunsystem und fördern die Anfälligkeit gegenüber Atemwegsinfekten – das ist empirisch klar bewiesen."

Der Mensch sucht beständig nach Spiegelbildern und Ähnlichkeiten. Die Gesundheitspsychologin von der Universität Bremen, Prof. Dr. Sonia Lippke, betont: „Wir erleben uns als eigenständige Individuen, als autonomes Ich. Doch zugleich sind wir höchst soziale Wesen und haben ein tiefes Bedürfnis, in soziale Netze eingebettet zu sein. Das bedeutet: Für uns ist es essenziell, dass wir uns mit anderen Menschen verbunden fühlen und von ihnen verstanden werden. Wir sind geradezu darauf angewiesen, uns mit anderen verbunden zu fühlen." Die Ähnlichkeit sei hierbei äußerst wichtig: „Wir mögen noch so viele Kontakte haben: Mangelt es an entsprechender Vertrautheit, an Resonanz, erleben wir dies als problematisch und leidvoll."

Innerhalb von Gemeinschaften gibt es eine Gruppendynamik, die den wenigsten Menschen bewusst ist: „Aus Studien wissen wir: Einsamkeit kann sich nicht nur auf den nächsten Freund übertragen, sondern auch auf den Freund des Freundes und sogar auf dessen Freund – die Ansteckung läuft also über bis zu drei Verbindungen. Unsicherheit und Angst vor Ablehnung können so etwa eine ganze Gruppe infiltrieren. Das Phänomen ist auch bei anderen Verhaltensweisen, Gedanken und Gefühlen bekannt: Was der eine macht, denkt oder spürt, das macht, das denkt und spürt der andere instinktiv mit. So etablieren sich oft bestimmte Normen – etwa, dass es uncool ist, zu rauchen oder dass große Essensportionen normal sind."

Die größte organisch gewachsene Gemeinschaft erblich verwandter Menschen ist **das Volk**. Jahrzehntelange Propaganda gegen diesen Begriff hat uns systematisch entwöhnt, volksbewusst zu denken. Dabei können die Probleme der „Gemeinschaftskranken" der Gegenwart nicht gelöst werden, ohne zu erkennen, dass unser aller Schicksal mit jenem des Volkes – der größten Gemeinschaft – verbunden ist. Das Genie Johann Wolfgang von Goethe hielt schon vor rund 200 Jahren die Deutschen dazu an, die Natur zu beschauen und von ihr zu lernen: „In der lebendigen Natur geschieht nichts, was nicht in einer Verbindung mit dem Ganzen stehe." Der Mensch kann nicht nur als Teil existieren, sondern muss im Ganzen leben. Dieses große Ganze ist sein Volk. Frühere Generationen waren sich darüber vollkommen im Klaren. Und ältere Enzyklopädien und Lexika wussten vor allem noch um die Tatsache, dass das Volk die größte Abstammungsgemeinschaft des Menschen ist. Im „Deutschen Wörterbuch" von Jacob und Wilhelm Grimm (Leipzig 1854–1961) steht etwa über das Volk: „Gemeinschaft der Bewohner eines Landes, die durch Abstammung, Sprache, staatliche Ordnung miteinander verbunden und gegen andere solche Gemeinschaften dadurch abgegrenzt ist." Die Abgrenzung gegenüber anderen Gruppen erfolgte in der Praxis durch Grenzen, wodurch bestimmte Menschengruppen gezwungen waren, unter sich zu bleiben. Einmal durch natürliche Grenzen, wie Gebirge, Wüsten oder unüberwindbare Meere; aber auch durch von Menschenhand geschaffene Grenzen, die die jeweiligen Machtverhältnisse abbildeten.

Unseren Vorfahren war die Verbundenheit mit ihrem Volk etwas Selbstverständliches. Eine in vielen kulturellen Äußerungen dokumentierte und stets erneuerte Liebe zum Volk zeigt, wie innig die Verbundenheit war. Volkslieder, Gedichte und Gemälde künden davon und die Begriffe „Mutter-Sprache" und „Vater-Land" veranschaulichen, dass stets instinktiv um das familiäre Verwandtschaftsband innerhalb eines Volkes gewusst wurde. Doch der Faden der Erinnerung, das kulturelle Gedächtnis, ist gerissen. Und so stellt sich, kommt man auf den Begriff des Volkes zu sprechen, automatisch die Frage nach der „Beweisbarkeit", dass es überhaupt so etwas wie ein Volk gibt. Wir Heutigen wollen „Beweise". Daher ist eine Spurensuche nötig, was nachfolgend begonnen wird.

Der Anthropologe und Autor Andreas Vonderach legt Wert auf die Feststellung, dass Völker nicht nur eine sprachliche, kulturelle und politische Identität haben, sondern auch eine biologische. Dies kann deshalb so bestimmt gesagt werden, weil wir heute wissen, dass die Individuen eines Volkes eng miteinander verwandt sind. Andreas Vonderach erklärt diese Verwandtschaft: „Jeder von uns hat zwei Eltern, vier Großeltern, acht Urgroßeltern, sechzehn Ururgroßeltern – und so fort. In der 10. Ahnengeneration, also in der Zeit um 1700, sind es bereits 1.024 Ahnen, und in der 20. Generation um 1400 beträgt die Zahl der theoretischen Ahnen sogar schon mehr als 1 Million. Geht man noch weiter in die Geschichte zurück, in das frühe Mittelalter, die Antike oder gar in die Vorgeschichte, kommt man auf ganz phantastische Zahlen von vielen Milliarden Urahnen. Dass aber um 1400 nicht eine Million Mal mehr Menschen auf der Erde lebten als heute, zeigt, dass wir alle sehr viele gemeinsame Vorfahren haben. Die meisten unserer Ahnen sind dies gleich vielfach, über verschiedene genealogische Linien zugleich. So kommt im Jahr 1500 jeder Vorfahr durchschnittlich etwa viermal unter den Ahnen einer heute lebenden Person vor, im Jahr 1300 bereits etwa fünfzigmal und im Jahr 1000 schon mehrere tausendmal. Daraus ergibt sich, dass zum Beispiel alle Deutschen fast sämtliche vor dem Jahr 1200 lebenden Ahnen gemeinsam haben."

Diese Verwandtschaftsverhältnisse haben zur Folge, dass die Angehörigen dieser Großgruppen auch ähnliche genetische Merkmale besitzen, was eindeutig feststellbar ist. Andreas Vonderach in seinem Buch „Anthropologie Europas" (Ares Verlag, 2. Auflage 2015): „Selbst innerhalb Europas lassen sich die verschiedenen Völker noch gut voneinander unterscheiden. So kann man zum Beispiel die Schweden zu 90,1 %, die Polen zu 80,2 % und die Deutschen (einschließlich Österreich) zu 64,4 % genetisch richtig zuordnen. Überschneidungen bestehen praktisch nur zu den jeweiligen Nachbarvölkern. Die sichtbaren Unterschiede auf phänotypischer Ebene (äußerliche Merkmale) werden von den Menschen mehr oder weniger bewusst wahrgenommen; sie sind als Selbst- und Fremdstereotypen Teil ihrer kulturellen Identität. Auf diese Weise hat jedes Volk einen als charakteristisch empfundenen morphologischen Norm- oder Idealtypus sowie eine mehr oder minder große Variationsbreite von nicht mehr unbedingt als typisch, aber auch noch nicht als fremd empfundenen Merkmalskombinationen. Dabei sind die Überschneidungen innerhalb Europas groß. Andere, im eigenen Volk nicht vorkommende Merkmale und Merkmalskombinationen werden als fremdartig wahrgenommen. Kulturelle identitätsstabilisierende Momente, wie das ethnische Bewusstsein sowie gemeinsame Bräuche und Überlieferungen, halten die Heiratsschranken aufrecht und sichern so die Grenze zwischen den Sphären des Eigenen und des Fremden. Man kann vermuten, dass die Bedeutung der gemeinsamen Herkunft und des anthropologischen Phänotyps in der modernen Gesellschaft abgenommen hat, völlig verschwunden ist sie sicher nicht." Vonderach weiter: „Professor Robert R. Sokal und seine Schüler haben mit verschiedenen statistischen Methoden geprüft, ob die Grenzen zwischen den Sprachfamilien in Europa (Germanisch, Slawisch, Finno-Ugrisch usw.) zugleich auch genetische Grenzen sind. Tatsächlich erwiesen sich die Unterschiede zwischen Stichproben, die durch eine Sprachgrenze getrennt sind, in vielen Fällen als signifikant größer als zwischen solchen, die nicht durch eine Sprachgrenze oder nur durch zufällig gezogene Linien getrennt sind. Alle Sprachgrenzen sind zumindest für einzelne Merkmalssysteme – vielfach AB0, Rhesus oder HLA (Gengruppe, Anm. d. Autors) – genetische Grenzen. Insbesondere die germanisch-romanische Sprachgrenze von Flandern bis Friaul wird als einzige durch alle angewandten statistischen Methoden gleichermaßen als genetische Grenze ausgewiesen. Gleichzeitig erweisen sich die genetischen Differenzierungen innerhalb der Sprachfamilien als geringer als diejenigen zwischen ihnen. (...) Dagegen sind die Deutschen ihren Nachbarn genetisch in sehr unterschiedlichem Maß ähnlich. Ihre Abstandswerte zu den Niederländern, Dänen, Belgiern, Schweizern und Österreichern gehören zu den niedrigsten in Europa überhaupt (zwischen 10 und 19) und die zu den Engländern und Norwegern sind kaum größer (22 und 21). Auch der Abstand zum westlichen Nachbarn Frankreich ist mit 27 eher gering, wohingegen der zu den östlichen Nachbarn fast doppelt so groß ist (Polen 47, Tschechoslowakei 52, Ungarn 46). Sie stehen damit Deutschland genetisch sogar ferner als Italien (38). Bemerkenswert ist die Stellung der Tschechoslowakei (Anm. d. Autors: Prof. Cavalli-Sforza unterscheidet nicht zwischen Tschechien und der Slowakei). Sie hat die niedrigsten Abstände zur Schweiz und zu Österreich, die mit 31 und 36 aber schon in den Bereich nicht mehr besonders großer Ähnlichkeit gehören. Offensichtlich kommt hier ein gemeinsames mitteleuropäisches und vorgermanisches Bevölkerungssubstrat zum Ausdruck. Aber auch der Abstand zu den Deutschen (52) ist geringer als zu den slawischen und osteuropäischen Nachbarn und Verwandten (Polen 64, Ungarn 69, Russland 75). Vermutlich haben die vielen historischen Kontakte zu den Deutschen ihre Spuren hinterlassen." Die moderne Genetik könne etwa durch sogenannte „Haplotypen" im menschlichen Genom feststellen, welche Völker unter dem Mikroskop verwandt seien: „Fast alle Europäer – mehr als 99 % – haben Haplotypen der Haplogruppen H, I, J, K, M, T, U, V, W oder X. Von diesen gibt es I, J, K, T und W nur in Europa. Alle europäischen Haplogruppen stammen von der Haplogruppe N ab."

Auch die moderne Vergangenheitsforschung richtet ihren Blick auf diese besonderen Teile des Erbguts. Der Journalist Sebastian Kretz berichtet von einem wahren Hype um die individuelle Ahnensuche: „Experten, die die Verbreitung dieser Haplogruppen untersuchen, können zum Beispiel Vermutungen über Wanderungen der Frühzeit anstellen. Finden sich etwa bei heutigen Indonesiern auffallend häufig Haplogruppen, die für die Ureinwohner Taiwans typisch sind, liegt der Verdacht nahe, dass vor langer Zeit entsprechende Wanderbewegungen stattgefunden haben." Viele Personen wollen wissen, von wo ihre Vorfahren abstammen. „Mit aufwendigen, aber immer preisgünstigeren Verfahren lässt sich das in jedem Zellkern gespeicherte Erbgut präzise analysieren – also jene unverwechselbare Abfolge von chemischen Substanzen, die gewissermaßen den Bauplan eines jeden Menschen darstellt." (Magazin „GEOkompakt" Nr. 54, Verlag Gruner + Jahr, Hamburg, 2018). Jeder von uns erhält seine DNS ausschließlich von Vater und Mutter. Diese wiederum erhalten ihr Erbgut von den vier Großeltern. Der weitaus größte Teil des Erbguts ist bei allen Menschen gleich – die vergleichsweise wenigen Unterschiede machen jedoch die gesamte genetische Vielfalt der Menschheit aus. Die mediale Gehirnwäsche in diesem Bereich ist atemberaubend und unbegreiflich dumm und plump. Der Mensch würde „zu 98 % der Gene mit dem Schimpansen teilen", führen die Gleichmacher unermüdlich als Beleg dafür an, dass die menschlichen Unterschiede so gering wären, dass sie sich in keiner Weise auf das Verhalten auswirken könnten. Das ist allerdings haarsträubender Schwachsinn und völlig unwissenschaftlich. Nach dieser Messung teilt der Mensch nämlich 90 % seiner Gene mit Mäusen. Und 50 % ihrer Gene teilen Menschen mit einer … Ananas! Es kommt also sehr wohl auf geringste Unterschiede an. Manche der Gene bestimmen über die Augenfarbe oder die Form der Nase; andere haben keine offensichtliche Funktion. „Und bereits die Analyse eines Bruchteils des

Erbgutes ergibt eine Art hochindividuellen Fingerabdruck."

Der Anthropologe Andreas Vonderach betont, dass die genetischen Unterschiede wissenschaftlich erwiesen seien. Zudem würden diese Unterschiede auch zwischen den großen Populationen wie den Europiden, Afrikanern oder Asiaten messbar sein: „Die Völker Europas unterscheiden sich nicht nur in ihrer historischen Identität, ihrer Sprache und ihren kulturellen Traditionen voneinander, sondern haben auch jeweils ein charakteristisches genetisches Profil. […] In dem physiognomischen Erscheinungsbild und dem genetischen Profil eines Volkes spiegeln sich somit seine geschichtlichen Herkunfts- und Verwandtschaftsbeziehungen wider. Beides, die äußere Gestalt und das Bewusstsein der Verwandtschaft, sind für die Menschen wichtige Momente der Erfahrung des Eigenen und des Fremden." Vonderach legt Wert darauf, dass die vom Menschen mit dem Auge wahrgenommenen Unterschiede auch wissenschaftlich als Unterschiede bestätigt wurden: „Die ursprünglich nur auf der Anschauung beruhende Einteilung der Menschheit in die drei Haupttypen (schwarz, gelb, weiß) und die übrigen Formen ist in den letzten Jahrzehnten durch multivariativ-statistische Untersuchungen immer wieder bestätigt worden, wobei es gleichgültig ist, ob diese auf morphologischen, serologischen oder DNS-Merkmalen beruhen." Die genetische Zugehörigkeit stimmt dabei sehr genau mit der ethnischen überein. „So fand man bei einer Untersuchung von 326 DNS-Polymorphismen bei 3.636 Personen in den USA, dass die ethnische Selbstzuordnung (Weiße, Schwarze, Ostasiaten und Latinos) bei 99,86 % der Personen mit den empirisch ermittelten genetischen Clustern übereinstimmt. Was auch die Behauptung vieler Sozialwissenschaftler widerlegt, die ‚soziologische Rasse' habe mit der biologischen nichts zu tun."

Während in den letzten Jahrzehnten Forscher und Wissenschaftler verächtlich gemacht und als „Rasseforscher" aus jedem Diskurs ausgeschlossen wurden, die die menschlichen Unterschiede erforscht hatten und die zu politisch-unkorrekten Ergebnissen kamen, lässt sich dieses Dogma seriös nicht mehr aufrechterhalten. Das Einzige, was die gleichgeschalteten Mainstream-Medien tun können, ist, das Thema zu meiden, totzuschweigen. Was aber passiert, wenn etwa deutsche Journalisten ausländische Experten aufs politisch-korrekte Glatteis führen wollen, zeigt ein Interview im GEO-Magazin aus dem Jahr 2019. Der in Großbritannien und den USA gefeierte Psychologe, Gen- und Verhaltensforscher Professor Robert Plomin wird von einer deutschen Journalistin mit verständnislosen *Fragen konfrontiert*. Herrlich, wie souverän, selbstsicher und gelassen er antwortet. Weil er weiß, dass er richtig liegt.

Die Journalistin behauptet, dass die Gene bei ihr nicht ausschlaggebend wären.
Antwort Robert Plomin: Der Einfluss der Gene wurde jahrzehntelang massiv unterschätzt. Dabei konnten wir

schon in den 1970er- und 1980er-Jahren zeigen, dass Adoptivkinder nicht ihren Adoptiveltern ähneln. Stattdessen gleichen sie den leiblichen Eltern – nicht nur äußerlich, auch in Intelligenz und Charaktereigenschaften, obwohl sie ihnen niemals im Leben begegnet sind. Dazu kommen etliche Studien mit eineiigen Zwillingen, genetischen Klonen. Es gibt Fälle, bei denen diese Zwillinge in getrennten Familien aufwuchsen, aber trotzdem gleiche Charaktereigenschaften aufweisen. Ob wir mutig sind oder nicht, musikalisch oder witzig, empathisch, introvertiert: Wir wissen heute, dass mindestens 50 % jeder Eigenschaft schon bei Geburt in unseren Genen liegt.

Frage: Ich nehme mich aber auch als Ergebnis der Erziehung und Fürsorge meiner Eltern wahr.
Plomin: Da muss ich Sie enttäuschen. Ihre Eltern gaben Ihnen als Kind vielleicht Möglichkeiten. Ob Sie diese Möglichkeiten ergriffen haben und wer Sie heute sind, bestimmen aber vor allem die Gene. Erziehung macht Sie im Kern nicht zu dem Menschen, der Sie sind.

Frage: Seitdem Ihr Buch „Blueprint" erschienen ist, müssen Sie sich trotzdem mit heftigen Vorwürfen auseinandersetzen. Die Botschaft Ihres Buches, sagen Kritiker, erinnere stark an rassistische Vererbungslehren, etwa aus dem „Dritten Reich".
Plomin: Ach, kommen Sie! Das sind doch die klassischen Vorwürfe […] Ein schlechter Mensch braucht nicht meine Erkenntnisse, um ein totalitäres System aufzubauen. Denken Sie mal an Nordkorea: Dort glaubt

man an die Einflüsse der Umwelt, nämlich dass man die Bürger im Sinne des Staates erziehen kann. Keiner dort begründet die Unterdrückung des Volkes mit genetischen Lehren.

Frage: Haben Sie wirklich keine Angst vor den Folgen der Genforschung?
Plomin: Nein, habe ich nicht. Ich freue mich, das noch am Ende meiner Berufslaufbahn miterleben zu dürfen. Ich glaube, dass wir auch die Schwächen mancher Menschen mit mehr Respekt sehen können, weil wir wissen, dass sie vielleicht nichts dafür können. Die Welt wird besser durch Genforschung, nicht schlechter.

Die Einblicke in die Unterschiede von Einzelmenschen und ganzen Völkern dürften tatsächlich eine „kopernikanische Wende" in Bezug auf das menschliche Selbstverständnis sein. Und wie für so eine umwälzende Wende typisch, werden die ersten Verkünder der neuen Wahrheit erbittert bekämpft. Doch das Verständnis füreinander, wie es der Genforscher Robert Plomin richtig anmerkt, wird ungleich höher sein, wenn man die Vererbung verantwortlich weiß und nicht Böswilligkeit des Gegenübers.

Nachfolgend werden einige Beispiele aufgezählt, die zeigen, wie sich Gene und Vererbung auf den menschlichen Körper und das Verhalten auswirken, um bewusst zu machen, welche enorme Arbeit in diesem Bereich schon geleistet wurde – und was von den Massenmedien der Bevölkerung bewusst vorenthalten wird:

Krankheiten und Medikamente

Die Medizin geht immer mehr in Richtung einer „ethnischen Medizin", um den Bedürfnissen der verschiedenen Volksgruppen in Europa Rechnung zu tragen. „Ein Herzmedikament wirkt bei Afrikanern anders als bei Europäern", berichtet die Süddeutsche Zeitung am 17. Mai 2010. Nicolaus Lorenz vom Tropeninstitut in Basel: „Die ethnische Herkunft des Patienten spielt bei einigen Medikamenten eine große Rolle."

Einwanderer aus südlichen Regionen, wie etwa der Türkei, nehmen zur Unterstützung ihrer körperlichen Gesundheit spezielle Medikamente, um etwa das Auftreten der Knochenkrankheit Rachitis zu minimieren. Die Ärzteplattform „Deximed" erklärt den Zusammenhang einfach und unmissverständlich: „Hauptursache für Rachitis ist eine unzureichende Aufnahme von Vitamin D über die Nahrung und/oder ein Mangel an Sonnenlicht. Ein Vitamin-D-Mangel führt zu einer nicht ausreichenden Mineralisation der Knochen. Ultraviolette Strahlen tragen zur Bildung von Vitamin D im Körper bei. Die normale Sonnenbestrahlung der Haut während des Sommerhalbjahres deckt gewöhnlich den Bedarf an Vitamin D für das gesamte Jahr. Menschen mit dunkler Hautfarbe, die in Mittel- und Nordeuropa leben, haben ein erhöhtes Risiko für Vitamin-D-Mangel. Dunkle Haut lässt weniger Sonnenlicht durch die Haut eindringen, und die Sonneneinstrahlung ist in den nördlichen Breiten geringer, sodass weniger Vitamin D gebildet werden kann. Auch Frauen, die ihren Körper aus kulturellen Gründen vollständig in Kleidung hüllen, verhindern, dass ausreichend Sonnenlicht an ihre Haut gelangt." In einem Mitteilungsblatt für Ärzte in Zusammenarbeit mit der „Deutschen Gesellschaft für Kinder- und Jugendmedizin" aus dem Jahr 2016 heißt es etwa zu diesem Vitamin-D-Mangel und der daraus resultierenden Knochenkrankheit Rachitis, dass besonders Kinder „aus Afrika, der Türkei, dem Nahen und Mittleren Osten sowie aus Indien, Pakistan und Sri Lanka" gefährdet seien.

Fremdes Blut

„Wenn Menschen mit Migrationshintergrund eine Blut- oder Stammzellspende brauchen, fehlen in Deutschland oft die passenden Spender." So berichteten der Deutschlandfunk und andere Medien 2018 und 2019 über ein neues Blutspende-Projekt in Nordrhein-Westfalen. „Denn ihre Stammzellen weisen häufig Eigenschaften auf, die hier selten vertreten sind. Das neue Projekt BluStar. NRW ruft nun gezielt Migranten zu Blutspenden auf." Bei vielen Bluttransfers hätte es massive Probleme gegeben, was passiert, wenn die Merkmale im Blut nicht zusammenpassen. „Je mehr zusammenpassen, desto besser. Die Merkmale sind genetisch bedingt. Deswegen unterscheiden sie sich zwischen Mitteleuropäern und Menschen aus Afrika, Syrien oder der Türkei." In Deutschland gibt es derzeit zu wenig Blutspenden von Menschen aus diesen Regionen. Wird deutsches Blut einem türkischen Patienten zugeführt, kann es zu Problemen kommen. Der „Deutschlandfunk" vom 11. Juli 2018: „Das neue Blutimmunsystem des Spenders erkennt dann, dass es in einem fremden Körper ist und ‚greift' den Körper des Patienten an."

Gene steuern Talente

Mittlerweile wurden zahlreiche Genvarianten entschlüsselt, wie die Journalistin Ute Eberle in einem Artikel namens „Die Macht des Erbes" festhält („GEOkompakt" Nr. 54): „Etwa ob wir Jazz mögen; wie viel TV wir schauen; wie rassistisch wir denken; wie wichtig uns Religion ist; ob wir mehr Geld für Süßes oder für Technik ausgeben; wie mitfühlend wir sind; ob wir Science-Fiction mögen. Ja selbst, wie wahrscheinlich es ist, dass wir auf offener Straße überfallen werden. Oder auch: Ob wir selbst eher zu jenen Menschen werden, die andere überfallen." Die Gene wären in sehr starkem Ausmaß dafür verantwortlich, und dies gilt als wissenschaftlich erwiesen. Einige Beispiele:

Haarfarben-Gen

Ute Eberle im selben Artikel: „Zum Beispiel gibt es bei uns ein Gen namens MC1R, das eine wichtige Rolle bei der Haarfarbe spielt. Es existiert in zwei Varianten: Man könnte sie vereinfacht ‚rot' und ‚nicht rot' nennen. Diese

Version für ‚nicht rot' ist dominant. Bekommt ein Kind auch nur ein Exemplar davon vererbt, kann es alle möglichen Haarfarben entwickeln, aber nie einen echten Rotschopf. Und doch können ein schwarzlockiger Vater und eine blonde Mutter durchaus ein rothaariges Kind zeugen: dann nämlich, wenn beide Eltern in ihrem Erbgut die MC1R-Variante für ‚rot' tragen und diese jeweils an ihr Kind vererben. Dass die Eltern selbst keine roten Haare haben, liegt eben daran, dass die Variante ‚rot' bei ihnen von der zweiten Variante ‚nicht rot' übertrumpft wird." Gene für Haarausfall wurden ebenso entschlüsselt.

Der österreichische Star-Genetiker Markus Hengstschläger beschreibt in seinem Bestsellerbuch „Die Macht der Gene" gleich mehrere Zusammenhänge zwischen Genen und menschlichen Eigenschaften. Auszugsweise:

Zwillingsforschung

Hengstschläger: „Ein äußerst bekanntes und wissenschaftlich wirklich belegtes Beispiel liefern die amerikanischen Zwillinge Jim Springer und Jim Lewis. Eineiige Zwillinge, die fast 40 Jahre lang keinen Kontakt hatten. Und trotzdem, ihre Kinder erhielten den gleichen Vornamen und beide besaßen einen Hund namens Toy. Beide tischlerten gerne, liebten technisches Zeichnen, bevorzugten die gleiche Biersorte und waren Kettenraucher derselben Marke. Beide verbrachten ihre Ferien sogar am gleichen Ort!"

Tennis- und Fußball-Gen

„Über 100 Genvarianten im menschlichen Erbgut sind bereits entdeckt worden, für die zumindest ein statistisch signifikanter Zusammenhang mit bestimmten Fähigkeiten in bestimmten Sportarten nachgewiesen werden konnte. Und wieder andere Genvarianten wurden gefunden, die mit allgemeiner Fitness in Zusammenhang stehen dürften. Also doch? Eine Genvariante, die optimale Voraussetzungen für Fußball schafft. Eine andere verleiht Kraft für Tennis. Und wieder eine andere hilft beim Schirennen."

Alkoholiker-Gen

Zwei genetisch idente Zwillinge sind Alkoholiker. Schon länger vermutet die Forschung bei solchen Fällen, dass genetische Anlagen die Hauptursache dafür sein könnten. „Aber erst vor kurzem konnten deutsche Genetiker des nationalen Genomforschungsnetzes wirklich offensichtlich verantwortliche Genvarianten hierfür entdecken. In Untersuchungen an hunderten alkoholabhängigen Menschen wurde gezeigt, dass Varianten des Gens CRHR1 dazu führen, dass sich Träger dieser Varianten im Schnitt doppelt so häufig betrinken wie Menschen, die diese Genvarianten nicht aufweisen. Gefunden wurde nicht, dass sie häufiger trinken, sondern dass sie unter bestimmten Umständen offenbar wesentlich mehr Alkohol zu sich nehmen. Das CRHR1-Gen spielt eine große Rolle bei der Verarbeitung von Stress. Man hat bei bestimmten Mausstämmen das CRHR1-Gen gentechnologisch kaputt gemacht (ähnliche Experimente sind bei Menschen aus ethischen Gründen natürlich nicht möglich) und entdeckt, dass diese Mäuse in Stresssituationen viel mehr von angebotenem Alkohol trinken als normalerweise.

Dass Alkoholsucht eine Krankheit ist, weiß heute jeder. Dass diese Krankheit aber zu 50 bis 60 % vererbt ist, konnte man erst aus den neuesten Studien an CRHR1 und anderen Genen schließen." Ebenso gibt es bestimmte Genvarianten der Alkoholdehydrogenase, die dazu führen, dass deren Träger Alkohol wesentlich weniger gut vertragen als andere. Japanischen Touristen in Wien geht es daher nach launigen Bier- oder Weinrunden besonders schlecht. Denn unter den Japanern sind Träger solcher Genvarianten wesentlich häufiger als etwa in Europa.

Gott-Gen

„Eine Studie unter der Leitung des Londoner Genetikers Prof. Dr. Tim Spector führt wissenschaftliche Beweise dafür an, dass der Glaube an Gott etwas mit den Genen zu tun haben muss. Nicht die Bereitschaft zum Kirchengang, aber Gottgläubigkeit ist vielleicht 50 % genetisch und (eigentlich nur) 50 % durch Umwelt und Beziehung ausgelöst." Hengstschläger führt das Gen VMAT2 als vermeintliches Gott-Gen an.

Übergewichts-Gen

Und so gibt es noch eine Unmenge an anderen Genen und Genkombinationen, die schon bestimmten Eigenschaften zugeordnet werden konnten.

„Das ACTN3-Gen spielt eine Rolle bei der Muskelentwicklung, das IGF2R bei Genialität, das INSIG2-Gen wirkt sich bei Übergewicht aus und die Genregion Xq28 wurde mit Homosexualität in Verbindung gebracht."

Killergene

Die Entdeckungen von Genen, die für Gewaltbereitschaft und schließlich Verbrechen eine Rolle spielen könnten, reißen nicht ab.

Es gibt sogar wahre „Killer-Gene", die von findigen Anwälten dazu genutzt wurden, um ihre wegen Mordes angeklagten Schützlinge freizuboxen. 2011 entschied ein Gericht in Como nahe Mailand, dass ein Mord nur dann vollwertig als Mord angesehen werden kann, wenn der Täter oder die Täterin kein „Killer-Gen" in sich tragen würde.

Strafmilderung für den Mörder ist dann die Folge. Und das war nicht die erste Entscheidung. Die erste Entscheidung war bereits 2009 in Triest, wo italienische Richter einem nordafrikanischen Mörder eine Strafmilderung zugestanden, weil er sogenannte „Killer-Gene" hätte, die ihn also nicht voll schuldfähig machen würden.

Dies alles beweist, dass Eigenschaften – ob körperlich oder im Verhalten – nachweisbar über das menschliche Genmaterial weitervererbt werden können. Die Erbanlagen entstehen aber nicht zufällig, sondern sind Anpassungsleistungen im steten Ausleseverfahren der Evolution. Auch die Ausprägung von Völkern und Populationen ist eine **Anpassungsleistung der Evolution**. Und Evolution ist eine ununterbrochene Spezialisierung, um auf die unterschiedlichsten Gegebenheiten und Herausforderungen der Umwelt reagieren zu können. Es ist typisch für das hiesige Bildungsbürgertum, dass zwar als selbstverständlich angenommen wird, dass sich Pflanzen und Tiere weltweit an das Klima anpassen und eben exakt dort, wo sie sich entwickelt haben, beste Eigenschaften zum Überleben ausgeprägt haben. Der Eisbär an die Eiswelt, der Löwe an die Steppe, das Faultier an den tropischen Regenwald: Ihr Äußeres ist an die Umwelt angepasst, ihre Fertigkeiten, ihr Nahrungs- und Jagdverhalten und wie sie ihre Jungen aufziehen. Alles ist an das Klima, an die Umgebung, an die Pflanzenwelt und an die tierischen Rivalen und Beutetiere angepasst. Und der Mensch, der exakt denselben Anpassungs- und Evolutionsgesetzen unterworfen ist, der sich in allen Winkeln der Erde das Überleben sicherte zwischen einer von -50 Grad bis +50 Grad Celsius variierenden Außentemperatur, dieser Mensch soll sich nicht differenziert und angepasst entwickelt haben? Diese Traumtänzer kommen eben erst gar nicht auf die Idee, dass alle äußerlich für das menschliche Auge erkennbaren Unterschiede nur oberflächlicher Ausdruck jener genialen und breit gefächerten Anpassungsleistung der Natur sein könnten! Sie sehen nur „Diskriminierung" und „Rassismus", wenn man sie auf das Offensichtliche hinweist. Und agieren mit ihrer Ignoranz wahrhaft bösartig, denn sie verneinen die Schöpfung, die Entwicklung. Sie erkennen nicht, dass jedes Volk und jede Kultur ein Höchstwert für sich ist.

Der Biologe Irenäus Eibl-Eibesfeldt hat dazu einen interessanten Gedanken aufgeschrieben: „Als Biologe bin ich grundsätzlich Pluralist. Über Vielfalt sichert sich das Leben ab, im Pflanzen- und Tierreich über die Vielzahl der Arten und Unterarten und beim Menschen auch über die Vielfalt der Kulturen, die damit zu Wegbereitern der weiteren Evolution werden. Die Einschmelzung der Kulturen käme einem gewaltigen Entdifferenzierungsprozess gleich, und man darf auch aussprechen, dass mit jeder Kultur, die untergeht – und sei es auch nur eine Stammeskultur sogenannter ‚Primitiver' –, Werte unwiederbringlich verlorengehen. Darüber hinaus scheint es mir angebracht hervorzuheben, dass eine auf eine ‚Weltkultur' reduzierte Menschheit erheblich an adaptiver Breite verlieren würde, und das könnte unter Umständen gefährlich werden. Jede Kultur stellt ja einen besonderen Versuch dar, das Überlebensproblem zu meistern, und in der Fülle der Kulturen gewann die Menschheit eine Anpassungsbreite, die in Krisensituationen von Bedeutung sein kann. Außerdem: Selbst wenn es gelänge, eine einheitliche Menschheit zu erzwingen, bedürfte es danach ständigen Zwanges, sie in diesem Zustand der ‚Gleichheit' zu erhalten, denn jede

neue Idee, über die sich eine Gruppe neue Lebensformen erschließen könnte, müsste der Einheitlichkeit zuliebe unterdrückt werden. Zum Glück für den Biologen, der in der Erhaltung möglichst vielfältiger Kulturen einen Wert sieht, wehren sich die Völker gegen Tendenzen, die ihre eigene Identität bedrohen. In diesem Sinne sind jene Anlagen, die uns danach streben lassen, uns über Abgrenzungen ethnische Identität und territoriale Integrität zu bewahren, durchaus nicht nur als störendes archaisches Erbe, sondern auch positiv als kulturerhaltend zu bewerten, solange sie nicht zu einem Ethnozentrismus mit Dominanzanspruch über andere führen. Dem muss eine Erziehung zur Achtung der anderen, zur Wertschätzung von deren Anderssein, entgegenwirken."
Der Professor und Autor John Philippe Rushton lehrte und lebte bis zu seinem Tod 2012 in Kanada. Er ging, wie so viele Nicht-Europäer, erfrischend unvoreingenommen an die Frage der menschlichen Unterschiede heran. Und er hat in einem epochalen Werk unzählige Studien zusammengetragen, die zeigen, dass sich die Menschheit rund um den Globus sehr unterschiedlich, differenziert und angepasst entwickelt hat. Das Buch „Rasse, Evolution und Verhalten" wurde im Grazer Ares Verlag übersetzt. Ein Beispiel aus dem Buch sei exemplarisch herausgegriffen:

„Die Evolutionsbiologen nehmen an, dass jede Spezies (oder Subspezies wie eine Rasse) eine charakteristische Überlebensstrategie entwickelt hat, angepasst an die speziellen ökologischen Probleme, auf die ihre Ahnen gestoßen sind. Eine Überlebensstrategie ist eine genetisch organisierte Folge von Charakteristika, der sich auf eine koordinierte Art und Weise entwickelte, um Energie an das Überleben, das Wachsen und die Reproduktion aufzuteilen. Diese Strategien können entlang einer Skala organisiert sein. [...] Es gibt zwei alternative Strategien, um Nachkommen zu produzieren. Am einen Extrem können die Organismen eine sehr große Anzahl an Nachkommen produzieren, aber jedem von ihnen wenig elterliche Fürsorge zukommen lassen. Am anderen Extrem können die Organismen sehr wenige Nachkommen produzieren, aber jedem von ihnen sehr intensive Elternfürsorge und Schutz zukommen lassen."

Diese unterschiedlichen Strategien entstanden als Folge des äußeren Anpassungsdrucks und ergeben aus Sicht der menschlichen Evolution einen Sinn. Prof. Rushton: „Die modernen Menschen entstanden in Afrika vor ca. 200.000 Jahren. Afrikaner und Nicht-Afrikaner trennten sich vor etwa 100.000 Jahren. Asiaten und Weiße trennten sich vor etwa 40.000 Jahren. Je höher die Menschen ‚Out of Africa' in den Norden wanderten, desto schwerer wurde es, Nahrung zu bekommen, einen Unterschlupf zu finden, Kleider herzustellen und die Kinder aufzuziehen. Daher brauchten diejenigen Gruppen, die sich zu den heutigen Weißen und Asiaten entwickelten, größere Hirne, mehr Familienstabilität und ein längeres Leben. Aber die Herausbildung eines größeren Gehirns in der Entwicklung eines Menschen braucht Zeit und Energie. Daher wurden diese Veränderungen durch langsamere Wachstumsraten, niedrigere Niveaus an Sexualhormonen, weniger Aggression und weniger sexueller Aktivität ausbalanciert. Warum? Weil Afrika, Europa und Asien sehr verschiedene klimatische Bedingungen hatten und eine Geographie, die verschiedene Fertigkeiten, eine unterschiedliche Ressourcenverwendung und Lebensstile verlangten. Schwarze entwickelten sich in einem tropischen Klima, das zu dem kühleren in Europa in Kontrast stand, in dem sich Weiße entwickelten, und noch mehr zu den kalten arktischen Ländern, in denen sich die Asiaten entwickelten."

Um in den unterschiedlichsten Regionen der Erde überleben zu können, waren unzählige Anpassungsleistungen nötig, die sich äußerlich – aber auch innerlich – auswirkten und so auch Charakter und Temperament prägten. Auch die Entwicklung zur weißen und sonnendurchlässigeren Haut und die Entfärbung der Haare auf Rot oder Blond sind Ergebnisse solcher Entwicklungsprozesse. Professor Jonathan Rees von der University of Edinburgh und die Oxforder Genetikerin Professor Rosalind Harding haben die These untermauert, dass sich die Entwicklung zu heller Haut und hellen Haaren nur unter der schwachen Sonne Mittel- und Nordeuropas vollziehen konnte. Während historisch die hellen Merkmale die betroffenen Menschen unter der starken UV-Strahlung des Südens benachteiligten, war es in Gebieten mit schwacher Sonneneinstrahlung oder häufig bedecktem Wetter vorteilhaft, da helle Haut die Bildung des essentiellen Vitamins D3 bei geringer UV-Strahlung begünstigt.

Wer es noch genauer wissen möchte, kann sich in der entsprechenden Fachliteratur vertiefen*.

Auf eine weitere detaillierte Ausbreitung des Themas wird an dieser Stelle verzichtet, sollte es doch genügen, um zu zeigen, dass wir auch in diesem Punkt von den Mainstream-Medien systematisch belogen und in die Irre geführt werden. Die Wissenschaft hat längst unzählige Beweise geliefert, dass die Menschenvölker körperlich und geistig verschieden sind – was keineswegs bedeutet, dass sie untereinander feindlich wären, aber eben doch „verschieden". Eine Aufgeregtheit darüber scheint völlig überzogen und unangebracht, beweist das hier Geschilderte lediglich die Ähnlichkeit und Verwandtschaft der großen kontinentalen oder volklichen Fortpflanzungsgemein-

---

*So beschrieb schon Prof. Rainer Knußmann in seinem Lehrbuch der Anthropologie und Humangenetik „Vergleichende Biologie des Menschen" 1996, wie blonde Haare evolutionär entstehen: „Der entscheidende Faktor ist jedoch das körnige dunkle Pigment (Melanin). Die von Hormonen beeinflusste Synthese des Melanins geht von der Aminosäure Tyrosin aus, die über Dihydroxyphenylalanin (Dopa) zu Dopachinon oxidiert wird. Diese Prozesse werden von dem kupferhaltigen Enzym Tyrosinase, das durch ultraviolettes Licht eine Aktivierung erfährt, katalysiert. Aus Dopachinon entsteht über mehrere Zwischenstufen, darunter das helle Leukopachrom und das rötliche Dopachrom, das Indol-5,6-Chinon. [...] Das Indol-5,6-Chinon polymerisiert zum Melanin, welches nach Bindung an Eiweiß das etwa 1 μ große Pigmentkorn (Melanosom) bildet. Allerding ist das Melanin in der Regel nicht homopolymer, sondern setzt sich aus verschiedenen Untereinheiten zusammen, die aus Kopolymerisation von Vorstufen (ab Dopachinon) entstehen. [...] Bei blondem Haar treten Melanin-Körner nur in der Peripherie gehäuft auf, bei ausgesprochen dunklen Rassen dagegen bis ins Zentrum."

schaften. Wer diese durch seine Politik zerstören möchte, zerstört nicht nur den jahrtausendelangen Wachstumsprozess, sondern auch die Chance auf ein natürliches, solidarisches Miteinander.

Was eine Hannah Arendt 1968 noch wusste (und auch aussprach!), haben viele Pseudo-Gelehrte, die sich vielleicht sogar auf Intellektuelle wie sie berufen, längst vergessen:

„Genau wie Mann und Frau nur gleich sein können, menschlich nämlich, indem sie voneinander absolut verschieden sind, so kann der Angehörige jeglichen Landes in die Weltgeschichte der Menschen nur eintreten, indem er bleibt, was er ist, und daran festhält. Ein Weltbürger, der unter der Tyrannei eines Welt-Imperiums lebt und eine Art glorifiziertes Esperanto redet, wäre genauso ein Monster wie ein Hermaphrodit."

„Die Einheit der Menschheit und ihre Solidarität", so Arendt weiter, „kann nicht bestehen in einem universalen Weltabkommen". Tatsächlich ist die Ähnlichkeit von Aussehen, Charakter und Verhalten für gemeinschaftliche Solidarität von großer Bedeutung. Ein altes deutsches Sprichwort sagt: „Gleich und gleich gesellt sich gern." Ebenso finden wir dieselbe Weisheit beim persischen Islam-Gelehrten Al-Ghazālī, der vor tausend Jahren schon den weisen Satz niedergeschrieben haben soll:

„Die fünfte Ursache der Liebe ist die Verwandtschaft und Ähnlichkeit. Denn was einer Sache ähnlich ist, wird zu ihr hingezogen, und gleich und gleich gesellt sich gern."

Menschen haben sich immer am stärksten an anderen Menschen orientiert, die ihnen ähnlich sind. Der Mensch fühlt sich wohler, wenn er von Menschen umgeben ist, die sich wie er verhalten, da sie ähnliche moralische Werte vertreten, ähnliche Interessen haben oder dieselbe Sprache sprechen. Die seit Generationen gemeinsamen Werte und Normen (das kollektive Über-Ich einer Gesellschaft) werden zu Traditionen. Sie dienen zur Identifikation mit den Mitmenschen. Das führt auch zu stark unterschiedlichen kulturellen Ausprägungen:

Beispielhaft sei das „O-Zeichen" mit Daumen- und Zeigefinger genannt. Das bedeutet in den USA soviel wie „okay" oder „super". Auch in Österreich oder Deutschland wird man die Geste als „exzellent" oder „spitze" deuten. In Belgien oder Frankreich würde man schon einen Menschen als „Null", also wertlos abstempeln. Und in Thailand oder Brasilien deutet die Geste auf Obszönes hin.

Daumen hoch: Der nach oben gereckte Daumen wird in Mitteleuropa weithin als zustimmendes Zeichen verstanden oder ist das Symbol der Autoanhalter, Tramper. Wird er auf und ab bewegt, ist er allerdings in vielen Mittelmeerländern, aber auch in Russland, im Mittleren Osten sowie in Teilen von Afrika und Australien, eine obszöne Beleidigung. Besonders in der Türkei gilt die Geste außerdem als Einladung zu homosexuellen Praktiken.

Anders als bei uns signalisieren sich die Menschen in manchen Ländern außerdem Zustimmung und Ableh-

Völker schützen

nung. Andere Gesten für das Verneinen gibt es etwa in Indien, Bulgarien, Griechenland und Süditalien. Ein „Ja" wird dort durch das Links-rechts-Wackeln des Kopfes ausgedrückt. Das „Nein" dagegen ist kein Kopfschütteln, sondern eine Kopfbewegung aus der neutralen Position nach oben und hinten.

Gleiche Rituale, gleiche Traditionen und kulturelle Verhaltensweisen wirken harmonisch: Man kann die Mitmenschen einschätzen. Die nach dem migrantischen Vergewaltigungsexzess der Kölner Silvesternacht 2016 verlautbarte „Armlänge Abstand" kündet vom genauen Gegenteil einer harmonischen und berechenbaren Menschengemeinschaft.

Die Verhaltensforschung hat ebenso umfangreich aufgezeigt, dass der selbstlose Einsatz für Mitmenschen besonders stark in verwandtschaftlichen Strukturen zu finden ist. Diese als „Altruismus" bezeichnete Handlungsweise wird von Genetikern so gedeutet, dass der Mensch instinktiv an der Ausbreitung seiner Gene interessiert ist – gleichgültig, ob ihm sein Gehirn bewusst diese Anweisung gibt oder nicht. Und indem der Mensch Familienangehörige und Verwandte unterstützt, unterstützt er das Fortkommen genetisch ähnlicher Menschen. Prof. Rushton: „Genetisch ähnliche Menschen tendieren dazu, sich gegenseitig auszusuchen und sich gegenseitig unterstützende Umgebungen zu liefern, wie etwa die Ehe, Freundschaft und soziale Gruppen. Das kann einen biologischen Faktor darstellen, der dem Ethnozentrismus und der Gruppenselektion zugrunde liegt."

Der Humanethologe Professor Dr. Dr. Irenäus Eibl-Eibesfeldt hat umfangreich zum menschlichen Solidarverhalten geforscht und dem Irrweg der modernen, anonymen Gesellschaft in seinem 1995 erschienenen Buch „Wider die Misstrauensgesellschaft" den Spiegel vorgehalten. Die ausgewählten Zitate sprechen für sich:

„Unterricht und Öffentlichkeitsarbeit vernachlässigten es, ein übergreifendes Gemeingefühl zu vermitteln, das auch das Nationale einschließt, und ohne Gemeingefühl zerfällt ein Staat. Die Bürger bleiben dann nebeneinander lebende Fremde, die einander aus noch darzulegenden Gründen mit einem gewissen Misstrauen reserviert gegenüberstehen. Die Scheu vor dem anderen und eine wachsende Gleichgültigkeit verbinden sich mit der Bereitschaft, dessen Schwächen auszubeuten. Überdies führt die weltanschauliche Orientierungslosigkeit, die sicher nicht allein auf eine Verwahrlosung des Nationalgefühls zurückzuführen ist, dazu, dass junge Menschen in explorativer Aggression die Grenzen des Möglichen abfragen, sich über kollektive Aggression zu Kleingruppen verbünden und viele von ihnen anfällig für Drogen und eine beliebige Führung werden."

„Die bindungslose Misstrauensgesellschaft ist inhuman und damit eine Fehlentwicklung, die es hier aufzuzeigen gilt. Misstrauen erweist sich als Friedenshemmnis innerhalb von Gesellschaften, aber auch zwischen ihnen."

„Lebewesen vertraten bis zum heutigen Tage ihr ‚genetisches Eigeninteresse'. Sie wurden durch die Selektion in einer über zweieinhalb Milliarden Jahre zurückreichenden Lebensgeschichte immer perfekter als Überlebenssysteme auf diese Fähigkeit getrimmt. Jene Organismen, denen es nicht gelang, ihr Erbgut weiterzureichen, schieden aus dem Abenteuer der Evolution aus."

Jahrtausendelang war die Kleinfamilie die Stätte des Alltags und die Organisationsform der Menschheit. Großeltern, Eltern, Kinder stellten eine natürliche Solidargemeinschaft dar, in der alles erlernt wurde, in der man sich half und sich höher entwickelte. „Außerdem erwerben die Menschen in solchen individualisierten Gesellschaften bereits in der Kindheit große soziale Kompetenz, die es ihnen erlaubt, ihre Aggressionen zu kontrollieren."

„Statt in Kleingesellschaften, in denen jeder jeden kennt, leben wir heute in anonymen Großgesellschaften, und da wir einander nicht kennen, zeigen wir eine gewisse Scheu voreinander. Ein Urmisstrauen belastet die Beziehungen der modernen Menschen. Da die Menschen einander nicht kennen, gehen sie miteinander rücksichtsloser um. Dominanzbeziehungen werden unter Einsatz der Ellbogen aufgebaut. Die moderne Gesellschaft ist ferner arbeitsteilig, was dem Einzelnen nach Begabung ungeheure Chancen eröffnet, ihn zugleich aber auch mit einem Leistungsstress belastet, der neu ist und mit dem wir nicht ohne Weiteres fertig werden. Außerdem schafft die Abhängigkeit existenzielle Ängste. Die meisten von uns sind von Arbeitgebern abhängig und können arbeitslos werden."

„Gruppen grenzen sich durch ihre Fremdenscheu voneinander ab. Zugleich erweisen sich die Gruppenmitglieder einander in einem Vertrauensverhältnis quasifamilial verbunden. Die bindende Vertrautheit der Gruppenmitglieder basiert neben der persönlichen Bekanntheit auch darauf, dass eigentlich alle mehr oder weniger nach gleichen Normen handeln und sich damit auch gegenseitig verstehen. Das heißt, dass das Verhalten des Partners in der Gruppe im Grunde recht gut voraussagbar ist. Er wird nicht aus der Rolle fallen, die ihm nach Alter, Geschlecht, Status etc. von der jeweiligen Kultur zugewiesen ist. Die Gruppennorm äußert sich in Sprache, Brauchtum, Kleidung, Körperschmuck und vielen anderen Alltäglichkeiten. Die materielle wie die geistige Kultur ist nach ihr ausgerichtet. Kultur erweist sich hier als prägend und legt uns als ‚zweite Natur' insofern fest, als uns auch der Schatz tradierten Brauchtums nicht allzu viel Bewegungsfreiheit lässt. Zwar können wir, von Notwendigkeit gezwungen, mit Traditionen brechen, aber wenn wir das nicht für notwendig halten, dann sind wir eher bereit, am ‚lieben' Brauch festzuhalten. Er macht das Verhalten voraussehbar, trägt Ordnung in die Gemeinschaft und vermittelt damit Sicherheit. Zugleich ist die Einhaltung der gruppenspezifischen Norm ein Mittel der Absetzung gegen andere, die als Fremde nicht den gleichen Normen anhängen. Die Neigung zur Kontrastbetonung bei Beharren auf dem Eigenen hat zur raschen kulturellen Differenzierung geführt und es dem Menschen gestattet, sich rasch in sehr verschiedene Lebensräume einzunischen. Die Vielfalt der Kulturen, die ja zum Teil auch recht verschiedene Subsistenzstrategien verfolgen, ist ein Ausdruck dieser Neigung, die Vielfalt schafft und damit gewiss schöpferisch wirkt. Die Gruppennorm wird verteidigt. Es gibt eine normangleichende Aggression, die sich gegen solche Gruppenmitglieder wendet, die in auffälliger Weise von der Gruppennorm abweichen. Diese normangleichende oder normerhaltende Aggression durchläuft verschiedene Eskalationsstufen, und zwar in allen Kulturen in sehr ähnlicher Weise. Sie führt schließlich zu einer Ausstoßreaktion, wenn der Abweichende sich nicht angleichen kann." („Die Biologie des menschlichen Verhaltens"; Eibl-Eibesfeldt 1995)

„Wir schätzen grundsätzlich Freundschaft höher als Gegnerschaft, und zwar aus affektiv getöntem Engagement, demnach aus Veranlagung. Unsere prosoziale Emotionalität bildet dafür eine gute, aber keineswegs ausreichende Grundlage. Wir müssen überdies unseren Intellekt gebrauchen und die Wirklichkeit wahrnehmen. So gilt es, zur Kenntnis zu nehmen, dass diese Loyalitäten zu Mitmenschen nach Nähe abgestuft sind. Zuerst kommt die eigene Familie, dann die Sippe und der Freundeskreis und so fort. Wir neigen zum Nepotismus und Ethnozentrismus. Das Bedürfnis, Verwandte zu unterstützen und, wie Prof. Christian Vogel betonte, ‚die eigene Rasse mehr als die andere, und das eigene Vaterland mehr als ein anderes Land', war evolutionistisch gesehen erfolgreich. ‚Wir können uns selbstverständlich' – meint Vogel – ‚in vielem bewusst gegen unsere Programme wenden. Die Freiheitsgrade haben wir natürlich erreicht. Aber wir müssen dann unter Umständen auch sagen, dass wir uns aus der Evolution verabschieden.' Das sollten wir natürlich nicht tun." („Die Biologie des menschlichen Verhaltens"; Eibl-Eibesfeldt 1995)

Neben dieser biologischen Verwandtschaft ist demgemäß auch die gemeinsame Kultur verbindend. „Kultur", so wusste noch das Lexikon „Brockhaus" vor ein paar Jahren, „ist die Gesamtheit der Lebensäußerungen eines Volkes." Kultur ist überliefertes Wissen, was unsere Vorfahren für so wichtig und gut befanden, es den Kinder und Kindeskindern weiterzugeben. Eine solche Menschengruppe – eng verbunden durch Abstammung, Kultur und Sprache – hat die beste Veranlagung, um an einer harmonischen Zukunft zu bauen. Wenn zu dieser Voraussetzungen dann auch noch die Erkenntnis stößt, sich seines Potentials bewusst zu sein, ist eine solche Gemeinschaft zu unglaublichen Leistungen und ungeahntem Glück fähig. Das innere Erlebnis des „Wir" kann nicht nur Familien zusammenschweißen, es kann auch die Lebenskraft eines ganzen Volksverbandes befeuern.
Die prägende Kraft der Kultur ist auch die Einstiegsmöglichkeit für Einwanderer aus anderen Völkern. Der

inflationär zu Propaganda-Zwecken missbrauchte Begriff der „Integration" muss verworfen werden, wurde unter diesem Deckmantel die Massenflutung Europas erst möglich. Vielmehr hat sich nur eine einzige Anpassung als nachhaltig und erfolgversprechend herausgestellt: die Assimilation, also die völlige Anpassung an das Gastvolk und die Übernahme von Kultur und Tradition. Dieser Prozess ist überdies nur in geringen Maßen möglich. Millionen kulturferne Einwanderer aus der Türkei oder Afrika assimilieren zu wollen, grenzt an Irrsinn, und niemand glaubt daran, dass dies jemals glücken würde. Wer aber Teil der europäischen Schicksalsgemeinschaft sein und werden möchte, der hat dies zuerst zu beweisen. Die spätere Geschichtsschreibung wird jedenfalls Xavier Naidoo oder Akif Pirinçci als würdige Deutsche begreifen, wo eine Aufnahme tatsächlich als gelungen bezeichnet werden muss.

Dass eine homogene Gemeinschaft von den Globalisten abgelehnt wird und durch eine multikulturelle Gesellschaft ersetzt werden soll, liegt auf der Hand. Und heimische Politiker wissen ganz genau, was sie tun und welchen Zielen sie sich verschrieben haben. Bereits 1991 schrieb der Politiker und Vordenker der Grünen Partei, Daniel Cohn-Bendit:

„Das heißt aber gerade nicht, dass die multikulturelle Gesellschaft harmonisch wäre. In ihr ist vielmehr – erst recht dann, wenn sich wirklich fremde Kulturkreise begegnen – der Konflikt auf Dauer gestellt. Die multikulturelle Gesellschaft ist hart, schnell, grausam und wenig solidarisch, sie ist von beträchtlichen sozialen Ungleichgewichten geprägt und kennt Wanderungsgewinner ebenso wie Modernisierungsverlierer."

Und das ist des Pudels Kern! Hart, grausam, wenig solidarisch … So wollen die Globalisten eine dahingestreute Menschenmasse vorfinden, um dieses chaotisch durcheinanderrufende Babylon beherrschen und lenken zu können.

Natürlich werden sie selbst dieses Offensichtliche verneinen und das letzte Argument ins Treffen führen, das sie immer dann hervorholen, wenn alles andere zwecklos ist. Und zwar: Multi-ethnische Verquickung würde die besten Eigenschaften aus mehreren Völkern verbinden, und daraus würde sich eine neue Stufe der Zivilisation, der Fortschritt in der Menschheitsevolution, ergeben. Orientalisches Temperament würde sich mit deutschem Ingenieursgeist paaren, afrikanische Lebenslust mit nordischer Disziplin befruchten: Das Ergebnis wäre ein neuer und unvergleichlich besserer, intelligenterer, zukunftstauglicherer Mensch. Die Globalisten und Multikulti-Befürworter scheitern hier allerdings seit Jahrzehnten an der Realität – ja, sie blieben in all den Jahren jeden Beweis schuldig, der ihre These untermauern könnte. Die Verfallserscheinungen ihrer multikulturellen Gesellschaft, ihres „historisch einmaligen Experiments" (Yascha Monk), sind hingegen umfänglich dokumentiert.

Das deutsche Volk war allerdings ein Volk höchster Leistung. Und Deutschland war das Vaterland unzähliger Genies von Weltruhm, und zwar lange bevor von außereuropäischer Masseneinwanderung und „Multikultur" die Rede war. Um nur ein Beispiel zu bringen, von welcher Begabung hier stets die Rede ist: Der junge Johann Gottfried Fichte war bekannt dafür, dass er bereits als 8-Jähriger, obwohl des Lesens und Schreibens nicht mächtig, die gesamte Predigt des Gottesdienstes auswendig nachsprechen konnte – also vollständig auswendig nach einmaligem Zuhören – was im Jahr 1770 seinem späteren Förderer Freiherr Haubold von Miltitz aufgefallen war, worauf dieser beschloss, ihm eine Schulbildung zu finanzieren. Ein anderer, nämlich Friedrich Wilhelm Schelling, beherrschte schon im Alter eines Volksschülers die Sprachen Griechisch und Latein perfekt und las mit sieben Jahren das Alte Testament, und zwar im Originaltext. Wolfgang Amadeus Mozart lernte schon mit drei Jahren Klavierspielen, mit zarten vier Jahren Geige und mit gerade einmal neun Jahren komponierte er sein erstes eigenes Stück! Gerade unsere Kultur, die für die Welt Buchdruck, Glühbirne, Telefon, Straßenbahn, Motorrad, Auto, Flugzeug, Röntgen, Fernseher, Hubschrauber, Waschmaschine, Staubsauger, Computer, Scanner, Airbag, MP3-Player und vieles mehr erfunden hat, ist geeignet, einen kreativen und nachhaltigen Weg für die Zukunft zu formulieren.

Dieses Genie schlummert noch immer in unserem Volk! Glauben wir daran. Erinnern wir uns: Wir sind die Erben dieser Großen. Erwecken wir den Genius, um das scheinbar Unmögliche möglich zu machen. Nutzen wir diese Kraft – so wie wir sie immer in der Geschichte genutzt haben, um einen notwendigen Anpassungsprozess zu vollbringen. Heute sind wir zur Erweckung unserer Mitmenschen berufen. Die ewige Kraft und Energie unseres Volkes wird uns dabei helfen.

4.4 Nationales Selbstbewusstsein

Wenn Europa am Beginn des 21. Jahrhunderts mit schläfrig-selbstgerechter Miene seinen Selbstmord abwickelt, dann hat das massenpsychologische und letztlich sehr rasch erklärte Ursachen. Dieser einstmals große Kontinent lässt heute deshalb alles mit sich machen, weil ein kollektives Bewusstsein für Sendung und Auftrag gänzlich fehlt: weil keine nationale Ehre vorhanden ist, weil die Bewohner der einst einflussreichsten Landmasse der Welt keine Zugehörigkeit kennen, geschweige denn Stolz oder Selbstbewusstsein.

Wenn ein völlig außer Rand und Band geratener Geschichtslehrer dem Mittelschüler einredet, seine Groß- und Urgroßeltern wären allesamt historisch einmalige Verbrecher gewesen, dann nimmt das der Schüler achselzuckend zur Kenntnis. Er selbst wird ja nicht als Verbrecher beschimpft. Ihn verbindet nichts, aber auch gar nichts, mit seinen Ahnen. So denkt er. Dass in seinen

Adern dasselbe Blut fließt und er zu einhundert Prozent ein genetisches Produkt seiner vier Großeltern und von sonst niemand anderem ist, kommt ihm gar nicht ins Bewusstsein. Ebenso wenig, dass die Beschimpfungen gegen seine Vorfahren auch seine Ehre als Enkel oder Urenkel treffen könnten. Es geht ihn nichts an. Und so etwas wie Ehre kennt er nicht.

Wenn eine junge Frau von arabisch-asiatischen Typen an einem Bahnhof „angemacht" und bedrängt wird, sie nicht vorbeigelassen und sichtlich belästigt wird, dann gehen einheimische Männer scheinbar teilnahmslos vorbei. Sie ducken sich weg, senken den Blick und sagen zu sich selbst, um das sich meldende innere Gewissen sofort zu beruhigen: „Das geht dich nichts an!" – Nicht im Traum denken sie einen Schritt weiter, dass die junge Dame in Not auch ihre Schwester, Tochter oder Frau sein könnte. Und dass, wenn es ans Äußerste ginge und die Frau geschändet wird, es auch eine Schande für alle feigen Eunuchen ist, die es vorgezogen haben, erneut einer „Auseinandersetzung aus dem Weg zu gehen", anstatt ihrer Landsfrau zur Seite zu springen und sie aus der Umklammerung zu retten. Es gibt keinen Zusammenhalt, keine gegenseitige Empathie, kein Füreinander-sorgen-Wollen mehr in dieser zersplitterten Gesellschaft.

Als ein Schuhmacher nach dem anderen geschlossen hat, war es den Leuten gleichgültig. Denn sie bekommen die Schuhe ja jetzt in den großen Shopping-Centern in den Marken-Shops, wo sie aus Fernost eingeflogen werden. Und zum Familienbetrieb des Schusters hatte man ohnehin keinen so persönlichen Kontakt mehr wie noch zu Großvaters Zeiten. Als die Fachgeschäfte für Fotoapparate, die Schneidermeister und Kleiderhäuser, die Tischler und Messermacher ihre Pforten für immer verriegelten, fiel es niemandem auf. Die neuen Markenkonzerne aus Asien oder den USA ersetzten alles problemlos. Als die Bauern aufhörten, Bauern zu sein, weil die Anerkennung fehlte, weil die Arbeit unverhältnismäßig hart und schwer wurde, weil die Entlohnung miserabel und die Zukunftsaussichten katastrophal waren, scherte das die Wenigsten. Erst bei Krisen erinnerte man sich ihrer, doch da war es schon zu spät. Es war zu spät, denn die Versorgungssicherheit, die Grundlage für jede unabhängige und freie Gemeinschaft sein muss, war längst nicht mehr gegeben. Der Bürger, der Einzelmensch, hat keinen Bezug mehr zur Gesamtheit und auch nicht zu den Menschen „hinter der Verkaufstheke". Er sieht nur mehr begehrenswerte Produkte, Preisschilder, Rechenmaschinen und Rabatt-Schilder. „Sale, Sale" – alles im Ausverkauf, die Billiggüter aus Indien – aber auch das Heimatland wird ausverkauft und die Möglichkeit, das darin hausende Volk zu ernähren und zu versorgen.

Gewisse Prediger des Christentums und der Marxismus hatten eines gemein: Sie wollten den Einzelmenschen aus seinem Volk herauslösen und ihm einreden, das Volk und die Zugehörigkeit zu einer großen überfamiliären Gemeinschaft wären eine Erfindung und ein Hirngespinst. Sie gaben ihnen Ersatzgemeinschaften: die weltweite Gemeinde der Christusjünger. Oder eben das

Weltproletariat, vereinigt unter der Parole „Arbeiter aller Länder vereinigt euch und vergesst Volk und Vaterland." Der späte Liberal-Kapitalismus musste die so vorbereiteten Individuen, längst misstrauisch gegen das Volk gemacht, nur mehr abholen und endgültig aus jeder Gemeinschaft herauslösen. Das Ziel dieser gemeinschaftszersetzenden Ideologie: Die Einzelwesen sollten vereinsamen und sich keiner Gruppe mehr zugehörig fühlen. Statt des kameradschaftlichen Sportvereins kamen die Fitnessstudios, wo jeder für sich allein trainiert. Statt der Familienbetriebe mit einer emotionalen Bindung zwischen Mitarbeitern und Unternehmensleitung kamen die anonymen Großkonzerne mit externen Consulting-Firmen, die Mitarbeiter nach Tabellen mit Richtwerten lobten oder aussonderten. Statt der Firmenkantine kamen das Essen nebenbei oder Home-Office. Statt der Vereine im Bereich von Kultur, Musik oder Literatur (wer kennt heute noch Lesezirkel?) kam das Monstrum Fernsehen und später das Internet – vor dem sich der Einzelmensch mühelos „bestrahlen" lassen kann und, wie es so schön heißt, „das Hirn abschalten kann". Was die Wenigsten erkannten: Es danach wieder in Betrieb zu nehmen, war umso schwerer. Und statt des Stammtisches im Wirtshaus kamen Facebook und Instagram daheim. Ein Vereinsamungsprozess von historischer Einmaligkeit.

Ohne Volk, ohne Sippe, ohne Familienverband, ohne Kameraden, Genossen, Freunde sind sie auf sich allein gestellt, abhängig von Ersatz-Bindungen, Ersatz-Werten, Ersatz-Gütern. Die unsagbare Leere, die sich im Gemeinschaftswesen Mensch ausbreitet, wenn seine sozialen Bindungen gekappt sind, wird im Kapitalismus dann mit Konsumrausch, Brot und Spielen kompensiert. Die Entwurzelung von seinem Heimatboden, von seinen Ahnen, von seiner Familie, von seiner Geschichte, seiner Kultur und Herkunft macht aus dem Europäer, der ein Tiefwurzler seit tausenden Jahren ist, ein Blatt im Wind. Verschiebbar. In alle Winde zu verwehen. Beliebig, ohne Halt und ohne Meinung – und damit auch beliebig leicht zu verblöden und zu manipulieren.

Es gibt kein Volk mehr im Bewusstsein der Masse. Es gibt nur einen hingestreuten Haufen, zufällig hier und zufällig ähnlich aussehend. Und weil sie ihrer Kultur, ihrer Vergangenheit, ihrer Tradition, ihrer Märchen und Mythen beraubt sind, wissen sie nicht, dass sie in der niederträchtigsten Zeit aller Zeiten leben. Nicht in der brutalsten oder in der aussichtslosesten, aber in der miesesten, unehrlichsten Zeit. Daher ist das Beispiel der Matrix so passend. In Brutkästen sitzend, träumen sie von belanglosen Dingen und erkennen nicht, dass sie nicht nur ihr tausendjähriges Erbe verspielen, sondern auch ihre eigene Zukunft und die ihrer Kinder.

Wem nicht bewusst ist, dass er ein Teil Europas, ein Erbe Homers, Goethes, Mozarts, Michaelangelos, Karl Martells ist, wer nicht weiß, welches Genie in diesem Kontinent reifen konnte, welche Kultur von den Völkern Europas ausstrahlte und was dieses Erbe für jeden Einzelnen bedeutet, der sieht in seinem vereinzelten und abgenabelten Leben eine triste Momentaufnahme. Er ist eben hier, zufällig – ohne Sinn, ohne Würde und ohne

Auftrag. Er hat kein persönliches Selbstbewusstsein, denn dem Individuum ist selten klar, welche unglaublich schöpferischen Möglichkeiten jede Person hat. Und dieser arme Tropf hat kein volkliches Selbstbewusstsein. Ihm ist nicht bewusst, dass er Teil eines Volkes ist. Ihm ist nicht bewusst, dass er Teil der europäischen Völkerfamilie ist. Und wenn er es ahnt, ist er zumindest nicht stolz darauf oder leitet daraus einen übergeordneten Auftrag ab.

Dieses volkliche Selbstbewusstsein zu wecken, diese alt-europäische Ehre wiederherzustellen, ist die wichtigste Aufgabe unserer Zeit. Der Trieb zur Selbsterhaltung muss wieder angesprochen werden, das Selbstbewusstsein als Franzosen, Italiener, Ungarn oder Deutsche muss wieder angehoben werden. Das ist das elementarste Ziel aller politischen Maßnahmen. Arbeitsplätze, Wirtschaftswachstum, Sozialleistungen oder sonstige Äußerlichkeiten sind ohne diese innere Neusetzung der Werte nebensächlich und für lange Sicht nutzlos. Man sieht, was nach eineinhalb Jahren FPÖ-Regierungsbeteiligung 2018 in Österreich geblieben ist: Nichts und wieder nichts. Und wenn, dann nur enttäuschte und verbitterte Anhänger, die keine Hoffnung mehr sahen, dass man in diesem Staate irgendetwas zum Besseren wenden könnte. Einzelmaßnahmen, und mögen sie noch so schön gedacht sein, werden nur dann nachhaltig sein, wenn sie im Zusammenspiel aller Bemühungen das Bewusstsein eines Volkes wecken, dass es eben ein Volk ist, dass es zusammengehört, dass es gemeinsam eine Aufgabe und ein Ziel hat und niemand es aufhalten kann, wenn es sich nur seiner Einigkeit und Kraft bewusst wird.

Das patriotische Selbstbewusstsein ist die Grundlage für alles. Ob Wirtschaft, Kunst, Kultur oder Schule: Es macht einen entscheidenden Unterschied, ob alle Einzeldisziplinen und alle Einzelpersonen für ihren höchstpersönlichen Selbstzweck und Vorteil da sind und unabhängig voneinander ihre Egoismen verfolgen. Oder ob sich jeder als Teil einer großen Gemeinschaft, einer langen Kette sieht, wo alle zusammenhalten, alle Rücksicht nehmen und sich alle gegenseitig zu Höchstleistungen anspornen, wie dies in unserer dekadenten Endzeit nur noch in Sport- oder Kulturvereinen oder bei der Feuerwehr annähernd im „Teamgeist" erlebbar wird. Wo eine Gemeinschaft eine gemeinsam verbindende Haltung, einen Charakter und ein Ziel verinnerlicht hat, gibt es keine Hürde, die nicht genommen werden kann. Wo ein einheitlicher und starker Wille, da wird es auch einen Weg geben, um alle Aufgaben und auftretenden Probleme zu lösen. Das gilt im Sportverein ebenso wie in einem ganzen Volk.

In Rom oder im alten Griechenland war ersichtlich, wie wichtig es für den Einzelnen war, Teil eines Volkes, eines Staates, einer „polis" zu sein, die vor ihm existierte und ihn überdauern würde. Als es die größte Ehre des römischen Staatsmannes war, sein Können in den Dienst Roms zu stellen, konnte sich selbst das innerlich bereits verfaulte Rom noch aufrechterhalten. Als das

Christentum, mit seinem Jenseitsglauben, die Menschen vom Staat entfernte, setzten der Adel und hohe Beamten ihre Macht und ihr Geld nicht mehr in den Ausbau wichtiger Infrastruktur, sondern gaben sich den schönen Gedanken an den Himmel hin, was zum endgültigen Untergang Roms führte, weil niemand mehr für Rom geben oder gar opfern wollte.

Um einen heute verfemten Begriff darf man hier aus tagespolitischer Kurzsichtigkeit oder Feigheit keinen Bogen machen: um den Begriff der Ehre. Dieser wahrlich aus alt-europäischem Boden entsprungene Wert ist der strahlende und wirkmächtige Gegensatz zum gleichgültigen oder hinterhältigen, feigen oder wortbrüchigen, letztlich aber immer ehrlosen Werteverfall unserer Zeit.

Die Besserwisser werden wieder abwinken: So einen Begriff könne man heute unmöglich dieser Masse aufzwingen. Was auch nicht nötig ist! Es geht auch hier wie überall um den Beginn einer Zeitenwende, dass eben im innersten Kern keine Charakterpest geduldet werden darf. Wer seiner Gesinnungsgemeinschaft nicht zutraut, den Ehrbegriff zu verstehen und richtig anzuwenden, der sollte nachdenken, ob nicht die Gesinnungsgemeinschaft an sich ehr- und wertlos für jede künftige Arbeit ist. Eine im Kern gesunde und idealistische Gemeinschaft hingegen wird viele andere inspirieren und anregen. Und würden diese sich stets durch das Vorbild erweiternden Kreise nicht zur Expansion fähig sein, hätten die Christen niemals Rom und die Bolschewiken niemals Moskau übernommen. Wer den Ehrbegriff zum Grundbegriff der eigenen politischen Mannschaft erhebt, wird freudig überrascht sein, wie schnell das ganze innerparteiliche Gezanke und der Neid und das gegenseitigen Denunzieren in die Schranken gewiesen sind. Die Ausstrahlung einer solch neuen, moralisch gewiss wertvollen Verbindung aufrechter Menschen wird bei vielen Suchenden mit Neugierde aufgenommen werden.

Die Ehre hat eine innere und eine äußere Bedeutung. Wie ehrt sich der Mensch selbst, und welche Ehre bringt er einem Mitmenschen entgegen?

Erstens ist der innerste Kern der Ehre die berechtigte Selbstachtung. Ein Gehenlassen in moralischer Beziehung, ein Sich-fallen-Lassen im Hinblick auf Charakter und Körper, ein Hinnehmen dessen, dass man etwas nicht kann oder unvollkommen ist, mindert die Ehre des Betroffenen. Zweitens bedeutet Ehre die äußere Anerkennung einem anderen Menschen gegenüber, woher der Gruß rührt „Habe die Ehre".

Der europäische Begriff der Ehre ist also ein umfassender Charakterwert, der sowohl den Einzelnen zum anständigen Verhalten motiviert als auch zum respektvollen, „ehrenvollen" Umgang mit den Nächsten anleitet. Neun von zehn Mitteleuropäern ist der Ehrbegriff noch vage im ererbten Gedächtnis, weshalb man diesen auch nicht erklären muss, wie man Familienmitglieder, Freunde, Nachbarn ordentlich behandelt: nämlich so, wie man es selbst auch gern hätte. Eben ehrenhaft, aufrecht, rücksichtsvoll und nicht verlogen.

Wird die Ehre wieder zum Richtwert des allgemeinen Tuns, beißen zersetzende und Zwietracht säende Elemente auf Granit. Die Sorge um die eigene Würde und Ehre sowie die Furcht, der öffentlichen Schande ausgesetzt zu sein, hat Römer, Griechen oder Germanen oft dazu gebracht, sich richtig und gemeinschaftsorientiert zu verhalten und unvernünftige Verhaltensweisen zu korrigieren. „Lieber tot als ehrlos" stammt aus dieser Zeit – und ein altes Sprichwort erzählt von der weitreichenden Selbstdisziplin und Verantwortungsübernahme unserer Altvorderen. Man könne das Schicksal nicht bestechen, sehr wohl aber mit seinem Handeln entscheiden, ob man ehrenvoll lebt und stirbt. Und so steht es am Kriegerdenkmal im Osttiroler Defreggental:

SIEG ODER UNSIEG RUHT IN GOTTES HAND /
DER EHRE SIND WIR SELBER HERR UND KÖNIG.

Höchstwerte tragen menschliche Gemeinschaften, ob sich diese nun als ein Volk begreifen oder als Gesellschaft dahindämmern. Über viele Jahrhunderte war der Höchstwert der Ehre im germanischen Raum verankert und ersetzte so die geschriebenen Gesetze. Wenn man heute weiß, dass sich unsere Urahnen in einer unwirtlichen Schnee- und Eiszeit behaupten mussten, so war der Einzelmensch überlebensnotwendig auf die Gemeinschaft angewiesen. Es war eine Frage von Leben und Tod, ob man sich auf den Kameraden und Bruder verlassen konnte. Es ist ein logischer und nachvollziehbarer Gedankengang, jene Gruppenmitglieder für nicht gemeinschaftstauglich zu erklären, die wortbrüchig wurden, die Versprechen nicht einhielten oder die insgesamt unzuverlässig waren. Dies ging so in Fleisch und Blut über, dass eine ehrbare, aufrechte Schildmaid oder Mutter und ein ehrenvoller, mutiger Krieger oder Bauer das Idealbild der Europiden schon vor tausenden Jahren waren. Wer ehrlos geworden war, war oftmals auch rechtlos und wurde bestraft oder gar von der Gemeinschaft ausgestoßen, was gerade in der Eiszeit den sicheren Tod bedeutete. Die Germanen sollen, so erzählt man sich, sichtlich brüskiert darüber gewesen sein, dass ihnen die neuen christlichen Prediger aufgeschriebene Gebote als Gesetze zumuteten. Nicht töten, nicht stehlen, Vater und Mutter ehren: Was mussten das für Menschen sein, denen man am Berge Sinai solche Regeln in Steintafeln gravieren musste, damit sie ein halbwegs taugliches Gemeinwesen aufrechterhalten konnten? Der germanische Bauer und Krieger bevorzugte hingegen seine wesensgemäßen Gesetze, die ihm Richtschnur seines Handelns waren. Er trug das Gesetz in sich und begnügte sich mit Grundsätzen, die oft in kurzen Spruchweisheiten weitergegeben wurden und der einzelnen Persönlichkeit eine von der Ehre geleitete Auslegung zumuteten. „Tue recht und scheue niemanden." Wie viel mehr Gesetz und Tiefe liegt in dieser jahrtausendealten Weisheit!

Die grundlegende Hebung des volklichen, nationalen Selbstbewusstseins kann aber nur über den realen politischen und wirtschaftlichen Erfolg einer Bewegung oder Partei verwirklicht werden. Es ist schlicht nicht möglich, eine so unüberschaubare und riesige Menschenmasse wie ein ganzes Staatsvolk „von unten herauf" mit Bildung, gutem Zureden und gutgemeinter Aufklärung zu einer Einheit zu schweißen, vor allem dann nicht, wenn zuvor jahrzehntelange Zersetzung gewütet hat und man nur im Besitz bescheidener Mittel ist.

Wer der Masse Hoffnung gibt und Zukunft verspricht, wird ihr Gehör finden, wird ihre Aufmerksamkeit haben. Selbstredend wird nur dann der erhoffte Erfolg eintreten, wenn diese Versprechen auf makellose Glaubwürdigkeit und Ernsthaftigkeit gegründet sind. Einmal an den Schalthebeln der Macht, müssen die gewonnenen Möglichkeiten umgehend dafür genützt werden, das versprengte und in Einzelteile atomisierte Volk zu einer Einheit und einer Gemeinde zu verbinden, um seinen Willen zu bündeln nach einem Ziel: Endlich wieder ein freies und starkes Volk zu werden, das die Stürme der nächsten hundert Jahre bestehen und nicht in Niedertracht ersticken oder von Feindeshorden überrannt werden wird.

Es benötigt für diesen Weg zur Macht ein paar tausend Idealisten reinsten Wassers, die innerlich felsenfest von ihrer Sache überzeugt sind, beseelt sind, entschlossen sind. Und Entschlossenheit gründet sich immer nur auf Wissen und auf Erkenntnisse gestützte Überzeugung. In diesen Idealisten muss schon jetzt der alte, jahrtausendealte Mythos lebendig werden, der stets die Besten des Volkes zu neuer Tat anspornte. Es geht „nur" um ein paar Tausend, die zur täglichen Arbeit an der Sache, zum Einsatz und zum Opfer bereit sind und sich von den Rückschlägen und Angriffen der Mediokratie nicht abbringen lassen. Und diese Personen existieren schon, sie sind schon da – nur eben noch versprengt und isoliert voneinander. Die kommenden Zeiten werden sie zusammenführen, daran besteht bei objektiver Betrachtung kein Zweifel. Es ist nur zu verständlich, dass viele Gutgesinnte vor der Übermacht der Gegner und der scheinbaren Aussichtslosigkeit der Lage verzweifeln mögen. Aber die Lage ist nicht aussichtslos, und auch die Gegner kochen nur mit Wasser – selbst, wenn dies von der Außenansicht anders auf den Beobachter wirken mag, da Macht immer magisch wirkt, und die Kleinheit und Primitivität der Akteure nur zu gut vertuscht.

4.5 Kultur als Anpassungsleistung

Im letzten und abschließenden Kapitel wird an die Fähigkeit des kulturellen Lernens und Anpassens erinnert. „Lernen" bedeutet in diesem kulturell-evolutionären Sinn das Aneignen von Wissen, Kenntnis, Können. Diese Begabung ermöglicht es Menschen und ganzen Großgemeinschaften, Erfahrungen zu verwerten und die richtigen Schlüsse zu ziehen. Der Erwerb von neuen Informationen ist für einen solchen Lernprozess entscheidend.

Der Neurobiologe Gerald Hüther erklärt in seinen Büchern aus der Sicht des Gehirnforschers, wie Lernprozesse bei Lebewesen, im menschlichen Gehirn und bei sozialen Gemeinschaften ablaufen. (Alle hier angeführten Zitate stammen aus dem Buch „Mit Freude lernen ein Leben lang", Göttingen 2016)

Lernen können selbst kleinste Organismen, auch ohne Zentralnervensystem oder ohne Gehirn. Die Anpassung an die sich verändernde Umwelt ist Grundvoraussetzung für das Leben auf der Erde. „Alle Lebewesen sind in der Lage, die in ihrer jeweiligen Lebenswelt auftretenden und ihre innere Stabilität bedrohenden Veränderungen auszugleichen. Sie nutzen dazu in ihrer eigenen inneren Organisation angelegte Mechanismen. Schon alle Einzeller können sich durch Rückgriff auf solche Reaktionsmuster z. B. von einer Gefahrenquelle weg- und zu für sie günstigeren Bedingungen hinbewegen. Oder sich abkapseln, wenn Austrocknung droht, oder Giftstoffe absondern, um zu vermeiden, dass sie gefressen werden."

Mit der Herausbildung eines Nervensystems, und schließlich auch des Gehirns, werden die Lernfähigkeiten dann auf dem Entwicklungsweg der Tiere bis hin zu uns Menschen noch einmal um eine zusätzliche Dimension erweitert. „Über Sinneszellen und Sinnesorgane können nun Veränderungen im eigenen Körper und in der Außenwelt wahrgenommen werden, bevor sie die innere Organisation des gesamten Organismus oder die seiner Zellen und Organe nachhaltig stören. Über entsprechende sensorische Nervenbahnen werden die in diesen Sinneszellen entstandenen Signalmuster zum Gehirn weitergeleitet. Dort kommt es zum Aufbau charakteristischer Erregungsmuster innerhalb der entsprechenden neuronalen Netzwerke, die ihrerseits wieder ein spezifisches Antwortmuster generieren. Über efferente Nervenbahnen werden diese dann zu den Zellen der jeweiligen Organe und Organsysteme weitergeleitet. Dort lösen sie entsprechende Reaktionen aus, die dazu führen, dass die betreffende Störung nicht nur wahrgenommen, sondern auch vermieden oder ausgeglichen werden kann, bevor sie den Organismus erreicht hat."

Mithilfe des Gehirns wurde es möglich, „auf bedrohliche Veränderungen bereits zu reagieren, bevor diese die innere Organisation des betreffenden Organismus erreichen und dort tiefgreifende Störungen auslösen konnten." Je besser ein Tier oder Mensch dergestalt dazulernen konnte, desto effektiver konnte es Gefahren vermeiden, „desto größer wurden auch seine Überlebens- und Reproduktionschancen in einer sich ständig weiter verändernden Lebenswelt." Die Aufgabe eines jeden Nervensystems ist es, so Professor Hüther, „dafür zu sorgen, dass der Organismus auf innere oder äußere Störungen reagieren – und damit am Leben bleiben – kann."

So wie Einzeller, Tiere und Menschen, so lernen auch Gemeinschaften, Veränderungen auszugleichen: „Auch eine menschliche Gemeinschaft, etwa eine Familie, verändert ihre innere Organisation, passt also die Beziehungen und Aktivitäten ihrer Mitglieder an eine neue Situation an, sobald beispielsweise ein Kind schwer und langwierig erkrankt. Auch das ist ein Lernprozess. Gelingt er nicht, zerfällt über kurz oder lang die ganze Familie. Auch ganze Ökosysteme durchlaufen solche langfristigen Veränderungs- und Anpassungsprozesse, beispielsweise dann, wenn aus anderen Ländern einzelne Pflanzen und Tiere eingeschleppt werden und sich auszubreiten beginnen."

Der Mensch ist das einzige Lebewesen, das im Laufe seiner Evolutionsgeschichte eine Sprache ausgebildet hat, die ihn dazu befähigt, sich mit anderen Gruppenmitgliedern auszutauschen. Wie die Geschichte ohne die Sprache verlaufen wäre, kann man am Beispiel der uns sehr nah verwandten Schimpansen beobachten: Schimpansen leben in Gruppen und gelten unter den Säugetieren als überdurchschnittlich intelligent. Wenn ein Affe etwas findet, zeigt er das den anderen Gruppenmitgliedern, und dann breitet sich dieses neue Wissen innerhalb der Gruppe aus. Mit den Jahren, wenn alle Affen der Gruppe gestorben sind, stirbt auch das angehäufte Wissen. Es vergeht und überdauert nicht. Die menschliche Sprache ermöglichte unseren Vorfahren vor zehntausenden Jahren, Wissen weiterzugeben. Eine enorme Kulturleistung, was bedeutet, dass nicht jede Generation wieder bei null anfangen muss, sondern auf das Wissen der Eltern und Großeltern und Vorfahren aufbauen kann. Daher wohnen wir heute nicht mehr in Höhlen und auf Bäumen – sondern in hochtechnisierten, aus ökologischen Baustoffen errichteten Häusern mit Wohnraumbelüftung.

Kultur bedeutet, das Wissen der Voreltern aufzunehmen, für seine Zwecke, also für das Leben, dienstbar zu machen, damit man eben nicht täglich von vorne anfängt. Kultur bedeutet auch, sich an neue Gegebenheiten anzupassen. Neue Herausforderungen anzunehmen, Lösungen zu finden und aus der Prüfung gestärkt hervorzutreten, um danach dieses Wissen wieder weiterzugeben. Die Sprache ermöglicht die Weitergabe von Kultur und Tradition für die Nachwelt.

Die Installation von totalitären Überwachungstechniken, um alles menschliche Leben kontrollieren und steuern zu können; die völlige Abhängigkeit von technischen Geräten und künstlicher Intelligenz; die Überfremdung unseres Kontinents mit Menschen aus dem afro-asiatischen Raum; der rasante Raubbau an der Natur samt der damit einhergehenden Zerstörung und Verschmutzung unserer Umwelt als Lebensgrundlage; der explosionsartige Wissensanstieg durch Wissenschaft und Internet und die daraus folgende Überforderung des Einzelmenschen; oder eine politische Führung, der das Vorankommen und die Existenz des eigenen Volkes egal ist, was den Menschen erst stückweise bewusst wird: Das sind neue Erfahrungen für unsere Spezies, die wir erst verarbeiten müssen. Das sind neue Herausforderungen, auf die wir erst geeignete Antworten und Reaktionen finden müssen. Der Ordnungsstand unserer Kultur reicht nicht mehr aus, um eine Erhaltung und angepasste Lebensbehauptung unserer europäischen Völker zu sichern. „Wir müssen", sagt der Verhaltensforscher Eibl-Eibesfeldt,

„die uns bedrohenden Probleme über kulturelle Neuanpassungen in den Griff bekommen." Der englische Kulturphilosoph und Historiker Prof. Arnold Toynbee betont, dass Kultur aus dem Wechselspiel von Herausforderung und den Antworten auf diese Herausforderung entsteht. Er vertrat die Auffassung: Je höher der Anreiz zur Entwicklung einer Kultur, desto höher deren spätere Entwicklungsstufe.

Auf die Lage der bedrohten europäischen Völker angewandt bedeutet das: Entweder wir finden Antworten und Lösungen auf die sich uns in unausweichlicher Härte aufdrängenden Herausforderungen der Globalisierung – und übergeben unseren Enkelkindern geläutert, gestärkt und weiser als je zuvor ein herrlich-aufblühendes Europa. Oder wir unterliegen, erweisen uns als unfähig, unsere Substanz zu mobilisieren, weil wir in Wahrheit längst verloren haben.

Innere und tiefe Störung

Die von Toynbee angesprochene „Herausforderung" beschreibt Gehirnforscher Hüther als Anreiz an das Gehirn, als Auslöser: „Ein Lernprozess kann nur dann in Gang kommen, wenn es einen Auslöser gibt, der ihn aktiviert." Das innere Gleichgewicht, der „Zustand der Kohärenz", muss gestört werden und die „üblichen Reaktionsmuster" dürfen nicht ausreichen, um das ursprüngliche Gleichgewicht wiederherzustellen. Erst dann ist der Organismus zur Herausbildung neuer Reaktionsmuster gezwungen, und der Lernprozess beginnt. „Ein Lerninhalt kann nur dann strukturell und damit auch nachhaltig im Gehirn verankert werden, wenn er für die betreffende Person wirklich wichtig ist, wenn er von ihr selbst als bedeutsam bewertet wird." Das erklärt, warum viele kreative Köpfe und Manager in der Schule schlechte Noten hatten, im späteren Leben dafür aber äußerst erfolgreich waren: Der Lerninhalt der Schule wurde von diesen Persönlichkeiten im Kindesalter als „nicht wichtig genug" eingestuft, um das Gehirn damit nachhaltig zu befassen. Später, als sie ihrer Profession und Bestimmung nachgehen konnten, lernte ihr Gehirn dafür umso leichter, da es um für sie „wichtige" Angelegenheiten ging. Professor Hüther betont, dass die Lernprozesse in sozialen menschlichen Gemeinschaften ähnlich ablaufen wie im Gehirn. Auch hier müssen Herausforderungen, Probleme, Anreize auftreten, um etwas zu erlernen. Die europäischen Völker hätten, so hofft man, beispielsweise gelernt, wie wenig sinnvoll, grausam und tragisch die Bruderkriege vergangener Jahrhunderte waren. Dies habe man „gelernt" und verinnerlicht und könne diesen Irrweg also künftig vermeiden. Die Störung, die zum Lernen anregen soll, darf aber nicht oberflächlich sein, sondern muss ins Mark treffen: „Wenn eine Störung nicht ins Innere des betreffenden Lebewesens vorzudringen und dort eine Störung seiner bisher aufrechterhaltenen inneren Ordnung, seiner Kohärenz, auszulösen vermag, kann alles so bleiben, wie es ist, dann muss auch nichts gelernt werden." Die Störung müsse auch „für eine gewisse Zeit fortbestehen".

Das Coronavirus und die überschießende, machtbesessene Reaktion der europäischen Politik hat zu einer Tiefenkrise bei sehr vielen Menschen geführt. Sie werden zu Nachdenk- und Lernprozessen gezwungen, da ihre innere Ordnung aus dem Gleichgewicht kam. Ehemals als „sicher" geglaubte Fundamente des Friedens und des Wohlstands haben sich als unsicher erwiesen. Freiheit, Demokratie, Solidarität: Die Grundfesten wurden erschüttert. Man muss sich neu orientieren, neue Erfahrungen erlernen, neue Wege finden.

Nur eine direkte und emotionale Ansprache der Menschen kann ihnen den Ernst der Lage vor Augen führen und sie zum Nachdenken und zu einer darauffolgenden Verhaltensänderung bringen. Wie bereits dargelegt, geht es nicht um „eine Verschönerung des Lebens", sondern um die nackte Existenz selbst. Wer die abschätzigen Worte und Verhaltensweisen europäischer Politiker gegenüber ihren Untertanen und die realpolitischen Auswirkungen beschaut, wird zum Schluss kommen, dass sie die europäischen Völker zur Schlachtung preisgegeben haben. Es mag in deren Interesse sein, dass noch ein Haufen Menschen als „Gesellschaft" auf diesem Kontinent haust und arbeitet, aber die Völker und ihre Kulturen wurden längst abgeschrieben. Wer duldet, dass eine generationenlange Aufbauarbeit kulturell und materiell vernichtet wird, riskiert es leichtfertig, jene Grundlagen, die das uns bekannte Menschsein ausmachen, für immer zu verlieren. Die Wissenschaft weiß: Dasjenige Volk, welches das Leben nicht in eigenen Nachkommen weitergibt (Geburtenarmut) und die Reproduktion Einwanderern überlässt, wird aufhören, zu existieren. Oder wie es die Verhaltensforschung definiert: „Organismen, die ihr Erbgut nicht über Generationen weiterreichen, treten von der Bühne des Lebens ab." Ebenso muss ergänzt werden: „Organismen, die ihren Lebensraum bis zum Exzess ausbeuten und zerstören, verhindern das eigene Überleben in diesem Lebensraum." (Naturzerstörung) Oder: „Organismen, die ihr Erbgut und ihre Körper verstümmeln und vergiften, werden krank und können an den Folgen verenden." (Gesundheit, Medizin) Oder: „Organismen, die ihre Versklavung und Unterjochung dulden, verhindern eine freie und selbstbestimmte Entwicklung und verkümmern oder sterben gar ab." (Überwachungsstaat und „Schöne neue Welt")

Dem menschlichen Geist muss bewusst gemacht werden, dass es sich bei den heutigen gesellschaftlichen Eingriffen und Bedrohungen um tiefgreifende, existenzielle, innere Störungen handelt. Das Ignorieren dieser Gefahren bedeutet unweigerlich schweren Schaden am Leben der betroffenen Menschen oder gar „das Abtreten von der Bühne des Lebens".

Individualisierte Gemeinschaft

Dass abertausende Menschen sich im Jahr 2020 auf den Weg gemacht haben, um eben exakt diese Bewusstseinsbildung bei ihren Mitmenschen auszulösen, beweist, dass die Reserven in den europäischen Völkern noch stark genug sind, um eine Wende in größter Not herbeiführen zu können. Eine Not-Wende. In den zahlreichen, nun entstehenden Netzwerken, Gruppen und Gemeinschaften zeichnet sich eine neue Form der Kooperation, des Austausches, des Zusammenhalts ab. Menschen, die ein gemeinsames Ziel haben, einen gemeinsamen Feind, ein gemeinsames Anliegen, kommen zusammen und wollen gemeinschaftlich etwas verändern.

Gerald Hüther skizzierte schon Monate „vor Corona" im Gespräch mit dem Journalisten Ken Jebsen eine ideale Form der menschlichen Zusammenarbeit wie folgt: „Es geht um das Wiederfinden des Erfolgsmodells der Primaten. Dieses Erfolgsmodell ist die ‚individualisierte Gemeinschaft'. Das heißt: Wir kommen nur gemeinsam voran und es kommt auf jeden an. Wenn einer eine Lösung findet, wie etwas besser geht, dann tauscht sich die Gruppe aus und entscheidet. So hat sich das Wissen kulturell verbreitet." Findet ein Mensch eine Gemeinschaft, wo er gebraucht wird, wo er das Gefühl hat, dass er dazugehört und sich entfalten kann, gleichsam aber nicht eingeengt oder unterdrückt wird, wird sich der Mensch dort sehr wohlfühlen. Der Mensch strebt stets nach Verbundenheit und gleichzeitiger Autonomie und Freiheit. „Wenn diese beiden Grundbedürfnisse gestillt sind, brauche ich keine Ersatzbedürfnisse. Wenn eines der beiden Grundbedürfnisse nicht gestillt ist, kommt es im Gehirn zu einem Erregungsmuster, das identisch mit dem ist, als ob ihnen körperliche Schmerzen zugefügt werden. Das Gehirn benutzt zur Signalisierung einer Beziehungsstörung im Sozialen die gleichen Netzwerke, die es auch benutzt, um eine Störung auf der Ebene des Körperlichen zu signalisieren."

Unser Geist und unser Körper drängen uns somit zu Gemeinschaften, die uns erfüllen. In Zeiten einer aufwühlenden und gefährlichen Bedrohungslage werden wir umso mehr nach solchen Gruppen suchen, hier auf Austausch und Aussprache hoffen. Sich jetzt zu vernetzen und zu organisieren, ist eine evolutionär sinnvolle Tat. Wissen sammeln, anhäufen und sortieren und dieses Wissen verbreiten. Gruppen gründen und Mitstreiter kennenlernen, virtuell, thematisch und ebenso in räumlicher Nähe, hilft bei der Verarbeitung der Situation. Der äußere Druck, der auf allen Widerstandsgruppen und solchen Verbindungen lastet, ist eine gute Voraussetzung dafür, dass hier wirklich Neues in heißer Flamme geschmiedet wird! Die Feigen und Faulen und Glücksritter werden sich fernhalten, und eine Positivauslese wird den Kern all dieser Gemeinschaften darstellen, die tatsächlich geeignet sein werden, die europäische Menschheit von Grund auf neu aufzurichten.

Schlusswort

Durch Erdbeben, Sintfluten, Seuchen und Kriege haben unsere Vorfahren das Leben von Generation zu Generation an uns weitergegeben. Wir Europäer sind die Nachkommen jener Menschenart, die auf unserem Kontinent die letzte Eiszeit überlebt hat – eine harte, unerbittliche Zeit, deren Naturgewalt alles ausmerzte, was nicht anpassungsfähig an die widrigen Umstände war. Dergestalt gehärtet, trat dann vor über 10.000 Jahren die Menschenart hervor, die höchste Leistungsfähigkeit, kulturelle und moralische Kraft in sich vereint hatte. In Schnee und Eis, in Not und Entbehrung reiften Tugenden und Werte wie Ehre, Verlässlichkeit, Brüderlichkeit, Sparsamkeit, Fleiß, Treue und Beharrlichkeit. Dieser Mensch hatte die Gewalten und Launen der Natur genau beschaut und gelernt, sich kraft seiner Kultur diesen Bedrohungen anzupassen. Die tausende Jahre alten Zeugnisse der Vorzeit künden von einem unglaublichen Kenntnisreichtum unserer frühen Vorfahren von den Gesetzen der Natur und der Gestirne.

Immer wurde die Anpassungsfähigkeit unserer Ahnen herausgefordert, und das spornte sie stets zu neuen Höchstleistungen an. Die über viele Jahrhunderte gewachsenen Großgemeinschaften der europäischen Völker tragen das Erbe dieser Eiszeit-Überlebenden – und konnten, darauf aufbauend, einen weltweit einzigartigen Erfindergeist gebären, der für die wesentlichen technischen Errungenschaften der letzten Jahrhunderte verantwortlich war, vom Buchdruck bis zum Computer, von der Glühbirne bis zum Automobil.

Es geht heute einmal öfter um eine Neuordnung aus Not-Wendigkeit für alle europäischen Völker. Wir versündigten uns an der Zukunft unseres eigenen Volkes, würden wir aus dem gegenwärtigen Zustand seiner unfreiwilligen Lähmung den Glauben an die Größe seines Wiederaufstieges verlieren. Den charakterstarken Persönlichkeiten, die zur Zeit noch im Stillen ausharren, muss bewusst werden, dass es auf ihren Einsatz ankommt. Die Losung „Wir sind das Volk" soll nicht einfach so gesagt sein, sondern uns klarmachen, dass wir die mutige Auslese der Mehrheit sind und die Zukunft in unserer Hand liegt, wenn wir nur wollen. Wenn aus dem passiven „Man muss" ein kämpferisches „Wir werden!" geformt wird, wenn die Guten zur Tat schreiten und sich verbünden, ist in Europa alles möglich. Die diktatorische und totalitäre Gleichschaltung kann abgewendet werden. Wir haben dagegen die leichteste Revolution zu machen. Wir müssen nur aufstehen und die Wahrheit sagen. Immer und immer wieder.

Besonderer Dank

Gedankt sei den vielen guten und aufrechten Mitstreitern, die mit ihrem Vorbild, ihrer Haltung und ihrer Aufrichtigkeit die Hoffnung am Leben erhalten. Jeder Einzelne ist Fackelträger, der die Flamme mit seinem Tun weitergibt. Ein spezieller Dank geht an meine Frau, die in hunderten Stunden des gemeinsamen Gesprächs befruchtend und inspirierend auf mich wirkte und ohne die dieses Buch so nicht geschrieben worden wäre.